GEORG MARKUS
Zeitensprünge

GEORG MARKUS
Zeitensprünge

Meine Wege in die Vergangenheit

Mit 78 Abbildungen

Bleiben wir verbunden!

Besuchen Sie uns auf unserer Homepage **amalthea.at**
und abonnieren Sie unsere monatliche Verlagspost unter
amalthea.at/newsletter

Wenn Sie immer aktuell über unsere Autor:innen und
Neuerscheinungen informiert bleiben wollen, folgen
Sie uns auf Instagram oder Facebook unter
@amaltheaverlag

Sie möchten uns Feedback zu unseren Büchern geben?
Wir freuen uns auf Ihre Nachricht an **verlag@amalthea.at**

Redaktioneller Hinweis:
In Fällen, in denen aus Gründen der Stilistik das generische Maskulinum
verwendet wird, sind grundsätzlich immer alle Geschlechter gemeint.

© 2024 by Amalthea Signum Verlag GmbH, Wien
Alle Rechte vorbehalten
Umschlaggestaltung: Elisabeth Pirker/OFFBEAT
Umschlagfoto: Elsa Wiesenthal © Österreichisches Theatermuseum/
brandstaetterimages/picturedesk.com
Lektorat: Rainer Höltschl
Korrektorat: Christine Kanzler
Herstellung und Satz: VerlagsService Dietmar Schmitz, Erding
Gesetzt aus der 12,75/17,35 pt Chaparral Pro Light
Designed in Austria, printed in the EU
ISBN 978-3-99050-276-1

Inhalt

Sprünge zwischen den Zeiten
Vorwort 13

Musikalische Zeitensprünge

»Ich hatte keine andere Wahl«
Der einarmige Pianist Paul Wittgenstein 20

Wie sah Mozart wirklich aus?
Unterschiedliche Bilder geben Rätsel auf 27

»Eine Prinzessin aus der Vorstadt«
Die sechs Wiesenthal-Schwestern 33

Schubert war kein Alkoholiker
Legenden über den Liederfürsten 40

Eine Symphonie schreibt Weltgeschichte
Wie Beethovens Neunte entstand 43

Der Tod der Primaballerina
Julia Drapal als Mordopfer 48

Kriminelle Zeitensprünge

»Tod durch den Strang«
Österreichs letzte Hinrichtung 54

Leben und Tod einer Edelprostituierten
Der Ermordung der Rosemarie Nitribitt 58

Der Postraub des Jahrhunderts
Sechzehn Ganoven kassierten fünfzig Millionen 62

Kaiserlich-königliche Zeitensprünge

Sisis einziger Flirt
Kaiserin Elisabeth besucht einen Maskenball 68

Die letzten Tage im Leben der Queen
Zum Tod Königin Elizabeths II 74

Zeitensprünge Made in Austria

Der Aufruhr der kleinen Leute
Die Teuerungsrevolte des Jahres 1911 80

Das waren Warenhäuser
Herzmansky, Gerngross & Co 83

Die letzte Greißlerin
Frau Rosa hat zugesperrt 86

»Juden erwünscht«
Die Anti-Antisemiten 90

LITERARISCHE ZEITENSPRÜNGE

Hat Shakespeare überhaupt gelebt?
Der Streit um ein Genie 98

Die geheime Lovestory des Karl Kraus
Verräterische Briefe an Irma 102

Thomas Manns Villa gerettet
Im kalifornischen Exil des Nobelpreisträgers 107

ANDERE LÄNDER, ANDERE ZEITENSPRÜNGE

Die heimliche Hauptstadt der Welt
Wie aus Nieuw Amsterdam New York wurde 114

Als der Alkohol verboten war
Die Prohibition und der giftige Fusel 120

Robert Maxwells mysteriöser Tod
Der Medienmogul und sein rätselhaftes Sterben 123

Wer war Rasputin?
Er galt als Inbegriff des Bösen 127

Der Hofmaler des Schah
Professor Sadjadi im Wiener Exil 131

Friedhöfliche Zeitensprünge

Letzte Ruhe am Hietzinger Friedhof
Von Grillparzer bis Heinz Conrads 136

»A schene Leich, mit Schnops und Pomfineberer«
Kurt Sowinetz am Döblinger Friedhof 141

Das versteckte Grab des Dichters
Die Stars vom Grinzinger Friedhof 145

Zeitensprünge nach Hollywood

»My Way«
Frankieboy und die Mafia 152

Die Schwierigkeit, erwachsen zu werden
Schicksale der Kinderstars 155

Billy Wilders Kultfilm
»Manche mögen's heiß« 160

Der Tag, an dem Marilyn starb
Los Angeles, 4. August 1962 163

Zeitensprünge ins Kino

Das Ende des *Sissi*-Krieges
oder Urheberrechtsstreit um einen Film 170

»Von Kopf bis Fuß auf Liebe eingestellt«
Wie Der blaue Engel entstand 174

Einhundert und sieben
Johannes Heesters, das letzte Interview 177

Zeitensprünge der Kennedys

Kennedys Wiener »Ami-Schlitten«
Ein Cadillac für den Präsidenten 184

»Wenn mich jemand erschießen sollte«
Aus Jacqueline Kennedys Erinnerungen 188

Schlimme Zeitensprünge

Österreichs Oskar Schindler
Der Feldwebel Anton Schmid 196

Ärger als auf der *Titanic*
9000 Tote auf der Wilhelm Gustloff 200

Orgien unterm Hakenkreuz
Hitlers Clan in London 203

Nachkriegs-Zeitensprünge

Die Vier im Jeep
Ein Besatzungssoldat erinnert sich 208

»Kehrt heim nach Österreich!«
Willi Forst fordert Kollegen zur Rückkehr auf 212

Aus den Ruinen auferstanden
An »Burg« und Oper wird wieder gespielt 220

Zeitensprünge in die Welt der High Society

Was blieb vom Glanz der alten Zeit?
High Society einst und jetzt 226

Die Korrespondenz der Prominenz
»Adabeis« geheime Schatzkiste 230

Zeitensprünge im Theater und im Kabarett

»Es fehlt ihnen die Provinz«
Wo man einst Theater spielen lernte 240

Der g'schupfte Ferdl geht Tauben vergiften
Ziemlich beste Feinde: Bronner & Kreisler 249

Zeitensprünge in Staatspaläste

Warum das Weiße Haus weiß ist
Die Wohn- und Arbeitsstätte der US-Präsidenten 258

Mythos Downing Street 10
Die berühmteste Tür der Welt 262

Im Schatten des Buckingham Palace
Ein Besuch im Kensington-Palast 266

Liebe im Schloss des Präsidenten
Hinter den Mauern des Élysée-Palasts 270

»Schön haben Sie's da, Herr Bundespräsident!«
Der Leopoldinische Trakt der Hofburg 275

Lieber als in der Hofburg
Die Kaiservilla in Bad Ischl 279

Des Kaisers letztes Schloss
Der Abgesang des Hauses Habsburg 284

Quellenverzeichnis. 289
Bildnachweis 292
Namenregister. 294

Sprünge zwischen den Zeiten
Vorwort

Tatsächlich wird in diesem Buch zwischen den Zeiten ziemlich viel hin und her gesprungen, womit sich sein Titel erklärt. Anderseits gab's auch in meinen früheren Büchern schon ZEITENSPRÜNGE. Doch diesmal springe ich vielleicht ein bisschen mehr. Das erste Kapitel, in dem es um berühmte Musiker geht, erzählt die dramatische Lebensgeschichte des einarmigen Pianisten Paul Wittgenstein, der das Klavierspiel so virtuos beherrschte, dass er mit der einen, ihm verbliebenen Hand weltweit umjubelte Konzerte geben konnte.

Der erste ZEITENSPRUNG im Musikkapitel führt uns vom 20. ins 18. Jahrhundert, in dem ich der Frage »Wie sah Mozart wirklich aus?« nachgehe. Sie werden sagen, das weiß doch jedes Kind, das schon einmal eine Mozartkugel gegessen hat. Aber so einfach ist das nicht, denn es gibt Hunderte, äußerst unterschiedliche Porträts des Giganten, und er schaut auf jedem anders aus. Doch die Mozart-Forschung hat herausgefunden, welche der Bilder authentisch sind und welche nicht.

Der zweite ZEITENSPRUNG führt uns wieder zurück ins 20. Jahrhundert. Die Wienerin Grete Wiesenthal war eine weltberühmte Tänzerin. Kaum bekannt ist, dass sie fünf Schwestern mit tänze-

Sprünge zwischen den Zeiten

risch ebenfalls beachtlichen Begabungen hatte, weshalb ich hier die Geschichte der ganzen Familie erzähle. In »Der Tod der Primaballerina« geht's um eine weitere große Tänzerin aus Wien, deren Leben ein schreckliches Ende nahm: Julia Drapal wurde 1988, wie vierzig weitere Patientinnen und Patienten, von Krankenschwestern des Lainzer Krankenhauses ermordet. Im Musikkapitel finden sich auch die Schicksale zweier Genies des 19. Jahrhunderts: Von Schubert wird oft behauptet, er sei Alkoholiker gewesen, was hier widerlegt wird. Danach gebe ich Einblick in die berührende Entstehungsgeschichte der *Neunten Symphonie*, die Ludwig van Beethoven komponiert hat, als er bereits vollkommen taub war.

Julia Drapals tragische Fügung hätte auch in den Abschnitt KRIMINELLE ZEITENSPRÜNGE gepasst, ich entschied mich jedoch ihrer großen künstlerischen Bedeutung wegen fürs Musikkapitel. Klarerweise im »Kriminal« findet sich hingegen jener Frauenmörder, der in die Geschichte einging, weil er der letzte österreichische Straftäter war, der hingerichtet wurde. Das ereignete sich ebenso im 20. Jahrhundert wie die anderen drei Kriminalfälle, die in Deutschland, England und in den USA stattfanden.

Sehr großer Sprung von den KRIMINELLEN zu den KAISERLICH-KÖNIGLICHEN ZEITENSPRÜNGEN. In »Sisis einziger Flirt« wird die Geschichte eines anonymen Besuchs der Kaiserin Elisabeth auf einem Maskenball erzählt, auf dem sie einen jungen Mann kennenlernt, der sich in die damals 37-jährige Schönheit verliebt. Er schickt ihr Briefe, die in einem Postfach hinterlegt werden, und »Sisi« antwortet, natürlich inkognito. Als er jedoch zu ahnen beginnt, welch berühmte Frau sich hinter der Maske verbirgt, bricht sie von einem Tag zum anderen die Korrespondenz ab. Im nächsten Beitrag geht's um eine andere Elizabeth: In »Die letzten Tage der Queen«

wird die Woche vor dem Ableben der britischen Jahrhundertkönigin geschildert.

In ZEITENSPRÜNGE MADE IN AUSTRIA erinnere ich an die historische Teuerungsrevolte des Jahres 1911, weiters an die Glanzzeit der großen Wiener Warenhäuser und an den Abschied der »Letzten Greißlerin«. In Zeiten, in denen der Antisemitismus wieder Zulauf erfährt, geht es im Kapitel »Juden erwünscht« um mutige Österreicher, die sich für verfolgte Minderheiten stark machten.

Die LITERARISCHEN ZEITENSPRÜNGE gehen der Frage nach, ob Shakespeare – wir springen ins 16. Jahrhundert – überhaupt gelebt hat. Weitere Protagonisten sind Thomas Mann und Karl Kraus, dessen geheime Liebschaft mit einer jungen Schauspielerin erst kürzlich durch das Auffinden versteckter Briefe aufgedeckt werden konnte.

In ANDERE LÄNDER, ANDERE ZEITENSPRÜNGE berichte ich, wie aus Nieuw Amsterdam die Weltmetropole New York wurde, vom rätselhaften Tod des Medienmoguls Robert Maxwell, von der Zeit, in der in den USA Ausschank und Konsum von Alkohol verboten waren, vom russischen Geistheiler Rasputin und von dem jahrzehntelang in Wien lebenden Hofmaler des Schah von Persien.

Ebenfalls in mehrere Jahrhunderte begeben wir uns in den FRIEDHÖFLICHEN ZEITENSPRÜNGEN, in denen ich den letzten Wiener Ruhestätten prominenter Persönlichkeiten einen Besuch abstatte: Es sind dies die Gräber u. a. von Franz Grillparzer, Gustav Klimt, Gustav Mahler, Otto Wagner, Katharina Schratt, Gottfried von Einem, Heinz Conrads, Kurt Sowinetz, Susi Nicoletti, Thomas Bernhard und Paula Wessely. Geschildert werden auch die Umstände ihres Todes. Die Unsterblichen sind auf drei Wiener Friedhöfen vereint, zu denen mich der Wiener Jurist Franz Luger mit sachkundiger Unterstützung begleitete.

Sprünge zwischen den Zeiten

Nach HOLLYWOOD führt uns der nächste Abschnitt, in dem es um »Frankieboy und die Mafia«, die oft tragischen Schicksale von Kinderstars, den Kultfilm *Manche mögen's heiß* und um den Tag geht, an dem Marilyn Monroe starb. Vom amerikanischen Kino ist's ein weiter Weg zum österreichischen bzw. deutschsprachigen und deren Stars: Lange nach den Dreharbeiten der legendären *Sissi*-Filme kam es zum Streit, wem die Tantiemen zustünden. Ein Abschnitt erzählt die Entstehungsgeschichte des *Blauen Engels*, in einem andren erinnere ich mich an mein letztes Interview mit Johannes Heesters. Er war damals 107 Jahre alt.

Der »First Family« der Vereinigten Staaten sind zwei Kapitel gewidmet. Das erste handelt von John F. KENNEDYS »Wiener Ami-Schlitten«, jener Staatskarosse, in der der US-Präsident im Juni 1961 während seines Österreichbesuchs unterwegs war und die heute noch hier angemeldet ist. Und im zweiten Kapitel geht es um Jacqueline Kennedys Erinnerungen an ihren Mann, die sie kurz nach seiner Ermordung auf Tonband sprach. Das Band lag in einem fest verschlossenen Banksafe, ehe sein Inhalt nach einem halben Jahrhundert endlich öffentlich wurde. In »Wenn mich jemand erschießen sollte« – das ist ein tatsächliches Zitat John F. Kennedys – schildert die Witwe in sehr offenen Worten Leben und Tod des 35. Präsidenten der Vereinigten Staaten von Amerika.

SCHLIMME ZEITENSPRÜNGE lassen uns Not und Elend im Zweiten Weltkrieg erahnen: »Österreichs Oskar Schindler« war ein kleiner Feldwebel namens Anton Schmid, der um nichts weniger mutig war als der durch den Film *Schindlers Liste* berühmt gewordene deutsche Emailwarenfabrikant. In »Ärger als auf der *Titanic*« geht es um den Untergang der *Wilhelm Gustloff*, die folgenschwerste Tragödie in der Geschichte der Seefahrt.

Vorwort

Die nächsten ZEITENSPRÜNGE katapultieren uns in die Nachkriegszeit, zu den »Vier im Jeep«, und in »Kehrt heim nach Österreich!« fordert Filmstar Willi Forst seine im Exil lebenden Schauspiel- und Schriftstellerkollegen auf, in das Land, aus dem sie einst vertrieben wurden, zurückzukehren und es gemeinsam wieder aufzubauen. Einige bedeutende Künstler sind dieser Aufforderung tatsächlich nachgekommen.

Die ZEITENSPRÜNGE IN DIE WELT DER HIGH SOCIETY erzählen vom gesellschaftlichen Glanz früherer Zeiten. Schließlich wurden mir für dieses Kapitel auch die Briefe berühmter Persönlichkeiten an den legendären »Adabei« Roman Schliesser zur Verfügung gestellt. Seine »Korrespondenz der Prominenz« verschafft uns ein Wiedersehen mit Stars wie Oskar Werner, Senta Berger, Curd Jürgens, Udo Jürgens, Peter Alexander, Hildegard Knef und Falco.

Wir bleiben im 20. Jahrhundert, springen aber zurück in dessen Anfänge. Für das Kapitel »Es fehlt ihnen die Provinz« habe ich Erinnerungen an die kleinen deutschböhmischen Bühnen von Mährisch-Ostrau bis Reichenberg ausgegraben, in denen die Karrieren späterer Publikumslieblinge wie Werner Krauß, Emil Jannings, Hans Moser, Paul Hörbiger, Ernst Waldbrunn und Maxi Böhm begannen. Ins Theater- und Kabarettkapitel passt schließlich noch ein Beitrag über die »ziemlich besten Feinde« Gerhard Bronner und Georg Kreisler.

ZEITENSPRÜNGE IN STAATSPALÄSTE bilden den Abschluss dieses Buches. Hier werden Geschichten und Geschichte des Weißen Hauses, des britischen Regierungssitzes in der Downing Street, des Kensington-Palasts, der Wiener Hofburg, der Kaiservilla in Bad Ischl und des letzten Schlosses des Hauses Habsburg im niederösterreichischen Eckartsau erzählt. Natürlich gibt's in den ZEITEN-

SPRÜNGEN auch Seitensprünge: die meisten in Paris, der Stadt der Liebe, genau genommen im ebenfalls beschriebenen Élysée-Palast.

Ich wünsche Ihnen, verehrte Leserin, verehrter Leser, viel Vergnügen bei der Lektüre dieses Buches und hoffe, dass Ihnen die darin enthaltenen ZEITENSPRÜNGE ebenso viel Unterhaltung wie Spannung und neue Informationen bieten.

Georg Markus
Wien, im August 2024

Danksagung
Mein Dank gilt in erster Linie meiner Frau Daniela, die mir seit 25 Jahren zur Seite steht und eine wichtige Stütze und Ratgeberin ist.

Weiters danke ich folgenden Personen für Auskünfte und Anregungen: Johanna »Joan« Ripley geb. Wittgenstein, Katharina Salzer, Dorothea Salzer, Elisabeth Kamenicek, Thomas Brücke, Christoph Großpietsch (Stiftung Mozarteum Salzburg), Gernot Gruber, Alfred Oberzaucher, Ludwig Musil, Michael Birkmeyer, Rosa Hudec, Petra Rainer, Katharina Prager, Maximilian Zauner und Alexandra Egger (Wienbibliothek im Rathaus), Mahdi und Ingeborg Sadjadi, Franz Luger, Max Friedrich, Ulrich Schulenburg, Dorrit Molony, Harald Karl, Gabriele »Bonni« Schliesser, Ingeborg Fiegl (Dorotheum Wien), Oscar Bronner, Gustav Zimmermann, Johannes Heesters, Simone Rethel, Ingo Schubert, Peter Ehrengruber, Robert Biddle, Judith Holzmeister, Helene von Damm, weiters Katarzyna Lutecka, Rainer Höltschl, Marlen Bernleitner und Lisa Schmitz vom Amalthea Verlag sowie Dietmar Schmitz.

Musikalische Zeitensprünge

Musikalische Zeitensprünge

»Ich hatte keine andere Wahl«
Der einarmige Pianist Paul Wittgenstein

Der Erfolg seines ersten Konzerts war vielversprechend, auch wenn die Kritik nicht allzu viel Notiz von ihm nahm. Doch beim Publikum schlug das Debüt des Pianisten in Wiens Großem Musikvereinssaal ein. Man schrieb den 26. Juni 1913, Paul Wittgenstein war gerade 26 Jahre alt und schien eine große künstlerische Karriere vor sich zu haben. Fast auf den Tag genau ein Jahr später wurde Österreich-Ungarns Thronfolgerpaar in Sarajewo ermordet, der Erste Weltkrieg brach aus und Paul Wittgenstein wurde zu den Waffen gerufen.

Nach nur wenigen Wochen an der Front passierte das denkbar Schlimmste, das einem Konzertpianisten widerfahren kann. Dem Unteroffizier der Reserve Paul Wittgenstein wurde bei Gefechten in Galizien durch eine Kugel der Ellbogen zerschmettert. Sein rechter Arm musste amputiert werden.

Eine Tragödie unvorstellbaren Ausmaßes, die wohl jeder andere Pianist mit dem Ende seiner Laufbahn quittiert hätte. Doch statt zu verzweifeln, investierte Paul Wittgenstein seine ganze Kraft, um mit der verbliebenen linken Hand auf dem geliebten Instrument weiterzuspielen. So malte er noch als Patient im Kriegslazarett eine Tastatur auf ein Stück Karton, auf der er mit der linken Hand beharrlich trainierte. »Da Klavierspielen das Einzige ist, was ich habe«, wird er später einem Freund schreiben, »hatte ich sozusagen keine andere Wahl.«

Aus russischer Kriegsgefangenschaft in Sibirien entlassen, setzte Paul Wittgenstein trotz der schweren Verwundung seinen Kriegsdienst, nun an der italienischen Front, fort. Und feierte während eines Heimaturlaubs am 12. Dezember 1916 seinen zweiten öffentlichen Auftritt, wieder im Großen Musikvereinssaal. Der mittlerweile 29-Jährige gab, im Programmheft als »linkshändiger Pianist« angekündigt, Frédéric Chopins *c-Moll-Nocturne*. An dieser außergewöhnlichen Leistung konnte selbst Wiens gestrenge Musikkritik nicht achtlos vorübergehen. Während der Rezensent des *Wiener Montagsblatts* das Konzert »mit Ausdrücken der höchsten Bewunderung« versah, schrieb Julius Korngold in der *Neuen Freien Presse*:

Drücken wir ihm nach seinem erfolggekrönten Debüt die tapfere Hand, die er so glücklich zu verwenden gelernt hat. Aus dem Spiel dieser Linken klingt keineswegs die Wehmut des Künstlers heraus, keine Rechte zu besitzen. Vielmehr der Triumph, diese leicht entbehren zu können.

Paul Wittgenstein, einer prominenten Industriellenfamilie entstammend, kam am 5. November 1887 in Wien als achtes von neun Kindern des Ehepaars Karl und Leopoldine Wittgenstein zur Welt. Pauls jüdischer, assimiliert lebender Großvater Hermann Christian Wittgenstein hatte sich mit der jüdischen Kaufmannstochter Fanny Figdor vermählt, seinen elf Kindern jedoch abgeraten, ihrerseits in jüdische Familien einzuheiraten – nicht zuletzt infolge der antisemitischen Hetzreden der damaligen Politiker Karl Lueger und

Georg von Schönerer. Tatsächlich hielten sich alle seine Töchter und Söhne daran – bis auf Karl Wittgenstein, den Vater des Pianisten. Karl heiratete Leopoldine Kallmus, Tochter eines jüdischen Prager Kaufmanns. Ihr Sohn Paul nahm als Gymnasiast Klavierunterricht bei dem blinden Musiker Josef Labor und ließ sich später zum Konzertpianisten ausbilden.

Schon Pauls Mutter war eine überaus talentierte Pianistin, und einer von Pauls Brüdern war der berühmte Philosoph Ludwig Wittgenstein. Pauls Vater Karl Wittgenstein, ebenfalls sehr musikalisch, zählte zu den erfolgreichsten Industriellen der späten Donaumonarchie. Seine Familie hatte sich 1851, aus Leipzig kommend, zunächst in Vösendorf und neun Jahre später in Wien angesiedelt, wo Karl als Siebzehnjähriger, ohne seine Familie zu benachrichtigen, von zu Hause ausriss und sich nach New York durchschlug. Dort arbeitete er als Barmusiker, Kellner und Nachhilfelehrer.

Zwei Jahre später wieder in Österreich, machte Karl Wittgenstein in der Stahlbranche Karriere und brachte es zu unvorstellbarem Reichtum. Nicht nur das, er transferierte rechtzeitig vor Einsetzen der gigantischen Inflation in Österreich den Großteil seines Vermögens nach Amerika und in die Schweiz, sodass seine Erben – darunter sein Sohn, der Pianist Paul Wittgenstein – zu den wenigen Millionären zählten, die ihren Besitz in dieser Zeit nicht verloren, sondern, im Gegenteil, sogar weiter ausbauten.

Anders als andere erfolgreiche Unternehmer lehnte Karl Wittgenstein die Erhebung in den Adelsstand durch den Kaiser ab, wollte »lieber ein Wittgenstein als ein Ringstraßenbaron sein«. Seinen Kindern gegenüber – die übrigens alle hochmusikalisch waren – erwies sich Karl Wittgenstein als überstrenger Patriarch, der immensen Druck auf sie ausübte. Vier von ihnen endeten tragisch:

»Ich hatte keine andere Wahl«

Drei Söhne nahmen sich das Leben, eine Tochter starb bei ihrer Geburt.

Paul wuchs mit Eltern und Geschwistern in dem 1871 erbauten, prunkvollen Palais Wittgenstein in der heutigen Argentinierstraße in Wien-Wieden auf. Nachdem sich sein Vater Karl im Alter von 52 Jahren aus dem Geschäftsleben zurückgezogen hatte, betätigte der sich als großzügiger Förderer der Künste, insbesondere der Secession und der Wiener Werkstätte.

Karl Wittgensteins umfangreicher Kunstsammlung gehörten Bilder von Gustav Klimt bis Claude Monet an. Legendär sind auch die von ihm veranstalteten Musikabende im Palais, an denen Johannes Brahms, Clara Schumann, Gustav Mahler, Arnold Schönberg und das berühmte Rosé-Quartett teilnahmen. Leider wurde das elegante Stadtpalais nach dem Zweiten Weltkrieg von der Länderbank gekauft und – obwohl von Bombenschäden verschont geblieben – zugunsten eines Neubaus abgerissen.

Karl Wittgenstein erlag mit 65 Jahren im Januar 1913, ein halbes Jahr vor dem ersten Konzertauftritt seines Sohnes Paul, seinem Krebsleiden, seine Frau Leopoldine starb 1926 mit 76 Jahren.

Paul lernte mithilfe eines Selbsthilfebuchs für amputierte Kriegsheimkehrer einarmig zu essen, sich zu waschen, anzuziehen und den Alltag zu meistern. Selbst sein zwei Jahre jüngerer Bruder, der Philosoph Ludwig Wittgenstein, konnte nicht glauben, dass Paul nach diesem Schicksalsschlag je wieder Klavier spielen würde, schreibt er doch an die Familie: »Immer wieder muss ich an den armen Paul denken, der so plötzlich um seinen Beruf gekommen ist.«

Doch der setzte seine Karriere als Klaviervirtuose mit großem Erfolg fort, erlangte als »linkshändiger Pianist« Weltruhm, war in dieser Zeit sogar berühmter als sein Bruder, der hoch angesehene Philosoph Ludwig.

Mit seinem linken Arm versuchte Paul sich zunächst an der *Nocturne no. 3* aus *Liebesträume*, die Franz Liszt für seinen ebenfalls einarmigen Schüler, den ungarischen Pianisten Geza Graf Zichy*, geschrieben hatte. Darüber hinaus arrangierte Wittgenstein für sich selbst Werke von Beethoven, Bach, Chopin, Haydn, Mozart, Schubert, Puccini, Johann Strauss und Wagner. Und er konnte es sich durch das vom Vater ererbte Vermögen leisten, bei zeitgenössischen Komponisten Musikwerke für die linke Hand in Auftrag zu geben. Maurice Ravel schrieb 1929 für Wittgenstein ein Klavierkonzert in D-Dur, das *Concerto für die linke Hand*, weiters komponierten für ihn Erich Wolfgang Korngold, Richard Strauss, Sergej Prokofjew, Paul Hindemith, Franz Schmidt und Benjamin Britten. Paul Wittgenstein war sicher kein einfacher Patron: Die Zusammenarbeit mit Maurice Ravel wie auch die mit Benjamin Britten endete in heillosem Streit, weil er sich bei der Interpretation ihrer Klavierparts allzu große Freiheiten nahm.

Während Paul seinen steinigen Weg fortsetzte, überraschte Ludwig trotz weltweiter Anerkennung seines Hauptwerks – der *Logisch-philosophischen Abhandlung (Tractatus)* – damit, der Philosophie und dem Leben als gefeierter Wissenschaftler zumindest vorübergehend abzuschwören. Ludwig absolvierte die Lehrerbildungsanstalt in Wien und arbeitete in mehreren niederösterreichischen Gemeinden als Volksschullehrer, u. a. in Trattenbach bei Neunkirchen und in Otter-

---

* Geza Graf Zichy, 1849–1924, hatte mit vierzehn Jahren bei einem Jagdunfall seinen rechten Arm verloren. Zichy war Autor des Selbsthilfebuchs *Ratschläge zur Aneignung der Fähigkeiten, mit einer Hand selbstständig zu werden*, durch das Paul Wittgenstein mit seiner Behinderung zu leben gelernt hatte.

Die berühmtesten Musiker seiner Zeit komponierten für den »linkshändigen Pianisten«: Paul Wittgenstein, 1933 am Klavier.

thal bei Kirchberg am Wechsel. Aber auch Paul begann, wenn es sein Tourneeplan erlaubte, zu unterrichten: von 1931 bis 1938 in der Klavierklasse des Neuen Wiener Konservatoriums.

Dort verliebte er sich in seine um 28 Jahre jüngere, fast blinde Schülerin Hilde Schania, die er später heiraten und mit der er drei Kinder haben sollte. Nach dem »Anschluss« an Hitlerdeutschland flüchtete Paul Wittgenstein mit seiner Familie über die Schweiz in die USA, wo er das Angebot erhielt, das Cleveland Orchestra zu begleiten.

Seine Tochter Johanna »Joan« Ripley (*1937 in Wien) lebt in Charlottesville im US-Bundesstaat Virginia. Sie war 24 Jahre alt, als ihr Vater starb. Als eine der wenigen Personen, die Paul Wittgenstein noch persönlich gekannt haben, erinnert sie sich für dieses Buch:

Er war ein äußerlich strenger Mann, der aber eine warme und sanfte Seite hatte, die er vor der Welt verborgen hielt. In seiner Gegenwart gab es kein Kichern, kein Fehlverhalten. Am Tisch saßen wir aufrecht, sagten »Bitte«, »Danke« und »Bitte um Entschuldigung«. Lesen, Hausaufgaben machen, draußen spielen und sich allgemein beschäftigen wurden immer gefördert. Herumalbern selten. Und nichts tun? Niemals!
Es gab kaum offene Gespräche zwischen Papa und mir, seiner jüngeren Tochter. Meine Mutter war die einzige Person, mit der er seine innersten Gefühle und Sorgen teilen konnte. Sich über sein Unglück beschweren oder jammern, das gab es in meiner Gegenwart niemals. Selbstmitleid wurde nicht geduldet, weder bei anderen noch bei sich selbst.
Er lebte nach dem Grundsatz »Wo ein Wille ist, ist auch ein Weg«. Ich weiß nicht, ob er anderen ein Vorbild sein wollte, aber jetzt, Jahrzehnte später, höre ich von Behinderten, dass er oft ihr Vorbild ist. Ich kann mir vorstellen, dass er einem jungen Musiker, der mit Schwierigkeiten überfordert ist, sagen würde: »Wenn Musik deine Leidenschaft ist, gib sie nicht auf, suche nach einem Weg, setze dich mit deinem ganzen Wesen ein. Arbeite unaufhörlich daran, mit Demut, Zielstrebigkeit und Hoffnung. Dann ist der Erfolg in greifbarer Nähe.«
Meine schönsten Erinnerungen sind Weihnachten, Spaziergänge mit Papa im Wald oder am Strand und das Klavierkonzert, das seine Schüler jedes Jahr im Mai bei uns zu Hause gaben.

Seinen Lebensabend verbrachte Paul Wittgenstein als Klavierlehrer in New York. Der weltberühmte »linkshändige Pianist« starb als letztes der Wittgenstein-Geschwister am 3. März 1961 im Alter von 73 Jahren auf Long Island an Herzversagen. Viele Stücke, die für ihn geschrieben wurden, werden heute noch von zweihändigen Pianisten aufgeführt.

Pauls Witwe Hilde überlebte ihren Mann um vier Jahrzehnte, sein jüngerer Bruder Ludwig war ihm bereits 1951 in den Tod vorausgegangen. In seinem *Tractatus* hatte sich der Philosoph mit der menschlichen Endlichkeit auseinandergesetzt: »Der Tod ist kein Ereignis des Lebens«, schrieb er. »Den Tod erlebt man nicht.«

Im Jahr 1982 veröffentlichte Thomas Bernhard die Erzählung *Wittgensteins Neffe*, in der es um seine Freundschaft mit Paul Wittgenstein* geht. Gemeint ist jedoch nicht der Pianist, sondern dessen gleichnamiger Großneffe, der wie sein Bruder Philosoph war.

Wie sah Mozart wirklich aus?
Unterschiedliche Bilder geben Rätsel auf

Von kaum einem anderen Künstler seiner Zeit gibt es so viele Abbildungen wie von ihm. Und doch – oder vielleicht gerade deshalb – zerbrechen sich Historiker und Musikforscher seit Generationen den Kopf, wie Wolfgang Amadeus Mozart wirklich ausgesehen hat. Weil es nur wenige Bilder gibt, die zu seinen Lebzeiten entstanden sind.

---
* Paul Wittgenstein, Philosoph, 1907–1979.

»Er war kein schöner Mann, und er wird oft idealisiert dargestellt«, sagen Mozart-Experten. Sie beziehen sich in erster Linie auf eine Beschreibung seiner Schwester Maria Anna, genannt »Nannerl«, die bekennen musste, »dass seine physiognomie gar nicht das genie und den geist anzeigte, mit welchem ihn der gütige gott begabt hat«. Dabei seien Mozarts Eltern »zu ihrer Zeit das schönste Paar Eheleute in Salzburg gewesen, auch galt die Tochter in ihren jüngeren Jahren für eine regelmäßige Schönheit, aber der Sohn Wolfgang war klein, hager, bleich von Farbe und ganz leer von aller Prätention in Physiognomie und Körper. Außer der Musik war und blieb er fast immer ein Kind.«

Es gibt Hunderte Porträts, die Mozart in Museen, aber auch auf Ansichtskarten, Kugelschreibern, Likörfläschchen und Schokoladekugeln zeigen. Doch er sieht auf jedem Bild anders aus.

»Es ist schwierig, das Aussehen Mozarts zu beurteilen«, erklärt Christoph Großpietsch, wissenschaftlicher Mitarbeiter der Stiftung Mozarteum Salzburg, »weil oft die Fantasie der Maler mitspielt. Man muss die Bilder, die zu Mozarts Lebzeiten angefertigt wurden, von jenen unterscheiden, die nach seinem Tod entstanden.« Ein Großteil der Konterfeis stammt aus der Zeit danach, zumal Mozart eine so faszinierende Persönlichkeit war, dass er die Nachwelt dazu bewegte, ihn immer wieder, am liebsten in Porträts oder musizierend, darzustellen.

»Die Körperbildung dieses aussergewöhnlichen Menschen hatte nichts Auszeichnendes ... wenn man das feurige Auge ausnimmt, und kündigte die Größe seines Genies nicht an. Aber in dem unansehnlichen Körper wohnte ein Genius der Kunst, wie ihn nur selten ihren Lieblingen die Natur verleiht«, befand der Zeitzeuge und erste Mozart-Biograf Franz Xaver Niemetschek.

Wie sah Mozart wirklich aus?

Laut Darstellung seiner Umgebung war Mozart nur 1,50 Meter groß. Er hatte einen verhältnismäßig großen Kopf und kleine, aber schöne Hände, strahlend blaue Augen, die ein wenig hervorstanden, und eine große Nase. Die Haare waren dunkelblond, wurden bei öffentlichen Auftritten jedoch von einer Perücke verdeckt. Mozart, der als eitel beschrieben wurde, versuchte sein eher derbes Aussehen mit kostbarer Kleidung wettzumachen. »Überhaupt sah er sehr auf seinen Körper, der auch sehr proportioniert war«, hinterließ uns Georg Nikolaus Niessen, der zweite Mann von Mozarts Ehefrau Constanze. »Er hielt viel auf schöne Kleider, Spitzen und Uhrketten. Er war einmal recht böse, als er hörte, dass der preußische Gesandte Jemanden ein Empfehlungsschreiben an ihn gegeben, der dabey gesagt hatte, man möge sich an Mozarts unbedeutendem Aeusseren nicht stossen.«

»Nicht schön« soll er erst in seinen späteren Lebensjahren gewesen sein. Denn Wolfgang Amadeus war ein ursprünglich hübsches Kind, dem jedoch die Pockenepidemie im Herbst 1767 übel mitspielte. Aber die Narben, die die Infektionskrankheit möglicherweise in seinem Gesicht hinterließ, sind auf keinem Bild zu sehen, die Maler haben sie einfach weggelassen.

Authentisch dürfte das Bild »Vater Mozart mit seinen beiden Kindern« (Seite 31, Bild 1) sein. Die Familie Mozart war 1763 zu einer Europareise aufgebrochen, bei der der siebenjährige Wolfgang große Beachtung fand. In Paris entstand das Aquarell des französischen Malers Louis Carrogis de Carmontelle mit »Nannerl« als Sängerin, Wolfgang am Cembalo und Vater Leopold als Geiger, der die Echtheit des Bildes mit den Worten bestätigte: »Wolfgang spielt Clavier, ich hinter ihm.« Auch Experte Christoph Großpietsch meint, dass Amadé so aussah, bezweifelt jedoch, dass »Nannerl« singend aufgetreten ist.

Ungeschönt sind die beiden Abbildungen, die 1789, zwei Jahre vor Mozarts Tod, entstanden. Das eine ist die im April in Dresden angefertigte Silberstiftzeichnung der Porträtistin Dorothea Stock (Bild 2). Ihr Bild ist ein an Feinheit unübertroffenes Porträt ohne Perücke, das ungeschminkt und geradezu privat wirkt. Das andere aus diesem Jahr, Öl auf Leinwand, ist das wohl bekannteste Bild des Komponisten und stammt von Mozarts Schwager Joseph Lange* (Bild 3). Es war das Lieblingsbild Constanze Mozarts, vielleicht auch, weil ihr Mann, wie sie einmal sagte, »gar nicht glücklich war, en face getroffen zu werden«.

Sie selbst nannte es das »ähnlichste Abbild« ihres Mannes, obwohl sein Gesicht schon aufgedunsen und möglicherweise von Mozarts tödlicher Krankheit gezeichnet war. Die Witwe hat das Porträt geliebt und wie ihren Augapfel gehütet. Es ist heute im Eigentum der Internationalen Stiftung Mozarteum Salzburg.

Im Jahr 2008 tauchte unvermittelt ein in US-amerikanischem Privatbesitz befindliches, bis dahin unbekanntes Porträt auf, das insofern Aufsehen erregte, als es von dem renommierten britischen Mozart-Forscher Cliff Eisen für authentisch gehalten wurde. Das Bild zeigt einen Mann im Profil mit resoluter Kinnpartie, der mit seinem roten Frack und der gepflegten Perücke großes Selbstbewusstsein ausstrahlt. Laut Cliff Eisen sei das Ölgemälde im Jahr 1783, als Mozart 27 Jahre alt war, vom Wiener Hofmaler Joseph Hickel angefertigt worden.

Doch in der Stiftung Mozarteum war man von Anfang an skeptisch, »da kein Nachweis erbracht werden konnte, dass das Porträt

---

* Joseph Lange, 1751–1831, der Mann von Constanze Mozarts Schwester Maria Aloisia geb. Weber, war Hofschauspieler und als Maler ein Schüler Ferdinand Georg Waldmüllers.

1 Große Ähnlichkeit: Klein-Mozart mit Schwester »Nannerl« und Vater Leopold, der das Bild bestätigte: »Wolfgang spielt Clavier, ich hinter ihm.«

2 Laut Zeitzeugen ist dieses Bild eines, das Mozart sehr gut trifft. Silberstiftzeichnung ohne Perücke von Dorothea Stock, 1789.

3 Constanze liebte dieses Bild ihres Mannes: Mozart, ebenfalls ohne Perücke, gemalt 1789 von seinem Schwager Joseph Lange.

4 Dank Mozartkugel populärstes Bild. Gemalt dreißig Jahre nach Mozarts Tod. Wahrscheinlich ähnlich, aber »geschönt«. Vorbild war ein Gemälde von 1781.

5 Ein Bildnis aus der Fantasie des Malers Giovanni Antonio Sasso, das 1815, also ein Vierteljahrhundert nach Mozarts Tod, entstand.

Mozart zeigt. Schließlich weist es keine Ähnlichkeit mit den bekannten Bildern aus seinem letzten Lebensjahrzehnt auf.« Mittlerweile wird dem »Hickel-Bild« kaum noch Aufmerksamkeit geschenkt.

Für die Mozart-Forschung gehört das Auftauchen neuer Mozart-Bilder fast zum Alltag, zumal immer wieder Porträts angeboten werden, von denen sich aber nur wenige als authentisch erweisen.

Als »sowohl echt als auch falsch« könnte man Mozarts wahrscheinlich populärstes, als Verpackung für Schokoladekugeln bekanntes Bild bezeichnen (Bild 4). Fest steht, dass es Barbara Krafft erst 1819, dreißig Jahre nach Mozarts Ableben, gemalt hat. »Aber die Künstlerin hat sein Gesicht ziemlich genau aus dem großen Familienbild von 1780 kopiert und dabei nur seine Locken verändert«, sagt Christoph Großpietsch. »Das Bild war lange nicht bekannt, zählt aber zu den glaubwürdigen Mozart-Porträts, auch wenn es nicht aus der Zeit stammt.« Zu diesem Schluss war auch der Musikwissenschaftler und Kunsthistoriker Otto Erich Deutsch gelangt, der das Bild – obwohl die Malerin den Komponisten nie persönlich gesehen hat – für eine der besten Mozart-Darstellungen hielt. Das »Mozartkugel«-Porträt ist im Besitz der Gesellschaft der Musikfreunde in Wien.

Ein Gegenbeispiel liefert das Bildnis von Giovanni Antonio Sasso (Bild 5). Auch dieses entstand nach Mozarts Tod, ist aber der Fantasie des italienischen Malers entsprungen. »Diese Zeichnung aus dem Jahr 1815 gehört«, so Christoph Großpietsch, »zu den frühen Versuchen, Mozart in neuen Bildtypen zu produzieren, wie hier als ganze Figur komponierend dargestellt oder in anderen Fällen gemeinsam mit Joseph Haydn und Ludwig van Beethoven. So wurden immer wieder neue Bildmotive eines Genies geschaffen.«

Die weltweit größte Sammlung der zu Mozarts Lebzeiten entstandenen Bilder befindet sich in der Stiftung Mozarteum. Sie ist in Mozarts Geburtshaus in der Getreidegasse und in seinem Wohnhaus am Makartplatz in Salzburg ausgestellt.

Die wenigen zu seinen Lebzeiten angefertigten authentischen Porträts bestätigen, dass Mozart zumindest ein schönes Kind war, jedoch ein nicht besonders attraktiver Erwachsener.

Aber warum sollte einer auch noch schön sein, der so eine Musik geschrieben hat.

»Eine Prinzessin aus der Vorstadt«
Die sechs Wiesenthal-Schwestern

In Weigl's Dreherpark befand sich die größte Freiluftbühne im Wien der Jahrhundertwende. Benachbart zum kaiserlichen Schloss Schönbrunn gelegen, wurden hier vor Tausenden Zuschauern Ringkämpfe, Varieté- und Zirkusvorstellungen dargeboten. Doch am 6. Juni 1907 stand etwas ganz anderes auf dem Programm. Da gaben die Schwestern Wiesenthal beim »Großen Gartenfest« in der Pantomime *Die Tänzerin und die Marionette* ihr Debüt.

Die Wiesenthal-Mädeln waren eine ganz besondere, aus sechs Schwestern bestehende Truppe: Berta, Elsa, Gertrud, Hilda, Marta und Grete. Grete war die bei Weitem berühmteste von ihnen, sie sollte noch als Synonym des Modernen Tanzes Weltkarriere machen. Die Berufswege ihrer Schwestern verliefen hingegen unterschiedlich, doch mit ihrer Musikalität, ihrem Rhythmusgefühl und der ganzkörperlichen Art, sich zu bewegen, erregten auch sie Aufsehen.

Bei der erwähnten Aufführung in Weigl's Dreherpark – benannt nach Johann Weigl, dem Pächter des Lokals und Anton Dreher, dem Besitzer der Brauerei Schwechat – waren alle Schwestern vereint: Elsa hatte die Tänze einstudiert, Gertrud, Hilda und Berta gaben Bäuerinnen und Grete – der Star – verkörperte die Tänzerin. Nur der »Nachzügler«, die erst fünfjährige Marta musste sich wohl mit der Rolle als Zuschauerin begnügen.

Die Schwestern waren allesamt als Töchter der Rosa und des Franz Wiesenthal, beide aus Ungarn stammend, in Wien zur Welt gekommen, wo sich der Vater als Porträt- und Historienmaler einen Namen machte. Der Wiener Tanzhistoriker Alfred Oberzaucher meint, dass die außergewöhnliche künstlerische Begabung den Schwestern Wiesenthal offensichtlich vererbt wurde: »Die Mutter war Pianistin, der Vater ein talentierter Hobbymusiker. Jedes der Mädchen spielte mehrere Instrumente, und die Begeisterung für den Tanz wurde bei Grete durch den Besuch des Balletts *Rund um Wien* in der Hofoper ausgelöst. Dass eine Hauptrolle von der Nachbarin der Wiesenthals, der gefeierten Hofoperntänzerin Minna Rathner, ausgeführt wurde, mag den brennenden Berufswunsch der Neunjährigen zusätzlich befeuert haben. Und mit ihrer Tanzleidenschaft vermochte Grete auch ihre Schwestern mit sich zu ziehen.«

Ja, und dann gab es noch ein siebentes Kind, den Bruder Franz jun.* Auch er war musikalisch hochbegabt, spielte Cello und hatte mit achtzehn Jahren bereits ein Quartett komponiert. Doch er

---

* Franz jun., *1894, gefallen im Ersten Weltkrieg.

verlor im Ersten Weltkrieg als Soldat der österreichisch-ungarischen Armee in Russland sein Leben.

Grete, 1885 geboren, war nicht nur das berühmteste, sondern auch das erstgeborene der insgesamt sieben Kinder. Ihr Lebensweg schien vorgezeichnet, wollte sie doch, sobald sie auf ihren Beinchen stehen konnte, immer und überall nur tanzen. Folgerichtig trat sie mit zehn Jahren als Elevin in die Ballettschule des k. k. Hofopernballetts ein. Im Jahr 1901 entdeckte Hofoperndirektor Gustav Mahler ihr besonderes Bewegungstalent und ihre Musikalität, im Jahr darauf wurde ihre Schwester Elsa an die Hofoper geholt.

Im Jahr 1905 in der Hierarchie des Hofopernballetts zur »Koryphäe« aufgestiegen, erkannte Grete bald, dass das klassische Ballett ihre individuelle Ausdrucksform behinderte, worauf sie gemeinsam mit Elsa eine neue Balance- und Schwebetechnik des Wiener Walzers entwickelte. Es grenzte an einen Skandal, als sich die 22-jährige Grete nach einem Streit mit dem Ballettmeister entschloss, die Hofoper zu verlassen und eigene Wege zu gehen. Sie begann nach dem Vorbild der Amerikanerin Isadora Duncan – ohne sie je gesehen zu haben – eine tänzerische Neuorientierung, die sie von einem Triumph zum anderen führte. »Es brach aus uns hervor«, erklärte Grete 1909 in der Bühnenzeitschrift *Der Merker*, »jeder Tanz wurde wie ein Kind geboren, in Ekstase und dabei doch auch zweifelnd und staunend.«

Grete Wiesenthal wurde zur umjubelten Pionierin des freien Tanzes. Anfangs trat sie mit ihren Schwestern Elsa und Berta im Kabarett Fledermaus auf der Kärntner Straße als Tanztrio in ihrer Walzerinterpretation mit dem Donauwalzer als Höhepunkt auf. Die Premiere am 14. Jänner 1908 war eine gesellschaftliche Attraktion ersten Ranges, hatte sich doch Prominenz wie Hugo von Hofmannsthal, Peter Altenberg, Gustav Klimt und Kolo Moser eingefunden. Nach wochenlang ausverkauftem Haus unternahmen Grete, Elsa und Berta Gastspielreisen nach Russland, Budapest, Prag, London und Paris.

Als sich Grete 1910 von ihren Schwestern trennte, begann ihre Solokarriere. Aber auch Elsa und Berta bildeten ein erfolgreiches Duo, das jedoch immer in Gretes Schatten stand. Es war somit nicht zu vermeiden, dass es unter den Geschwistern zu enormen Spannungen und Konkurrenzkämpfen kam, die sich nicht nur auf der Bühne, sondern auch in ihren privaten Beziehungen manifestierten; speziell zu Grete gab es lange keinerlei Kontakt.

Nach dem Zusammenbruch der Monarchie nahmen Elsa und Berta ihre jüngste Schwester Marta als Dritte im Bunde auf, wodurch unter dem Titel *Schwestern Wiesenthal** wieder ein Trio entstand. Zwei Schwestern waren noch in ihrer aktiven Zeit und auch danach als Tanzlehrerinnen tätig, Marta hingegen begleitete Grete Wiesenthals Tanzabende bis Mitte der 1950er-Jahre am Klavier.

Bleiben noch Gertrud und Hilda**, die im Gegensatz zu ihren tanzenden Schwestern keine Bühnenkarrieren anstrebten. Gertrud unterrichtete als Tanz- und Musikpädagogin, und Hilda war die vielleicht universell begabteste der sechs Schwestern, sind doch ihre Talente sowohl im Schauspiel als auch im Tanz und in der Musik überliefert. Mag sein, dass sie zu viele Talente hatte, um für sich einen Weg zu finden, also entschied sie sich für ein Leben als Ehefrau und Private.

---

* Elsa, 1887–1967, Berta, 1892–1953, Marta, 1902–1996.
** Gertrud, 1890–1981, Hilda, 1891–1947.

»Eine Prinzessin aus der Vorstadt«

Drei der Wiesenthal-Schwestern, ehe sie auseinandergingen: Elsa, Grete und Berta im »Lanner-Schubert-Walzer«, Wien 1908

Kein Geringerer als Hugo von Hofmannsthal schrieb Pantomimen für Grete, und mit Ferdinand Raimunds *Die gefesselte Phantasie* feierte sie im Wiener Komödienhaus ihren Einstieg als Schauspielerin. Der Tanzhistoriker Hans Brandenburg nannte sie »eine Prinzessin aus der Vorstadt«, offenbar weil sich in ihr aristokratische Noblesse mit der Natürlichkeit eines »Wiener Mädels« zu vereinen schien.

Grete Wiesenthal stürzte sich von einem Projekt ins andere, gastierte in New York, drehte Stummfilme, gründete auf der Hohen Warte eine Tanzschule, unternahm weitere gefeierte Europatourneen und veröffentlichte bereits mit 35 Jahren ihren ersten Memoirenband (ein zweiter sowie ein Roman sollten folgen).

Dass da das Privatleben zu kurz kam, wird nicht verwundern. Grete Wiesenthal war zwei Mal verheiratet, das erste Mal mit dem Maler und Grafiker Erwin Lang, der ihre Plakate entwarf, danach mit dem schwedischen Arzt Nils Silfverskiöld, beide Ehen gingen schief. Mit Erwin Lang hatte sie einen Sohn, dessen Geburt im Jahr 1911 sie zu einer mehrmonatigen Pause zwang. Es folgten weitere Tanzabende, viele an der Seite ihres kongenialen Partners Toni Birkmeyer*, mit dem sie große Bühnen bei stets ausverkauftem Haus füllte.

Birkmeyers Sohn Michael Birkmeyer, selbst langjähriger Erster Solotänzer der Wiener Staatsoper, hat Grete Wiesenthal noch gekannt und erinnert sich heute ...

> ... an eine einzigartige Persönlichkeit voll positiver Energie, bei der man sich, wenn sie einen Raum betrat, sofort wohlfühlte. Sie war ungeheuer charismatisch, gesegnet mit natürlicher Eleganz. Ich habe sie als Kind kennengelernt, da mein Vater nach dem Krieg einen früher bestehenden Salon wieder aufleben ließ, in dem sich Künstler, die sich in der Nazizeit anständig verhielten, getroffen haben. Entweder in der Wohnung von »Tante Grete«, wie ich sie nannte, am Modenapark oder bei uns in Grinzing. Zu den Teilnehmern zählten Staatsoperndirektor Franz Salmhofer, Fritz Wotruba, Inge Konradi und Raoul Aslan. Ich hatte aber auch, als ich bereits erwachsen war, noch Kontakt mit ihr. Da habe ich Grete Wiesenthals Feingeist bewundert und wie sie sich trotz ihres Alters immer noch wie eine Tänzerin bewegt hat oder besser gesagt: wie ein Engel geschwebt ist. Sie war damals in der breiten Öffentlichkeit schon ein bisserl vergessen, aber in meiner Familie ist sie, so lange sie lebte, ein Star geblieben.

---

* Toni Birkmeyer, 1897–1973, Erster Solotänzer der Wiener Staatsoper.

Max Reinhardt, der Grete Wiesenthal bereits mehrmals als Choreografin in sein Team geholt hatte, sah im Lauf seines Lebens viele verstaubte *Fledermaus*-Vorstellungen, schreibt seine Privatsekretärin Gusti Adler in ihren Memoiren, ehe er beschloss, eine frische Adaption der Johann-Strauss-Operette zu zeigen. Seine Grundidee war, dass ein Schauspieler die männliche Hauptrolle des Eisenstein interpretieren würde und kein Sänger. Er entschied sich für Hermann Thimig, und in der traditionell weiblich besetzten Hosenrolle des Prinzen Orlofsky sah man Oskar Karlweis. Den Frosch gab der (ebenfalls von Reinhardt entdeckte) neue Star am Komikerhimmel, Hans Moser. Die Premiere der von Max Reinhardt inszenierten und von Erich Wolfgang Korngold dirigierten *Fledermaus* am 8. Juni 1929 im Deutschen Theater Berlin war ein Großereignis, zu dem Grete Wiesenthals meisterhafte Choreografie maßgeblich beitrug, insbesondere der champagnergetränkte Schluss des zweiten Akts in Orlofskys Palais. Reinhardt holte die Wiesenthal auch zu den Salzburger Festspielen, und an der Staatsoper choreografierte sie das Ballett *Der Taugenichts in Wien*. 1934 nahm sie einen Lehrauftrag an der Akademie für Musik und darstellende Kunst an.

Die Wiesenthal war weder mit dem gleichnamigen Mercedes-Händler noch mit dem »Nazijäger« Simon Wiesenthal verwandt, sie war in der Diktion der Nationalsozialisten »Arierin« und blieb in Wien, wo sie am 8. Jänner 1938 bei einem Ballfest in der Hofburg ihren letzten öffentlichen Auftritt hatte. Die Grande Dame der Tanzkunst zog sich nach Hitlers Einmarsch vollkommen von der Bühne zurück, schlug die ihr angebotene Leitung der Tanzabteilung an der damaligen Reichshochschule für Musik aus, begnügte sich mit dem Unterricht ihres Fachs »Wiener Tanzform«, gab Privatunterricht und öffnete ihre Wohnung am Modenapark für Regimegegner und für verfolgte Kolleginnen. Ihrer einstigen Assistentin, der jüdischen Tänzerin Lily Calderon-Spitz*, verhalf sie zur Emigration und blieb mit ihr, so lange es ging, in brieflichem Kontakt.

Nach dem Krieg war Grete Wiesenthal wieder als Leiterin der Tanzabteilung an der Akademie tätig, außerdem als Choreografin der Salzburger Festspiele für Goldonis *Der Diener zweier Herren*, Mozarts *Die Hochzeit des Figaro* und für die Tischgesellschaft in Hofmannsthals *Jedermann*. Aus ihren Meisterschülerinnen formte sie die sechsköpfige *Tanzgruppe Grete Wiesenthal*, mit der sie auf Tournee durch Nord- und Südamerika und viele europäische Städte ging. Grete übernahm die Choreografie, ihre Schwester Marta die musikalische Leitung. Grete Wiesenthal starb am 22. Juni 1970 im Alter von 85 Jahren. Berta, Elsa und Hilda starben vor ihr, Gertrud und Marta überlebten sie. 1981 wurde in Wien-Favoriten nach Grete die Wiesenthalgasse benannt.

Schubert war kein Alkoholiker
Legenden über den Liederfürsten

In Schubert-Biografien ist nachzulesen, dass der »Liederfürst« morgens erst seinen Rausch ausschlafen musste, ehe er zum Komponieren kam und dass er nicht zu schöpferischer Arbeit fähig gewesen wäre, nachdem er davor nächtelang Alkohol in sich hineingeschüttet hätte.

---

* Lily Calderon-Spitz, 1911–1990, flüchtete 1938 in die USA.

Schubert war kein Alkoholiker

War Schubert wirklich Alkoholiker? Der Wiener Musikforscher Gernot Gruber widerspricht diesen immer wiederkehrenden Behauptungen heftig: »Schubert war gesellig und hatte viele Freunde, mit denen er in Gast- und Kaffeehäusern verkehrte. Da wurde sicher auch getrunken, aber nichts deutet darauf hin, dass er Alkoholiker war, und es ist völlig falsch, ihn als solchen zu bezeichnen.«

Der Medizinhistoriker Anton Neumayr bestätigt Gernot Grubers Ansicht im Schubert-Kapitel seines Buches *Musik und Medizin*: »Dass Schubert ein Genießer guten Essens und Trinkens war, heißt noch lange nicht, dass er deshalb ein liederlicher, der Trunksucht ergebener Musikant gewesen wäre.«

Schubert wurde am 31. Jänner 1797 als eines von neunzehn Kindern (die von zwei Müttern stammten) in der Küche einer winzigen Wohnung in einem einstöckigen Biedermeierhaus auf der Nußdorfer Straße 54 in Wien geboren, wo er auch die ersten viereinhalb Jahre seines Lebens zubrachte. Sein Vater war Lehrer und kaum in der Lage, die riesige Familie zu ernähren. Heute befindet sich in dem Haus ein Schubert-Museum.

Franz Schuberts überragende Musikalität stand früh fest, er war Mitglied der Sängerknaben und sein berühmter Musiklehrer Antonio Salieri meinte: »Dem kann ich nichts beibringen, der hat's vom lieben Gott gelernt.« Doch Schubert blieb bescheiden, zeigt ein Brief, in dem er sich an seine Kindheit erinnerte: »Zuweilen glaubte ich wohl selbst im Stillen, es könne etwas aus mir werden – aber wer vermag nach Beethoven noch etwas zu machen.«

Die ihm unterstellte Alkoholsucht ist nur ein Teil seiner oft falsch dargestellten Biografie. Schubert war auch nicht so arm wie meist beschrieben. Vorerst Hilfslehrer an der Schule seines Vaters, entschied er sich später dafür, als freischaffender Künstler tätig zu sein.

Musikalische Zeitensprünge

Keineswegs »ein der Trunksucht ergebener Musikant«: Franz Schubert.

Auch wurde er von seinem gönnerhaften Freundeskreis um den Dichter Franz von Schober und die Maler Moritz von Schwind und Leopold Kupelwieser finanziell unterstützt, sodass er ganz für seine Musik leben konnte. »Ich bin«, sagte er, »für nichts als das Komponieren auf die Welt gekommen.« In der Tat: Schubert schuf in seinem kurzen Leben mehr als tausend Lieder, Klavierstücke, Kammermusiken, Bühnenstücke, Chöre, Tänze sowie acht Symphonien.

Falsch ist auch, dass Schubert von Frauen grundsätzlich abgelehnt wurde. Auch wenn er mit seiner Größe von 1,58 Meter kein Don Juan war, hatte er doch mehrere Beziehungen, etwa mit Therese Grob, die drei Jahre auf ihn wartete, ehe sie einen anderen heiratete. Die meisten Verfälschungen seiner Lebensgeschichte finden sich in der Operette *Dreimäderlhaus* und deren Verfilmungen,*

---

* Das Singspiel *Das Dreimäderlhaus* von Heinrich Berté stammt aus dem Jahr 1916, die gleichnamigen Filme wurden in den Jahren 1918 und 1958 produziert.

die durch ihre große Popularität dazu beitrugen, Millionen Menschen in die Irre zu führen.

Zuletzt wohnte Schubert bei seinem Bruder Ferdinand in der Kettenbrückengasse, wo er Ende Oktober 1828 schwer erkrankte. Er aß und trank kaum noch und erhielt die Diagnose »Nervenfieber«, das mit Tee und Aderlässen behandelt wurde, wie man aus den Abrechnungen Ferdinand Schuberts weiß, der über die Kosten der Erkrankung seines Bruders genau Buch führte. Drei Wochen nach Ausbruch der Krankheit verlor Schubert das Bewusstsein, am 19. November 1828 ist er im Alter von 31 Jahren gestorben. »Die Tonkunst begrub hier einen reichen Besitz«, ließ Franz Grillparzer auf Schuberts Grabstein meißeln, »aber noch viel schönere Hoffnungen.«

Nach zwei Exhumierungen seiner sterblichen Überreste steht fest, dass der Komponist zwar an Syphilis erkrankt war, er aber – und das ist die letzte der viel zitierten Lügen über ihn – nicht an der Geschlechtskrankheit gestorben ist. Sein Tod war vielmehr die Folge von Bauchtyphus, einer Infektionskrankheit, die damals durch die schlechte Trinkwasserversorgung in Wien weitverbreitet war.

Eine Symphonie schreibt Weltgeschichte
Wie Beethovens Neunte *entstand*

Es war wohl einer der berührendsten Momente der Musikgeschichte. Im Wiener Theater am Kärntnertor fand am 7. Mai 1824 die Uraufführung von Ludwig van Beethovens *Neunter Symphonie* statt. Da das Genie zu diesem Zeitpunkt praktisch vollkommen taub war, musste ein anderer Musiker die Leitung des Orchesters übernehmen. Beethoven stand mit dem Rücken zum Publikum, auch um die Worte der Sänger von ihren Lippen ablesen zu können. Am Ende des Konzerts brach frenetischer Beifall aus, den der Komponist nicht mitbekam. Da nahm ein Musiker – andere Quellen sagen, es sei eine Sängerin gewesen – Beethoven an der Hand und wandte ihn dem Publikum zu. Jetzt erst sah er die begeisterte Menge und dankte den Zuhörern durch zahlreiche Verbeugungen.

Die *Neunte* ist eines der populärsten Werke der klassischen Musik. Dabei war die Entstehung der heutigen Europahymne mit gewaltigen Problemen behaftet. Friedrich Schiller hatte den Text zur Ode *An die Freude* bereits 1785 verfasst. Beethoven, damals erst fünfzehn Jahre, faszinierten die Worte dermaßen, dass er sie vertonen wollte:

Freude, schöner Götterfunken,
Tochter aus Elysium,
Wir betreten feuertrunken,
Himmlische, dein Heiligtum!
Deine Zauber binden wieder
Was die Mode streng geteilt;
Alle Menschen werden Brüder,
Wo dein sanfter Flügel weilt ...*

---

* In Schillers Version aus dem Jahr 1785 hieß es noch: »Was der Mode Schwert geteilt, Bettler werden Fürstenbrüder ...« Die heute bekannte Fassung erschien 1808 posthum.

Eine Symphonie schreibt Weltgeschichte

Doch es dauerte noch Jahrzehnte, bis Beethoven, mittlerweile von Bonn nach Wien übersiedelt, die ersten Noten der *Neunten Symphonie* schrieb. Die etwa ab seinem 27. Lebensjahr bemerkbare Schwerhörigkeit schritt dermaßen fort, dass er um 1818 fast nichts mehr hörte. Dennoch entstand in den Sommern 1821 bis 1823 in Baden bei Wien (im heutigen Beethovenhaus) der größte Teil der *Neunten*, vollendet wurde sie im Februar 1824 in seiner damaligen Wiener Wohnung in der Ungargasse 5.

Für Beethoven war die Erstaufführung mit großem finanziellen Risiko verbunden. Es gab noch kein Konzerthaus und keinen Musikverein, die sich darum bemühten, ein Werk des damals schon berühmten Komponisten aufzuführen, und es fand sich auch kein Mäzen, der das Entstehen der *Neunten* gesponsert hätte.

Also musste der Meister einen geeigneten Saal finden, diesen aus eigener Tasche mieten und für die Bezahlung der Sänger, des Dirigenten und des 89-Mann-Orchesters aufkommen. Allerdings war er, anders als Mozart, finanziell recht gut abgesichert. Außerdem konnte er mit einem Erfolg rechnen, da die Darbietungen seiner acht bisherigen Symphonien immer sehr gut verkauft waren.

Geplant war die Uraufführung der *Neunten* im Theater an der Wien, doch als es dort zu Auseinandersetzungen mit dem Intendanten kam, entschied sich Beethoven für das Kärntnertortheater, das etwa dort lag, wo sich heute das Hotel Sacher befindet. Aber auch da gab es Komplikationen, als der Komponist sich mit einigen Choristen zerstritt und eine Solistin während der Probenzeit dem Alkohol allzu sehr zusprach.

Auf dem Programmzettel des Abends stand, dass »Herr L. van Beethoven selbst an der Leitung des Ganzen teilnehmen« würde, wobei er sich »wie ein Wahnsinniger« verhalten haben soll, erinnerten sich Mitwirkende. Beethoven litt qualvoll unter seiner Taubheit, die ihn daran hinderte, am allgemeinen Gesellschaftsleben teilzunehmen. Die einzige Möglichkeit, sich mit Freunden und Musikerkollegen zu unterhalten, waren seine Konversationshefte, durch die man mit ihm schriftlich verkehren konnte. Dem Umstand, dass die meisten dieser Hefte erhalten geblieben sind, verdanken wir die Kenntnis von weit mehr Details aus seinem Leben, als dies bei anderen Künstlern der Fall ist – auch über die Entstehungsgeschichte der *Neunten Symphonie*.

Das Schlimmste aber war, dass Beethoven seine eigene Musik nicht hören konnte. Er war auf die Sänger und Musiker angewiesen, deren Fähigkeiten er aus der Zeit kannte, als er noch hören konnte. Dass er für die Uraufführung der *Neunten* die besten Tonkünstler der Stadt engagiert hatte, erkennt man schon daran, dass viele von ihnen achtzehn Jahre später zu den Gründungsmitgliedern der Wiener Philharmoniker zählten.

Die musikbegeisterten Wiener warteten gespannt auf das neue Werk des Genies. Aus heutiger Sicht unglaublich, dass man die Karten nicht nur an der Theaterkassa, sondern auch bei Beethoven persönlich, in dessen Wohnung, erwerben konnte. Tatsächlich öffnete er oder ein dienstbarer Geist nach heftigem Klopfen die Wohnungstür, und er händigte seinen Kunden die gewünschten Karten aus. Nicht genug damit, verteilte Beethoven vor mehreren Adelspalais eigenhändig Reklamezettel für den Abend. Die Kartenpreise waren im Vergleich zu heute ungleich höher, und so waren es fast ausschließlich Aristokraten und Fabrikanten, die sich den Besuch eines solchen Ereignisses leisten konnten.

Eine Symphonie schreibt Weltgeschichte

Das Schlimmste aber war, dass er seine eigene Musik nicht hören konnte: Beethoven bei der Arbeit.

Der Applaus in dem ausverkauften Haus war überwältigend, das Publikum winkte auch lebhaft mit Taschentüchern, wissend, wie es um den 54-jährigen Komponisten bestellt war. Sein Honorar wurde Beethoven gleich nach der Vorstellung vom Theaterkassier ausbezahlt. Dem Meister blieben nach Abzug von Saalmiete, Gesangs- und Musikerspesen 420 Gulden Wiener Währung*.

Während der Kritiker der *Allgemeinen Musikalischen Zeitung* in seiner Rezension nach der Uraufführung erkannte, dass Beethovens »unerschöpfliches Genie uns eine neue Welt erschloss«, hielten

---

* Die Summe entspricht laut Statistik Austria im Jahr 2024 einem Betrag von rund 7000 Euro.

andere den vierten und letzten Satz, die *Ode an die Freude*, für »trivial« oder gar »monströs und geschmacklos«. Mittlerweile wissen nicht nur Musikkenner, dass die weit weniger bekannten epochalen Klänge der Sätze eins bis drei der Größe des populären vierten Satzes um nichts nachstehen.

Die rund siebzig Minuten dauernde *Neunte op. 125* ist Beethovens letzte vollendete Symphonie. Er sollte noch erleben, dass die *Neunte* auch in England, Deutschland und Frankreich aufgeführt wurde, ehe sie um die Welt ging.

Bleibt die Frage, wie es überhaupt möglich ist, ein Werk – noch dazu eines der gewaltigsten der Musikgeschichte – ohne Gehör zu erschaffen. »Er war als Hörender geboren worden und hatte eine Ausbildung zum Musiker erhalten«, erklären die Experten des Beethovenhauses in Bonn das Phänomen. »Für das Komponieren selbst ist ein reales Hören nicht nötig, es geschieht im Kopf, in der inneren musikalischen Vorstellungswelt.«

Vielleicht auch gerade deshalb wird die *Neunte Symphonie* für alle Zeiten ein Wunder menschlicher Genialität bleiben.

Der Tod der Primaballerina
Julia Drapal als Mordopfer

Und noch eine große Tänzerin. Julia Drapal ist auf zweifache Weise in die österreichische Geschichte eingegangen. Sie hat als Tanzwunder und Primaballerina der Wiener Staatsoper ein Stück Kulturgeschichte geschrieben. Leider ist sie aber auch in die

Der Tod der Primaballerina

Wiener Kriminalgeschichte eingegangen. Im Jahr 1988 als prominentestes Opfer der »Mordschwestern« im Krankenhaus Lainz*.

Julia Drapals Tod hat dazu beigetragen, dass die Morde im Lainzer Krankenhaus aufgeklärt wurden. Zufällig hörte ein Arzt im Februar 1989 in der Spitalskantine, wie sich vier Stationsgehilfinnen über Patientinnen und Patienten amüsierten, die auf offenbar kriminelle Weise ums Leben gekommen waren. Eines der Opfer war Julia Drapal, die am 19. Dezember 1988 im Alter von 71 Jahren in Lainz gestorben war.

Der Arzt erstattete sofort Anzeige bei der Polizei, die den vier Täterinnen bald auf die Spur kam. Mindestens vierzig Patienten waren innerhalb von fünf Jahren, meist durch Insulin oder eine Überdosis des Schlafmittels Rohypnol, vergiftet worden. Während die Täterinnen anfangs erklärten, »aus Mitleid« gehandelt zu haben, gestanden sie später, dass ihnen die Kranken schlicht »lästig waren« oder »auf die Nerven gingen«.

Was für ein Ende einer jahrzehntelang gefeierten Künstlerin! Julia Drapal war am 28. Februar 1917 als Tochter eines Friseurehepaares in Wien zur Welt gekommen und stand schon mit vier Jahren als Kind der *Madame Butterfly* auf der Bühne der Volksoper. Sie studierte an der Ballettschule der Staatsoper, wo ihr außergewöhnliches Talent von ihren prominenten Lehrern Toni Birkmeyer und Willy Fränzl erkannt und gefördert wurde.

In den Jahren zwischen den Kriegen trat sie in Balletten wie *Weihnachtsmärchen*, *Fanny Elßler* und *Der liebe Augustin* auf, und mit siebzehn war sie bereits Solotänzerin. Fast gleichzeitig erreichte Julia Drapal mit der Trommlerin schon die höchste Sprosse der

---

* Die heutige Klinik Hietzing.

Rollenhierarchie in der *Puppenfee*. In dieser Zeit auch bei den Salzburger Festspielen engagiert, führten sie Gastspiele durch ganz Europa.

Auf zweifache Weise in die österreichische Geschichte eingegangen: Julia Drapal, hier um 1925.

Während des Zweiten Weltkriegs gab sie mit ihrem ersten Mann, dem Ersten Solotänzer Carl Raimund jun., Tanzabende. Mit der Verfolgten Seele in *Orpheus und Eurydike* »machte Julia Drapal die Wechselwirkung zwischen äußerer und innerer (seelischer) Dramatik sichtbar«, war 1940 in der Zeitschrift *Die Bühne* zu lesen.

1949 wurde Julia Drapal mit dem höchstmöglichen Titel ausgezeichnet, den eine Tänzerin erreichen kann: Sie wurde Primaballerina, trat in allen klassischen Balletten auf und glänzte in Balletteinlagen in Opern- und Operettenaufführungen wie *Aida, Carmen* und *Die Fledermaus*. In der Staatsopernszenierung des *Zigeunerbarons* wurde für Julia Drapal eigens die Rolle des Schusterbuben kreiert, die sie dreihundert Mal tanzte, und 1953 wirkte sie in der Verfilmung der Johann-Strauss-Operette *Eine Nacht in Venedig* mit.

Mit vierzig Jahren beendete Julia Drapal, die zwei Mal verheiratet war – beide Männer waren Solotänzer – ihre tänzerische Karriere. Sie verabschiedete sich am 8. Dezember 1958 in der Rolle der Frau Potiphar in *Josephs Legende* von ihrem Publikum, machte sich danach aber noch als Choreografin einen Namen, trat in Sprech- und Gesangsrollen im Raimund Theater, im Theater an der Wien und im Fernsehen auf, und Karl Farkas holte sie an das Kabarett Simpl.

Ihre Neffen Karl und Ludwig Musil wurden Erste Solotänzer an der Staatsoper. Karl starb 2013, Ludwig erinnerte sich nach der Ermordung seiner Tante: »Sie war unser Vorbild, sie hat unsere Mutter dazu gebracht, uns im Staatsopernballett anzumelden, und sie hat in uns die Liebe zum Tanz geweckt. Es war hinreißend, sie auf der Bühne erleben zu können.«

Julia Drapal war keineswegs sterbenskrank, als sie 1988 ins Krankenhaus Lainz eingeliefert wurde, erzählte ihr Neffe Ludwig Musil. »Meine Mutter und mein Bruder haben sie noch im Spital besucht, von Lebensgefahr war keine Rede, sie war nur auf fremde Hilfe angewiesen. Es war entsetzlich für uns, als wir die Hintergründe ihres Todes erfahren mussten.«

Als Grund, sie mittels »Mundspülung«, wie sie es nannten, vergiftet und ertränkt zu haben, gaben die Täterinnen an, dass Julia

Musikalische Zeitensprünge

Drapal die Einnahme eines Medikaments verweigert hätte. Die vier auch »Lainzer Todesengel« genannten »Mordschwestern« wurden zu Haftstrafen zwischen fünfzehn Jahren und lebenslänglich verurteilt.

Seit 1992 gibt es in Wien-Penzing den Drapal-Pintar-Weg*.

---

* Benannt nach Julia Drapal, in zweiter Ehe verheiratete Pintar.

Kriminelle Zeitensprünge

»Tod durch den Strang«
Österreichs letzte Hinrichtung

Johann Trnka machte sich seinen Beruf als Malergehilfe zunutze, um alleinstehende Frauen, die in bombengeschädigten Wohnungen lebten, auszuspionieren, zu berauben und zu ermorden. In vielen Wohnungen lebten damals – wir schreiben das Jahr 1946 – Frauen, deren Männer im Krieg gefallen oder in Kriegsgefangenschaft waren. Trnka kehrte nach getaner Arbeit als Maler und Anstreicher in die Wohnungen seiner künftigen Opfer zurück, erschlug sie mit einer Axt oder einem stumpfen Gegenstand und nahm deren Schmuck, Radioapparate, Lebensmittelkarten und Bargeld an sich.

Mithilfe der Fingerabdrücke, die sich auf einem von Trnka am Schwarzmarkt verkauften Rundfunkgerät fanden, gelang es der Polizei, den Namen des Verdächtigen ausfindig zu machen. Doch infolge der Wirren zwischen amerikanischer und russischer Besatzungszone dauerte es drei volle Jahre, bis der 34-jährige Wiener in einem Dorf nahe der oberösterreichischen Gemeinde Grieskirchen als Untermieter bei seiner Geliebten ausgeforscht und verhaftet werden konnte. Und das, obwohl die Polizei für Hinweise eine Belohnung von damals sagenhaften eintausend Schilling aussetzte.

»Tod durch den Strang«

Bei der Schwurgerichtsverhandlung im Landesgericht Wien bekannte sich der Angeklagte schuldig, und da es keinen gewichtigen Milderungsgrund gab, forderte der Staatsanwalt die Geschworenen auf, die Todesstrafe zu verhängen. Tatsächlich wurde Johann Trnka kurz vor Weihnachten 1949 wegen zweifachen heimtückischen Raubmords und siebenfachen versuchten Raubmords zum Tod durch den Strang verurteilt. Bundespräsident Karl Renner lehnte aufgrund der Schwere der Verbrechen eine Begnadigung ab, und Trnka wurde am 24. März 1950 im Galgenhof des Wiener Landesgerichts auf dem Würgegalgen hingerichtet. Da es zu diesem Zeitpunkt keine professionellen Scharfrichter mehr gab, sprang ein Kinovorführer am Galgen ein.

Genau zwei Monate später, am 24. Mai 1950, beschloss der Nationalrat, die Todesstrafe im österreichischen Strafrecht abzuschaffen. Zu spät für Trnka, dessen Hinrichtung somit die letzte eines von einem österreichischen Gericht zum Tode verurteilten Verbrechers war.

Weltweit ist die Todesstrafe mittlerweile in drei Viertel aller Länder abgeschafft, mit der Begründung, dass sie mit den Menschenrechten nicht vereinbar ist. Doch Hinrichtungen sind so alt wie die Menschheit, in der Frühzeit bedurfte es zur Vollstreckung nicht einmal gesetzlicher Grundlagen. In vielen Kulturen galt der Rachegrundsatz »Auge um Auge, Zahn um Zahn«, aber es gab auch in der Antike »hinrichtungsfreie« Phasen, etwa in Griechenland, wo Mörder des Landes verwiesen wurden. In späteren Epochen konnten sich Täter bei Schwerverbrechen loskaufen: Sie gingen frei, sobald eine festgelegte Summe bezahlt war – Arme hatten somit keine Chance zu überleben.

Massenweise Hinrichtungen auf öffentlichen Plätzen setzten im Spätmittelalter ein und waren zur Zeit der Hexenverbrennungen populäre Volksspektakel. Tötungsinstrumente wie Giftspritze, Strang und das nach dem französischen Arzt Dr. Joseph Guillotin benannte mechanische Fallbeil haben eine jahrhundertealte Tradition und sind in etlichen Ländern nach wie vor in Verwendung.

In Österreich wurde der Henker erstmals 1787 durch Kaiser Joseph II. abgeschafft. Die stattdessen verhängte lebenslange Zwangsarbeit war allerdings so grausam, dass man von »verlängerter Todesstrafe« sprach – etwa wenn Sträflinge zum Schiffsziehen entlang der Donau eingesetzt wurden. Nach dem Tod des »Reformkaisers« konnten Mörder, Hochverräter und Brandstifter wieder hingerichtet werden.

In Wien erregte die Vollstreckung eines Todesurteils immer großes Aufsehen, belegt ein Zeitungsbericht am Ende des 19. Jahrhunderts: »Wer zur Hinrichtung keine Karten bekam, der lässt sich schon für die nächste vormerken. Um zehn Uhr früh sind noch viele Leute vor dem Landesgericht gestanden, haben hinauf gegafft und gesagt: ›Da drin haben's an aufg'hängt.‹«

Kaiser Franz Joseph wurde am Beginn seiner Regentschaft als »blutjunger Monarch« bezeichnet, weil er so viele Hinrichtungen zuließ – so auch die des Schneidergesellen Janos Libényi, der 1853 ein missglücktes Attentat auf den Kaiser verübt hatte. Doch je älter er wurde, desto mehr verweigerte er die Zustimmung zur Exekution: Die Zahl ging von rund 500 in den ersten vier Jahren des 20. Jahrhunderts auf zehn zwischen 1904 und 1910 zurück.

Mit dem Ende der österreichisch-ungarischen Monarchie wurde der letzte k. u. k. Scharfrichter Josef Lang – im Zivilberuf Kaffeehausbesitzer – in Pension geschickt, doch ab 1934 kam es neuerlich zu Exekutionen von Delinquenten, denen man Mord, Aufruhr oder schwere Militärdelikte vorwarf. Die Nationalsozialisten setzten Hinrichtungen dann nicht nur als Strafe ein, sondern töteten Millionen schuldloser Menschen ohne Gerichtsurteil. Das freilich hatte nichts mit der Todesstrafe zu tun, sondern war blanker Massenmord.

Der Dichter Victor Hugo hatte im 19. Jahrhundert prophezeit: »Im 20. Jahrhundert wird die Errichtung des Schafotts als Schmach erscheinen und die Enthauptung eines Menschen unmöglich sein.« Hier sollte Victor Hugo nicht recht behalten. Auch im 21. Jahrhundert wird die Todesstrafe verhängt – meist in Diktaturen, aber auch in Japan und den USA.

Von den jährlich geschätzten 10 000 Vollstreckungen in aller Welt werden die meisten in China registriert. Man kann dort nicht nur wegen Mordes und Raubes, sondern auch wegen Steuerhinterziehung oder Scheckfälschung mittels Giftspritze exekutiert werden. Die meisten Hinrichtungen nach China finden in Saudi-Arabien, Pakistan und im Iran statt, wo man sogar wegen Ehebruchs, Homosexualität und der Abkehr vom islamischen Glauben mit dem Tode bedroht wird.

War Johann Trnka 1950 der letzte Delinquent, der nach österreichischem Strafrecht hingerichtet wurde, so galt die Todesstrafe im Militärstrafrecht noch bis 1968 als möglich. Die letzte Hinrichtung auf österreichischem Staatsgebiet wurde 1955 vollzogen. Sie erfolgte nach alliiertem Recht an einem Lageraufseher des ehemaligen KZ Mauthausen.

Leben und Tod einer Edelprostituierten
Der Ermordung der Rosemarie Nitribitt

Gunter Sachs war an diesem Samstag im November 1956 auf der Suche nach einer Frau, die ihn auf eine Sektparty begleiten würde. Wie's der Zufall wollte, lächelte den später als Playboy bekannten Lebemann an einer roten Ampel in Frankfurt am Main eine Blondine aus ihrem Auto an. Der 24-jährige Millionenerbe lächelte zurück, nahm sie auf die Party mit und ging danach noch mit ihr nach Hause – das war der Beginn einer Affäre, die in aller Welt für Schlagzeilen sorgen sollte.

Denn die fesche Blondine war die Nobelprostituierte Rosemarie Nitribitt und wurde ein Jahr nach diesem Treffen ermordet aufgefunden. Ihr Tod war einer der spektakulärsten Kriminalfälle der deutschen Nachkriegsgeschichte. Wer aber war Rosemarie Nitribitt?

Nach außen schien die junge Frau ein »ganz normales Luxusleben« zu führen. Sie stand als »Mannequin« im Telefonbuch, bewohnte ein schickes Appartement in der Frankfurter Innenstadt, fuhr ein schwarzes Mercedes Cabrio mit roten Ledersitzen, besaß teuren Schmuck, Pelzmäntel, fünfzig Paar Schuhe und ein Bankkonto über 150 000 Mark. Damals ein kleines Vermögen.

Zu danken hatte sie all das ihren zahlreichen Verehrern, zu denen neben Gunter Sachs und seinem Bruder Ernst auch die Industriellen Harald Quandt und Harald von Bohlen und Halbach zählten. Mit ihnen – und anderer Prominenz aus Adel, Industrie und Politik – hatte sich die Nitribitt einige der betuchtesten Deutschen geangelt und ihnen für Geld jegliche Art sexueller Vergnügungen geboten. Kennengelernt hat sie die meisten, wie auch Gunter

Leben und Tod einer Edelprostituierten

Sachs, an einer Kreuzung: Wer ein teures Auto fuhr, wurde erbarmungslos angelächelt.

Rosemarie Nitribitt war 1933 als Tochter einer Putzfrau in Düsseldorf zur Welt gekommen und in ärmlichen Verhältnissen groß geworden. Sie hat nie erfahren, wer ihr Vater war und wurde schon als halbes Kind in die Prostitution gedrängt. Doch sie wollte nie eine gewöhnliche Straßendirne sein und setzte ihre erotische Ausstrahlung so geschickt ein, dass sie zur »Edelhure« wurde. Dass ihr Tod für enormes Aufsehen sorgte, lag wohl auch daran, dass eine hübsche, junge Frau am Höhepunkt des deutschen Wirtschaftswunders mit »Unmoral« ein Vermögen verdient hatte.

Bei der Sektparty, zu der Gunter Sachs sie mitnahm, knüpfte Rosemarie auch zarte Bande mit dem Gastgeber Harald Quandt, der als Stiefsohn des Nazipropagandaministers Goebbels aufgewachsen und mittlerweile Mitbesitzer der Firma Varta-Batterien war und im Aufsichtsrat der Daimler Benz AG saß. Auch diese Bekanntschaft sollte sich lohnen. Laut dem Polizeiakt »Kriminalfall 68331/57« sagte der verheiratete Quandt nach dem Mord an der Nitribitt über seinen ersten Besuch bei ihr aus: »Ich wollte mit ihr ein Gespräch führen, stellte aber fest, dass die Unterhaltung nicht besonders fruchtbar war, worauf es zu einem sexuellen Erlebnis kam.« Die Bezahlung ihrer Dienste habe sie »seiner Großzügigkeit« überlassen. »Ich gab ihr 150 Mark. Wir zogen uns aus und übten den Geschlechtsverkehr auf normale Weise aus.« Eine Partie zu dritt, die Rosemarie für das nächste Treffen anbot, lehnte er ab.

Peinlich nur, dass eine Zeugin den Fahrer des Industriellen Quandt kurz vor der Ermordung des 24-jährigen Callgirls in der Nähe des Tatorts gesehen haben wollte. Quandt stritt seine Anwesenheit zur Tatzeit ab und bot den Chef der Frankfurter Bank als Alibi an.

Im Polizeibericht gab auch der Krupp-Erbe Harald von Bohlen und Halbach zu Protokoll, dass Rosemarie ihn im März 1957 in bewährter Weise vor dem Hotel Frankfurter Hof angelächelt hätte. Am selben Abend mieteten sie unter falschem Namen ein Zimmer in einer Pension, wobei Bohlen großzügiger war als Quandt und 200 DM zahlte. »In einem halben Jahr trafen wir uns zehn Mal in ihrer Wohnung« – zuletzt kurz vor ihrem Tod. Eine angebrochene Flasche Beaujolais, die die Kriminalpolizei am Tatort sicherstellte, trug Bohlens Fingerabdrücke, weshalb er als verdächtig eingestuft wurde.

Zeigte gern, was sie sich »erarbeitet« hatte: Rosemarie Nitribitt vor ihrem schwarzen Mercedes Cabriolet.

Leben und Tod einer Edelprostituierten

Rosemarie Nitribitt wurde am 1. November 1957 in ihrem Appartement erdrosselt aufgefunden. Da vom Täter jede Spur fehlte, herrschte unter ihren prominenten Kunden nicht nur große Angst, unter Verdacht zu geraten, sondern auch mit vollem Namen in Zeitungen genannt zu werden. Im Fall von Bohlen und Halbach gab es einen Erpressungsversuch über eine Million Mark, auf den er jedoch nicht einging.

Schon bald nach der Tat sickerte durch, dass brisante Dokumente und Einvernahmeprotokolle beiseitegeschafft worden seien, »um prominente Zeugen und Verdächtigte aus Politik und Wirtschaft zu schützen«. Dass Jahrzehnte später tatsächlich 22 Ordner mit Ermittlungsergebnissen, die in den Prozessakten fehlten, gefunden wurden, führte die Behörde dennoch nicht auf Interventionen zurück, sondern darauf, »dass sie im Archiv der Frankfurter Polizei abgelegt und vergessen« wurden. Eine Erklärung, die nicht sehr überzeugend wirkte.

In den später entdeckten Unterlagen befinden sich erkennungsdienstliche Fotos Dutzender Tatverdächtiger sowie neunzehn Liebesbriefe von Harald Bohlen und Halbach, den die Nitribitt angeblich heiraten wollte. Fest steht, dass sie seit Langem aus dem »Milieu« herauswollte – auch weil sie Angst um ihr Leben hatte.

Ein Verdächtiger erlitt im Zuge der Ermittlungen der Kriminalpolizei einen tödlichen Herzinfarkt, ein anderer wurde des Mordes angeklagt, aber mangels Beweisen freigesprochen. Auch später tauchten immer wieder aufsehenerregende Spekulationen auf, die zur Folge hatten, dass der Fall Nitribitt in sechs Büchern, neun Verfilmungen und einem Musical dokumentiert wurde. Der erste Film kam bereits nach einem halben Jahr ins Kino – mit Nadja Tiller als *Das Mädchen Rosemarie*.

Geklärt wurde der Mordfall nie. Und daran wird sich vermutlich auch nichts ändern, zumal keine einzige der beteiligten Personen noch am Leben ist.

Der Postraub des Jahrhunderts
Sechzehn Ganoven kassierten fünfzig Millionen

Es war mit einer Summe von umgerechnet fünfzig Millionen Euro nicht nur der größte Postzugraub, sondern auch eine der unglaublichsten Kriminalstorys aller Zeiten. Allein, dass Ronald Biggs, der »prominenteste« unter den Räubern, aus dem Gefängnis flüchten und danach Interviews wie ein Hollywoodstar geben konnte, verlieh dem Überfall mehr Glamour als irgendeine andere kriminelle Tat.

Es ist an diesem 8. August 1963 gerade drei Uhr früh, als sich der königliche Postzug von Glasgow nach London einem Lichtsignal nähert. Die Räuber verdecken die grüne Lampe und schalten eine rote ein. Der Lokführer bleibt stehen und wird von maskierten Männern überwältigt. Sie wissen, dass der zweite Waggon mit 120 Geldsäcken angefüllt ist. Er wird aufgebrochen, die vier Wächter werden gefesselt. Dann muss der Lokführer zur nahen Bridego Bridge fahren, unter der mehrere Autos warten. Die Beute von 2,6 Millionen Pfund wird hinuntergeworfen, fünfzehn Minuten später ist die ganze Aktion beendet.

Scotland Yard leitet eine Großfahndung ein, doch es dauert Monate, bis die ersten der sechzehn Täter gefasst werden. Ronald

Biggs, der am Tag des Überfalls seinen 34. Geburtstag gefeiert hat, geht den Kriminalisten erst nach einem Jahr ins Netz und wird zu dreißig Jahren Haft verurteilt. Doch am 8. Juli 1965 gelingt ihm eine spektakuläre Flucht aus dem Londoner Wandsworth-Gefängnis.

Die Flucht erweist sich als die beste Publicity für den kurz danach gesendeten Fernsehdreiteiler *Die Gentlemen bitten zur Kasse*, mit dem Horst Tappert als Bandenchef seine Karriere als Schauspieler begründet. Die Serie war ein »Straßenfeger«: 78 Prozent der deutschen TV-Teilnehmer saßen vor den Bildschirmen – das war die bis dahin höchste Einschaltquote. In der Schweiz und in Österreich war's ähnlich.

Mit seiner Flucht wurde der charismatische Ronald Biggs zur Symbolfigur des Postraubs. Und es sollte neun Jahre dauern, bis Scotland Yard erfährt, dass der weltweit gesuchte Ganove in Rio de Janeiro das Leben eines Dandys führt. Doch der Krimi ist noch lange nicht zu Ende.

Zwischen England und Brasilien bestand kein Auslieferungsabkommen. Und: Ronald Biggs' Geliebte, die brasilianische Stripteasetänzerin Raimunda de Castro, erwartete ein Kind von ihm. Damit durfte er aufgrund der damaligen Gesetzeslage nicht aus Brasilien ausgewiesen werden – womit die britischen Behörden keine Chance hatten, an ihn heranzukommen.

»Ronnie«, wie er in den Medien längst genannt wurde, begann seine Popularität in bare Münze umzusetzen. Er kassierte für Interviews, trat in Werbespots auf, verkaufte Kaffeehäferl und T-Shirts mit »Ronald Biggs«-Aufklebern. Außerdem konnte jeder, der nach Rio kam, für ein Honorar von sechzig Dollar mit ihm frühstücken, seine Telefonnummer stand in den Reiseführern. Gerne plauderte der Charmeur mit seinen Besuchern über den Postraub inklusive Flucht.

Biggs spielte in Filmen mit und nahm Alben mit der Band The Sex Pistols und später mit den Toten Hosen auf.

Ronald Biggs plauderte gerne mit seinen Besuchern über den Postraub inklusive Flucht.

Bis 1981 sein feines Leben an der Copacabana abrupt zu Ende zu gehen schien. Als er von einer Londoner Security-Agentur nach Barbados entführt wurde, die ihn gegen Bezahlung dem Scotland Yard übergab. Doch die Kriminalisten mussten ihn wieder laufen lassen, weil die Festnahme widerrechtlich erfolgt war. Biggs kehrte als freier Mann nach Brasilien zurück.

Im Mai 2001 flog er nach zwei Schlaganfällen überraschend nach England, wobei ihm die Zeitung *The Sun* – gegen Überlassung der Exklusivrechte seiner Story – den Flug bezahlte. Womit Biggs nicht gerechnet hat: Er wird in London verhaftet. Diesmal rechtskräftig.

Auch seine Krankheit schützt ihn jetzt nicht vor dem Gefängnis. Erst acht Jahre später, am 6. August 2009, ging er – zwei Tage vor seinem achtzigsten Geburtstag – nach einem neuerlichen Schlagan-

Der Postraub des Jahrhunderts

fall, der ihm die Sprache nahm, wegen Haftunfähigkeit frei. Er starb im Dezember 2013 in London.

Zwei Gangster des Postraubs starben im Gefängnis, einer wurde nach seiner Entlassung von Drogendealern erschossen, zwei weitere schieden freiwillig aus dem Leben, drei blieben unentdeckt. Der Großteil der Beute ist verschollen, nur rund 400 000 der 2,6 Millionen Pfund konnten sichergestellt werden.

Fast in Vergessenheit geraten ist der eigentliche Anführer der Bande, Bruce Reynolds. Er war 1968 gefasst worden und saß zehn Jahre in Haft. Danach gelang es auch ihm, von seiner Vergangenheit zu leben: Reynolds schrieb seine Memoiren, arbeitete an Film- und TV-Projekten mit und überreichte Horst Tappert 1998 den Fernsehpreis *Telestar*, weil der ihn einst so gut dargestellt hatte. Bruce Reynolds starb im Februar 2013 im Alter von 81 Jahren. Seine Eleganz hatte zu dem Titel *Die Gentlemen bitten zur Kasse* geführt.

Kaiserlich-königliche
Zeitensprünge

Sisis einziger Flirt

Kaiserin Elisabeth besucht einen Maskenball

Am Faschingsdienstag des Jahres 1874 befällt die damals 36-jährige Kaiserin Elisabeth plötzlich die Lust, einen Maskenball zu besuchen. Inkognito und ohne ihren kaiserlichen Gemahl. Nur ihre Vorleserin Ida von Ferenczy, die ständige Friseurin Fanny Feifalik und die Kammerfrau Gabriele Schmidl werden in das Geheimnis eingeweiht. Sie müssen schwören, nichts zu verraten. Elisabeth wartet an diesem Abend, bis alle in der Hofburg schlafen, wirft sich in ein aus Brokat verfertigtes, leuchtend gelbes Dominokostüm und zieht eine große, rotblonde Perücke über ihr prachtvolles Haar. Dann aber das Wichtigste: eine Maske mit langen schwarzen Spitzen, die ihr Gesicht verdeckt, denn selbstverständlich darf die Kaiserin von Österreich nicht »privat« auf einen Ball gehen.

Im Fiaker fährt Elisabeth, nur begleitet von Ida von Ferenczy, die ein rotes Dominokostüm trägt, in den Musikvereinssaal, in dem die vornehme Faschingsdienstag-Redoute stattfindet. Die Kaiserin wünscht, von Ida unter dem Decknamen »Gabriele« angesprochen zu werden – dem Vornamen der Kammerfrau Schmidl, deren hohe, schlanke Figur tatsächlich der der Kaiserin ähnelt.

Ida und »Gabriele« nehmen auf der Galerie Platz und beobachten eine Zeit lang das ausgelassene Treiben im Ballsaal. Als Frau von

Sisis einziger Flirt

Ferenczy gegen elf Uhr bemerkt, dass sich die Kaiserin langweilt, schlägt sie ihr vor: »Gabriele, bitte, suche irgendjemanden im Saale aus, der dir gefällt und der nicht der Hofgesellschaft angehört. Ich werde ihn dann zu dir heraufbringen. Man muss auf einer Redoute die Leute ansprechen und intrigieren.«

»Ja, meinst du?«, erwidert der gelbe Domino und blickt suchend hinab in den Saal. Schließlich fällt die Entscheidung zugunsten eines gut aussehenden jungen Mannes, der am Rande der Tanzfläche auf und ab geht. Elisabeth zeigt auf ihn, Ida läuft die Stiegen hinunter und spricht den Fremden – unter dem Schutz ihrer Maske sogar per Du – mit den Worten an: »Willst du mir einen Gefallen tun?«

»Ja, gerne«, sagt er.

»Ich habe eine schöne Freundin hier, die ganz einsam oben auf der Galerie sitzt und sich furchtbar langweilt. Möchtest du sie nicht einen Augenblick unterhalten?«

»Aber natürlich«, und schon führt der rote Domino seinen Schützling hinauf zum gelben. Der junge Mann stellt sich vor, er heißt Fritz Pacher von Theinburg und ist Ministerialbeamter. Wie er Sisis ersten Biografen Egon Caesar Conte Corti viele Jahre später wissen ließ, dachte er zuallererst, dass es sich bei der unbekannten Schönen, die ihm nun auf der Galerie des Musikvereinssaales gegenüberstand, um die Kaiserin handelte, doch verwarf er den Gedanken sofort wieder, da er ihm zu absurd erschien.

»Weißt du, ich bin hier ganz fremd«, eröffnet die Kaiserin das Gespräch. »Du musst mich ein bisschen orientieren. Fangen wir gleich oben an. Was spricht man so im Volk vom Kaiser? Ist man mit seiner Regierung zufrieden? Sind die Folgen der Kriege schon ganz vernarbt?«

Kaiserlich-königliche Zeitensprünge

Fritz Pacher antwortet vorsichtig, wohlwollend und freundlich.

»Kennst du auch die Kaiserin?«, fragt der gelbe Domino weiter, »wie gefällt sie dir und was spricht man von ihr?«

»Ich kenne sie nur vom Sehen, wenn sie in den Prater fährt, um dort zu reiten«, antwortet der junge Mann. »Ich kann nur sagen, sie ist eine wunderbare, herrlich schöne Frau. In der Öffentlichkeit bemängelt man, dass sie sich so ungern sehen lässt und allzuviel mit ihren Pferden und Hunden beschäftigt.«

Elisabeth unterhält die Kritik, sie hängt sich in Fritz Pachers Arm und geht an seiner Seite hinunter in den Ballsaal. Das ungleiche Paar spricht nun über Gott und die Welt, die Kaiserin will von ihrem Begleiter Name, Herkunft, Beruf und vieles mehr wissen, sie diskutieren über Elisabeths Lieblingsdichter Heinrich Heine, den auch der junge Mann verehrt. Und damit hat er die Unbekannte vollends für sich gewonnen.

»Du bist sympathisch, klug und vernünftig«, sagt die Kaiserin, »sonst sind die Menschen immer nur Schmeichler, du aber scheinst ganz anders zu sein.«

Als sie sich nach gut zwei Stunden von ihrem Galan verabschiedet, bittet dieser die damals 36-jährige, strahlend schöne Erscheinung, ihren Handschuh auszuziehen und ihn doch wenigstens ihre Hand sehen zu lassen. Doch Elisabeth lehnt ab: »Du wirst mich schon noch kennenlernen, aber nicht heute; wir sehen uns wieder. Würdest du etwa nach München oder Stuttgart kommen, wenn ich dir dort ein Rendezvous gäbe? Du musst nämlich wissen, dass ich keine Heimat habe und fortwährend auf Reisen bin.«

»Ich komme natürlich überallhin, wohin du befiehlst!«

Die Kaiserin lässt sich seine Adresse geben und verspricht, bald zu schreiben. Pacher begleitet sie aus dem Ballsaal, führt sie zu

Sisis einziger Flirt

Kaiserin Elisabeth begab sich am Faschingsdienstag des Jahres 1874 unerkannt auf einen Ball.

ihrem Fiaker, und Elisabeth fährt ab. Nicht ohne dem Kutscher Anweisung zu geben, er möge sie über Umwege in die Hofburg bringen: Der Fremde solle ihr nicht folgen können.

Die Episode um die Ballbekanntschaft der Kaiserin ist damit noch nicht vorbei. Den jungen Beamten plagen Gefühle und Gedanken, er weiß nicht, wem er begegnet ist, denkt aber, die so edle Frau müsse Fürstin oder Prinzessin sein.

Eine Woche später erhält er einen Brief. »Lieber Freund«, schreibt »Gabriele«, »Sie werden erstaunt sein, meine ersten Zeilen aus München zu erhalten. Ich bin seit wenigen Stunden hier auf der Durchreise und benütze die kurzen Augenblicke meines Aufenthalts, Ihnen das versprochene Lebenszeichen zu geben. Und wie sehnsüchtig haben Sie es erwartet. Leugnen Sie es nicht, ich fordere keine Erklärungen, ich weiß ja so gut wie Sie, was seit jener Nacht in Ihnen vorgeht. Mit tausend Frauen und Mädchen haben Sie schon gesprochen, sich auch gut zu unterhalten geglaubt, aber Ihr Geist traf nie auf die verwandte Seele. Endlich haben Sie im bunten Traum das gefunden, was Sie jahrelang suchten, um es ewig vielleicht wieder zu verlieren.«

Pacher antwortet augenblicklich, stellt »Gabriele« tausend Fragen, mit wem sie den ganzen Tag zusammen sei, ob er eifersüchtig sein müsse usw. Er bringt den Brief zur Hauptpost, wo er, wie vereinbart, poste restante hinterlegt wird. Nach zwei Tagen schon fragt er an. Ja, der Brief ist abgeholt worden.

Während der junge Mann das Abenteuer ziemlich ernst nimmt, ist es für Elisabeth, wie sie Ida Ferenczy anvertraut, eine Mischung aus Flirt, Spiel und Neugierde. Im März desselben Jahres schickt sie ihrem Verehrer einen zweiten Brief. »Lieber Freund ... träumst du in diesem Moment von mir oder sendest du sehnsuchtsvolle Lieder in die stille Nacht hinaus? Im Interesse Deiner Nachbarschaft wünsche ich das Erste. Meine Kusine ist zu ihren Eltern zurück, sende daher Deine Briefe künftig unter dieser Adresse: Mr. Leonard Wieland, General-Postoffice, London. Mit herzlichen Grüßen Gabriele.«

Nun schreitet Ida Ferenczy, eine der wenigen in das kleine Abenteuer der Kaiserin eingeweihten Vertrauten, ein: Elisabeth möge die Korrespondenz augenblicklich einstellen, die Fortführung derselben sei zu gefährlich. Zwar werden noch einige Briefe ausgetauscht, doch bald wird der Galan zu neugierig. »Weißt Du, dass Du sehr indiskret bist«, schreibt sie einmal, »nichts weniger verlangst Du von mir als meine Biographie – langweilen würde sie Dich freilich nicht, aber dazu muss ich Dich erst besser kennen …« Die Sache geht so lange gut, bis Fritz Pacher Elisabeth in einem Brief auf den Kopf zusagt, dass sie die Kaiserin von Österreich sei.

»Die Strafe ist der völlige Abbruch der Korrespondenz«, schreibt Egon Caesar Conte Corti. Elisabeth sieht Pacher zwar weiterhin bei ihren Prateausfahrten und bei einer Blumenausstellung, »dankt wohl etwas freundlicher für seinen Gruß als für andere, aber spricht niemals mehr mit ihm«.

Was bleibt, ist eine für eine Kaiserin doch sehr außergewöhnliche Episode, die auf einem Ball ihren Anfang genommen hat.

So unglaublich die ganze Geschichte erscheinen mag – ist sie doch wahr! Elisabeths Tochter Erzherzogin Valerie schilderte sie aufgrund der Erzählungen ihrer Mutter in ihren Tagebüchern, Ida von Ferenczy berichtete davon, und Fritz Pacher stellte – als letzten Beweis – Conte Corti »Gabrieles« Briefe zur Verfügung, die unzweifelhaft die Handschrift der Kaiserin verraten.

Die letzten Tage im Leben der Queen
Zum Tod Königin Elizabeths II

Es war eine Nachricht, die die ganze Welt betroffen machte. Nur wenige Menschen haben bewusst eine Zeit erlebt, in der Elizabeth II nicht Königin von Großbritannien gewesen ist. Sie war immer da, immer mit Stil, immer mit Disziplin und immer mit einer Prise Humor. Am 8. September 2022 um 15.10 Uhr Ortszeit ist sie auf Schloss Balmoral, ihrer schottischen Sommerresidenz, entschlafen. Seither sind Royal-Experten, Historiker, Autoren und Journalisten der Frage nachgegangen, wie die Königin die letzten Tage ihres Lebens verbracht hat. So viel steht fest: Die Queen ist ihren Aufgaben fast bis zum letzten Atemzug nachgekommen.

- **Samstag, 3. und Sonntag, 4. September 2022:** Reverend Iain Greenshields, der ihr als Pfarrer der Church of Scotland nahesteht, findet die 96-jährige Königin am Samstag »in sehr guter Verfassung« vor. Er nimmt das Abendessen mit ihr ein und besucht sie am nächsten Vormittag, am Sonntag, wieder. Wie Greenshields dem Royal-Experten Gyles Brandreth anvertraute, habe er mit der Queen »über ihre Kindheit, ihre Pferde und über kirchliche Angelegenheiten gesprochen, über die sie sehr gut Bescheid wusste. Und sie betonte ihre Besorgnis über den schrecklichen Krieg in der Ukraine.« Brandreth zitiert diese Aussagen in seinem Buch *Elizabeth: An Intimate Portrait*.
Als würde sie Bilanz ziehen, sagt die Queen in dem Gespräch mit dem Geistlichen auch, dass sie »überhaupt nichts« in ihrem Leben zu bereuen hätte.

Elizabeth kümmert sich trotz ihres hohen Alters und einer erkennbaren Schwäche wie immer in ihrer siebzigjährigen Regentschaft um viele Details der Hofhaltung. So verfügt sie noch, dass beim großen Dinner, das sie am Sonntag vor ihrem Tod in Balmoral für eine Jagdgesellschaft gibt, informelle Kleidung angesagt sei, die Herren also in Anzug und Krawatte und die Damen nicht im langen Kleid erscheinen sollen. Gleichzeitig bestimmt sie, dass keine Dudelsackspieler auftreten. Das will der Reporter Richard Kay für *Daily Mail* herausgefunden haben.

Ihre Gäste an diesem Sonntagabend, unter anderem Cousins aus ihrer Familie mütterlicherseits, bestätigen später, dass die Königin bei dem Essen persönlich anwesend und »in guter Verfassung, ja sogar sehr munter« gewesen sei. Die Anwesenden spüren, »dass sie gerne mit Menschen zusammenkam, die sie liebte und Kraft daraus zog«.

- **Dienstag, 6. September:** Am Vormittag telefoniert Elizabeth mit Clive Cox, dem Trainer ihrer Rennpferde. »Wir sprachen über das nächste Rennen«, wird er später verraten, »über ein junges Fohlen und ein weiteres Pferd in ihrem Stall. Die Queen war geistesgegenwärtig und an allem interessiert.«

Nach dem Telefonat empfängt sie Boris Johnson, der ihr sein Rücktrittsgesuch als Premierminister überreicht. Etwas später erfolgt der letzte offizielle Auftritt Elizabeths II: Liz Truss erscheint in Audienz, bei der sie von der Königin mit der Regierungsbildung beauftragt wird. Üblicherweise fand diese Zeremonie – die Queen hatte davor vierzehn Regierungschefs ernannt – im Buckingham Palace statt, aber Liz Truss wird aus Rücksicht auf die körperliche Schwäche des Staatsoberhaupts in Balmoral vereidigt.

Bei diesem Anlass entstehen die letzten Fotos der Königin. Sie zeigen sie schmal, gebeugt, auf einen Stock gestützt, aber mit jenem schelmischen Lächeln, das man von ihr seit Jahrzehnten kennt. Nichts deutet darauf hin, dass sie zwei Tage später sterben würde. »Die Königin wirkte zwar zerbrechlich«, gab Jane Barlow, die Fotografin der Presseagentur *Picture Alliance,* später an, »aber sie war bei guter Laune.«

- **Mittwoch, 7. September:** Am Vorabend ihres Todes sollte Elizabeth II an einer virtuellen Sitzung ihres Kronrates – dem politischen Beratungsgremium der Monarchin – teilnehmen, doch wird ihr Erscheinen abgesagt. Der Buckingham Palace erklärt, dass der Königin von ihren Ärzten Ruhe verordnet wurde.

- **Donnerstag, 8. September:** Der Sterbetag. Um 13.34 Uhr meldet der Buckingham Palace: »Die Ärzte sind über den Gesundheitszustand Ihrer Majestät besorgt und haben empfohlen, sie unter ärztlicher Aufsicht zu belassen.« Um 13.39 Uhr schreibt Premierministerin Liz Truss auf Twitter: »Die Gedanken der Menschen im Vereinigten Königreich sind bei der Queen und ihrer Familie.« Der Fernsehsender BBC unterbricht sein laufendes Programm und berichtet von der Sorge um das Leben der Königin. Um 13.55 Uhr meldet die Nachrichtenagentur *Reuters,* dass sich Prinz Charles mit Ehefrau Camilla und Prinz William in den Morgenstunden nach Balmoral begeben hätten.
Um 15.10 Uhr Ortszeit tritt jener Moment ein, »vor dem ich mich gefürchtet habe«, wird Charles in seiner ersten Rede als König erklären. Die Queen sei »friedlich aus dem Leben geschieden«, sagt BBC-Moderator Huw Edwards. Er trägt dunklen Anzug,

Die letzten Tage im Leben der Queen

»Die Königin wirkte zerbrechlich, aber sie war bei guter Laune«: das letzte Foto Elizabeths.

weißes Hemd und schwarze Krawatte gemäß dem Dresscode des Senders bei Todesfällen in der königlichen Familie.

Als Todesursache wird offiziell Altersschwäche angegeben, Royal-Experte Gyles Brandreth behauptet jedoch, die Monarchin hätte auch an Knochenmarkkrebs gelitten, womit ihre Mobilitätsprobleme in den letzten Wochen ihres Lebens erklärt würden. Diese Behauptung wurde jedoch von keiner offiziellen Stelle bestätigt.

Nur noch 53 Prozent der Briten sind laut Umfragen für die Beibehaltung der Monarchie. Doch an diesem Donnerstag im September 2022 ist die ganze Nation – und mit ihr viele Millionen Menschen in aller Welt – in Trauer vereint.

Zeitensprünge
Made in Austria

Der Aufruhr der kleinen Leute
Die Teuerungsrevolte des Jahres 1911

Ein Facharbeiter verdiente vier Kronen pro Tag, die heute etwa 18 Euro entsprechen würden. Eine Weißnäherin bekam zwölf Kronen in der Woche, ein Volksschullehrer 130 Kronen im Monat. Dass die letzten Jahre der Donaumonarchie oft als gemütlich-beschauliche Epoche dargestellt werden, hat wenig mit der Realität zu tun. Zwar residierte der alte Kaiser immer noch in der Hofburg und das Großbürgertum wie viele Künstler erlebten eine Blütezeit, doch der »kleine Mann« vegetierte am Rande des Existenzminimums, konnte sich und seine Familie kaum ernähren. Als im Frühherbst 1911 auch noch die Lebensmittelpreise explodierten, waren Arbeiter, Dienstboten und kleine Beamte am Ende ihrer Geduld angelangt, und es kam zu einem Aufruhr von nie dagewesener Brutalität, der Tote und Verletzte forderte.

Die Ereignisse des 17. September 1911 hatten ganz friedlich begonnen. Mehr als 100 000 Bewohner aus den Arbeiterbezirken marschierten in einer »Demonstration der Verzweiflung« zum Wiener Rathaus. Sozialdemokratische Politiker forderten in Ansprachen gerechte Entlohnung und Preisreduktionen und fanden bei den Sprechern des Kleinbürgertums vollen Rückhalt.

Der Aufruhr der kleinen Leute

Als sich aber gegen Mittag, nach dem offiziellen Ende der »Teuerungsrevolte«, das Gerücht verbreitete, aus einem Fenster des Rathauses sei auf Demonstranten geschossen worden, eskalierte die Situation. Etliche der rund tausend noch verbliebenen Personen warfen Steine gegen den Amtssitz des christlich-sozialen Bürgermeisters Josef Neumayer und attackierten die Polizei. Innerhalb kürzester Zeit entwickelte sich ein blutiger Straßenkampf.

Die aufgebrachte Menge strömte plündernd durch die Bezirke Neubau und Josefstadt in Richtung Ottakring, wobei in manchen Straßenzügen kein Haus, kein Fenster, keine Laterne unversehrt blieb. Bald zeigte sich, dass die sechs bereitstehenden Bataillone der kaiserlichen Armee und die 2400 zum Teil berittenen Polizisten der Situation nicht Herr wurden.

Das »Lumpenproletariat«, so die Ausdrucksweise der Behörden, räumte Geschäftslokale aus, zündete Schulgebäude und Straßenbahnwaggons an, schleuderte Sessel und Bierkrüge aus Gasthausgärten gegen die Wachmänner, warf Stöcke zwischen die Vorderbeine der Polizeipferde, die dadurch zu Fall kamen.

Die Exekutive errichtete Barrikaden und ging zum ersten Mal seit der Revolution des Jahres 1848 gewaltsam gegen die Bevölkerung vor. Mit dramatischen Folgen: Drei Demonstranten und ein unbeteiligter Passant wurden erschossen oder durch Bajonettstiche getötet, 150 Randalierer und Polizisten zum Teil schwer verletzt, 488 Personen verhaftet. Der Sachschaden als Folge der Straßenschlachten betrug mehr als 200 000 Kronen*.

---

* Die Summe entspricht laut Statistik Austria im Jahr 2024 einem Betrag von rund einer Million Euro.

Über die Täter vermerkt das Polizeiprotokoll, dass es sich »um halbwüchsige, den arbeitenden Klassen angehörige Burschen und Teile der Bezirksbevölkerung handelte, denen sich später der Mob beistellte«. Die Führer der Sozialdemokratie – Victor Adler, Otto Bauer und Karl Renner – zeigten Verständnis für die Wut der friedlichen Demonstranten, distanzierten sich aber von den gewalttätigen Randalierern.

Es gab mehrere Gründe, die zu der exorbitanten Teuerung im Jahre 1911 geführt hatten. Einerseits war es durch längere Trockenperioden zu einer Missernte gekommen, andererseits hatte Ministerpräsident Paul Freiherr von Gautsch auf Drängen der Großbauern und Großgrundbesitzer eine Einfuhrsperre auf kostengünstigere Lebensmittel aus anderen Ländern verhängt bzw. den Import durch enorme Zölle verhindert.

Die Preise schossen dermaßen in die Höhe, dass die Menschen nicht mehr wussten, wie sie ihre Kinder ernähren sollten. Der Mehlpreis hatte sich verdoppelt, Fleisch war ohnehin unerschwinglich, selbst Reis, Kartoffeln und Gemüse kaum noch leistbar. Nicht genug damit, herrschte eine enorme Wohnungsnot, wodurch die Mieten gerade der Substandardwohnungen permanent stiegen und immer mehr Familien ihr Dach über dem Kopf verloren oder in winzigen »Löchern« hausten. Der große Unterschied zu heute: Es gab damals keine gesetzlich geregelte Anpassung der Löhne und Gehälter.

Nicht wenige Soldaten, die bei den Straßenkämpfen am 17. September 1911 im Einsatz waren, sympathisierten mit den Demonstranten und schossen – gegen den ausdrücklichen Befehl ihrer Vorgesetzten – über die Köpfe der Menge hinweg; andernfalls hätte es wohl weit mehr Tote gegeben. Die Unruhen endeten gegen

23.45 Uhr, setzten sich aber an den folgenden Tagen fort, sodass über Ottakring der Ausnahmezustand verhängt wurde.

283 Demonstranten der »Teuerungsrevolte« wurden vor Gericht gestellt, 172 zu Haftstrafen verurteilt, ein 44-jähriger Arbeiter aus Ottakring nahm sich aus Angst davor, ins Gefängnis zu müssen, während des Prozesses das Leben.

Die Hoffnung der Arbeiterschaft auf ein besseres Leben wurde auch nach den blutigen Unruhen nicht erfüllt. Die Löhne blieben niedrig, die Preise stiegen. Doch das Elend der Massen, das sich an jenem 17. September 1911 auf so dramatische Weise manifestiert hatte, war neben Nationalitätenkonflikten und den Grauen des Ersten Weltkriegs ein weiterer Grund, der zum Zusammenbruch der österreichisch-ungarischen Monarchie führte.

Das waren Warenhäuser
Herzmansky, Gerngross & Co

Die Stadtmauer war eben erst gefallen und die Ringstraße noch eine riesige Baustelle, da trauten sich die Bewohner der Vororte zum ersten Mal in ihrem Leben in die Stadt. Und wenn sie auch kein Geld hatten, um hier einzukaufen, dann wollten sie wenigstens »Auslagen schauen«. Dazu gab es neuerdings reichlich Gelegenheit, da mit der Erweiterung der Metropole die ersten Warenhäuser entstanden. Philipp Haas machte den Anfang. Der Sohn eines armen Webers wusste aus der beginnenden Industrialisierung Kapital zu schlagen. Er gründete mit neunzehn Jahren eine kleine Textilwerkstatt, die er zu einem Großunternehmen mit tausend Mitarbeitern ausbaute. 1867 eröffnete er Wiens erstes Warenhaus, das Haashaus am Stephansplatz, in dem Textilien angeboten wurden und zu dessen Kunden Aristokraten und Großbürgertum zählten.

In ihrer Blütezeit gab es in Wien dreißig Warenhäuser, von denen Gerngross und Herzmansky die bekanntesten waren. Die beiden Einkaufstempel auf der Mariahilfer Straße waren nicht nur durch ihre Nachbarschaft, sondern auch durch einen Konkurrenzkampf von selten dagewesener Härte miteinander verbunden: August Herzmansky hatte 1863 in der Kirchengasse ein kleines Tuchgeschäft eröffnet, das ständig expandierte, bis es zum Großwarenhaus wurde. Gleichzeitig machte sich Herzmanskys ehemaliger Angestellter Alfred Gerngross in derselben Branche selbstständig – und das mit ähnlichem Erfolg.

August Herzmansky starb 1896 kinderlos, kurz bevor sein neues Warenhaus fertig war, wodurch Alfred Gerngross zum Kaufhauskönig wurde. In ihrer besten Zeit hatte die Firma Gerngross bis zu 1600 Angestellte und wurde so groß, dass sie auf der Mariahilfer Straße dreizehn Nachbarhäuser dazukaufte, in denen fünf Aufzugsanlagen und eine Rolltreppe für Aufsehen sorgten. Das Geheimnis des Erfolgs waren kleine Gewinnspannen und hohe Umsätze, und man verstand es auch, durch Werbung und den Tausch von Altkleidern gegen neue Ware breite Bevölkerungsschichten anzulocken.

Jahrzehnte später wurden die Geschäfte der einstigen Erzfeinde Herzmansky und Gerngross fusioniert. Der Schriftzug A. Herzmansky steht heute noch auf den Resten der Fassade. Das Warenhaus selbst gibt es längst nicht mehr.

Das waren Warenhäuser

*Das Stammhaus
A. Herzmansky nach den
ersten Expansionen um 1900.*

Apropos Fassade: Die ursprünglichen Warenhäuser waren Stahlkonstruktionen, die jedoch im Falle eines Brandes leicht ihre Tragkraft verlieren konnten. So geschehen im Jahr 1979, als es bei Schweißarbeiten im Kaufhaus Gerngross zu einem Großbrand kam, der das Gebäude fast völlig zerstörte. Und trotzdem ist Gerngross eines der Warenhäuser, das geblieben ist, während andere, einst ebenso glanzvolle Namen nur noch Geschichte sind. Darunter neben Herzmansky auch die Warenhäuser Zwieback, Rothberger, Neumann, Thonet, Esders, Kranner, Schein ... – die meist von den Nationalsozialisten »arisiert« oder im Zweiten Weltkrieg zerstört wurden. Und der auch schon sechzig Jahre alte Leiner am Beginn der Mariahilfer Straße wurde 2021 abgerissen, um dem als Luxuswarenhaus geplanten Lamarr Platz zu machen. Doch noch während der Bauarbeiten meldete die neue Eigentümergesellschaft Signa Holding Insolvenz an.

Die alten Warenhäuser in Wien, die man mit riesigen Auslagen, pompösen Stiegenaufgängen und Glasdächern ausgestattet hatte, waren nach Pariser Vorbild von Theaterarchitekten errichtet worden, weil diese die Kunst der Verführung beherrschten.

Geändert hat sich das äußere Erscheinungsbild. Doch die Kunst der Verführung ist im Warenhaus immer noch das Wichtigste.

Die letzte Greißlerin
Frau Rosa hat zugesperrt

Eigentlich hat die Frau Rosa längst zusperren wollen, aber sie brachte es lange nicht übers Herz. Jeden Tag stand sie mit ihren 82 Jahren von früh bis spät in dem kleinen Lebensmittelgeschäft am Stadtrand von Wien. Und das, obwohl die Einnahmen kaum reichten, um davon leben zu können.

»Oft kommt stundenlang kein Mensch zur Tür herein«, sagt sie, »die meisten Leute gehen zum nächsten Supermarkt, dort ist's billiger. Und doch hab ich mich bis jetzt nicht vom Geschäft trennen können, weil ich für die paar treuen Kunden, die ich noch habe, da sein möchte.«

Dem Lebensmittelhandel geht's zwar insgesamt gut, doch davon profitieren vor allem die großen Ketten. Ein Geschäft wie das der Frau Rosa Hudec gibt es hierzulande wohl kein zweites Mal. Kaufleute, die von sechs bis 19 Uhr allein im Geschäft stehen, sind fast ausgestorben.

Kein Wunder, »es zahlt sich einfach nicht mehr aus«, sagt die Frau Rosa. »Dabei hab ich meinen Beruf geliebt, weil ich den Kontakt mit Menschen mag.« Wehmütig schaut sie über die mit frischer Ware gefüllte »Budel« hinweg. »Die meisten Kunden sind schon tot, aber die paar, die noch da sind, bleiben stundenlang, um mit mir zu plaudern.«

Um dann »mit fünf Deka Extra« nach Haus zu gehen.

Als sie das Geschäft in der Tautenhayngasse in Wien-Fünfhaus übernommen hat, stand die Kundschaft oft bis zur Tür angestellt. Damals, in den 1960er-Jahren, in der letzten Glanzzeit der kleinen Lebensmittelhändler. Die Vertreter kamen in Scharen, um Frau Rosas Bestellungen entgegenzunehmen, heute muss sie sich die Wurst selbst holen, weil sie zu geringe Mengen nimmt, um vom Großhändler beliefert zu werden.

»Greißler« gibt es, seit sich in den mittelalterlichen Städten die ersten Kaufleute niedergelassen haben. Davor versorgten sich die Menschen direkt beim Bauern, von dem sie ihr Brot, ihr Fleisch, ihre Butter und die Milch bezogen. Gleichzeitig boten umherziehende Händler die Lebensmittel auf Märkten an, bis etwa im 15. Jahrhundert in den Städten die ersten Geschäfte öffneten, die in den Gewölben der um Kirche und Rathaus gelegenen Bürgerhäuser etabliert waren. Mit der Industrialisierung im 19. Jahrhundert begann die Blütezeit der Greißler (deren Name vermutlich von »Grieß« abgeleitet wurde). Doch bald erhielten sie Konkurrenz durch größere Kolonialwarenhändler, die aus fernen Ländern Genussmittel wie Kaffee, Tee, Kakao und Tabak importierten.

»Meist gehen die Leute mit fünf Deka Extra nach Haus«: Rosa Hudec, »die letzte Greißlerin«.

Nach zwei Weltkriegen und dem »Schleichhandel« der Nachkriegszeit brachte das Wirtschaftswunder den Greißlern eine neue Konjunktur, die dann durch das Aufkommen der großen Lebensmittelketten gestoppt wurde. Seit den 1980er-Jahren spricht man vom »Greißlersterben«. Bis dahin galt der Lebensmittelhandel stets als sicheres Geschäft, da Essen und Trinken natürlich zu den vorrangigen Bedürfnissen der Menschen zählen.

Und doch: Hans Moser hat das Los des Greißlers schon 1932 in dem populären Lied *Der Doktor Lueger hat mir einmal die Hand gereicht* besungen:

Es waren Zeiten, da hab ich zwei, drei Prager Schinken verkauft, an einem Tag.
Jetzt schneid ich in der Wochen zwei – und auch die waren nie in Prag.

Die letzte Greißlerin

**Ja, früher war der Greißlerstand noch anerkannt und hochgeschätzt.
Da waren die Menschen anders als wie jetzt …**

Während Hans Moser als Greißler Seiberl in dem Stück *Essig und Öl* vom Elend der Zwischenkriegszeit sang, ist's heute die übermächtige Konkurrenz der Lebensmittelketten, mit denen der kleine Kaufmann nicht mithalten kann. Weder mit den Sonderangeboten, noch mit der Auswahl auf meterlangen Regalen.

Die Frau Rosa liefert ihre Ware auch frei Haus, und in einem Punkt ist sie überhaupt konkurrenzlos: Wer nicht zahlen kann, lässt bei ihr anschreiben. Auf vielen Zetteln hat sie die »offenen Beträge« notiert. Dass sie das ganze Geld je zurückbekommt, glaubt sie selbst nicht recht. »Ich hab halt nicht das Herz, von Leuten etwas einzufordern, die gar nichts haben.«

In ihrem Geschäft gibt's nicht nur Lebensmittel, sondern auch Kerzen, Zündhölzer, Kaffeehäferln. Und ihre Anker-Brotmaschine ist bald hundert Jahre alt, aber sie funktioniert immer noch tadellos. »Mit der hat schon mein Vorgänger das Brot geschnitten. Ich hab ihm das Geschäft abgekauft, als er mit 87 in Pension gegangen ist.«

Ganz so lang wollte sie dann doch nicht arbeiten. Frau Rosa sperrte Ende des Jahres 2006 zu, und diesmal wirklich. Sobald ihr Geschäft geschlossen war, haben alle Nachbarn wie immer in solchen Fällen gejammert – auch die, die nie zu ihr gekommen sind.

Sie würde trotz allem heute wieder Greißlerin werden, sagt die Frau Rosa und denkt zurück an damals, als »der Greißlerstand noch anerkannt und hochgeschätzt« war, wie der Hans Moser ihn so schön besungen hat.

»Juden erwünscht«
Die Anti-Antisemiten

Der Antisemitismus war in Österreich praktisch zu allen Zeiten präsent – leider nur allzu oft mit verheerenden Folgen. Doch es gab auch »die anderen«, die gegen den Judenhass ankämpften, sich an die Seite der Verfolgten stellten. Die Anti-Antisemiten. Sie waren in Staatsfunktionen ebenso zu finden wie in der Kirche, in der Aristokratie oder als Privatpersonen.

Viele Habsburger haben Jüdinnen und Juden verfolgt und sogar getötet, wie Herzog Albrecht V., der 1421 mehr als 200 jüdische Bürger ermorden ließ, um mit deren Geld Kriege zu finanzieren. Kaiser Maximilian I. befahl 1496 die Vertreibung der Juden aus Kärnten und der Steiermark, Leopold I. verjagte sie 1670 aus Wien, und Maria Theresia zwang die Juden 1744, Prag zu verlassen.

Ganz anders ihr Sohn und Thronfolger, Kaiser Joseph II., der erste Anti-Antisemit dieses Kapitels. Während seine Mutter die »Israeliten« ablehnte, hob der »Reformkaiser« mit dem 1782 erlassenen »Toleranzpatent« Bestimmungen auf, die seit Jahrhunderten galten. So war es jüdischen Mitbürgern jetzt endlich erlaubt, jedes Gewerbe auszuüben, außerhalb der Ghettos zu wohnen, Universitäten zu absolvieren, öffentliche Lokale zu besuchen und Dienstboten aufzunehmen. Ebenfalls erst seit Joseph II. durften Juden »Familien- und deutsche Vornamen« tragen.

Sein Nachfolger, Kaiser Leopold II., übernahm die – aus damaliger Sicht – revolutionäre Haltung seines Bruders. Erstmals wurden jüdische Advokaten zugelassen, und die Gleichstellung der Bürger aller Religionsgemeinschaften wurde weiter ausgebaut.

»Juden erwünscht«

Unter dem »Reformkaiser« Joseph II. durften Juden erstmals jedes Gewerbe ausüben, außerhalb der Ghettos wohnen und Universitäten besuchen.

Der Judenhass des 19. Jahrhunderts richtete sich dann in erster Linie gegen die aus Osteuropa nach Wien zugewanderten mittellosen Juden, die sich durch ihr auffallendes Äußeres und die religiösen Riten von den »Assimilierten« unterschieden.

Kaiser Franz Joseph I. wird von den Juden als größter Freund unter den Habsburgern gesehen. Jahrelang weigerte er sich, Karl Lueger als Bürgermeister von Wien zu akzeptieren, weil dieser Antisemit war. Franz Joseph sagte mehrmals: »Ich dulde keine Judenhetze in meinem Reich.«

Unter seiner Regentschaft wurden die Juden, als deren Beschützer er sich sah, zu gleichberechtigten Bürgern, weshalb Antisemiten ihn geringschätzig als »Judenkaiser« bezeichneten. Die Juden aber beteten an jedem Schabbat in der Synagoge für ihren Kaiser.

Schließlich hob der Monarch wohlhabende jüdische Kaufleute und Bankiers, die so genannten »Ringstraßenbarone«, in den Adelsstand.

»Ich dulde keine Judenhetze in meinem Reich«:
Anti-Antisemit Kaiser Franz Joseph I.

Befand sich Kronprinz Rudolf ansonsten in dauerndem Widerspruch zu den Ansichten seines Vaters, so waren sie sich in dieser Frage einig: Der Sohn des Kaisers zählte zum engeren Freundeskreis des jüdischen Verlegers Moriz Szeps, in dessen *Neuem Wiener Tagblatt* Rudolf unter einem Pseudonym Artikel veröffentlichte, in denen er sich vehement gegen jede Form des Antisemitismus einsetzte. Als engagierte Philosemitin schrieb auch Kaiserin Elisabeth Geschichte, geprägt von den Schriften ihres jüdischen Lieblingsdichters Heinrich Heine, als dessen Jüngerin sie sich empfand.

In den Jahren 1861 bis 1933 war es möglich, dass dem Wiener Parlament insgesamt achtzig jüdische Abgeordnete angehörten, darunter die sozialdemokratischen Parteiführer Victor Adler und Otto Bauer, die Christlichsoziale Hildegard Burjan, die – zum Katholizismus konvertiert – die Caritas Socialis gründete. Jüdischer Herkunft war auch der liberale Abgeordnete Josef Neuwirth, ein Onkel Bruno Kreiskys.

1906 wurde im Reichsrat die Jüdisch-Nationale Partei (JNP) gegründet, die antisemitische Tendenzen bekämpfte, zumal die jüdische Bevölkerung trotz formaler Gleichstellung in vielen Bereichen immer noch diskriminiert wurde.

War es in der Monarchie die Friedensnobelpreisträgerin Bertha von Suttner, die den »Verein zur Abwehr des Antisemitismus« gründete und von ihren Gegnern deshalb als »Judenbertha« verunglimpft wurde, so nahm die Wienerin Irene Harand mit ihrem viel beachteten Buch *Sein Kampf* in der Ersten Republik massiv gegen Hitlers Rassenhass Stellung. Später, nach Amerika geflüchtet, verhalf sie Juden zu Visa für die USA, wodurch rund hundert Verfolgte den nationalsozialistischen Verbrechen entkommen konnten.

Irene Harand ist eine von 112 Österreichern, die vom Staat Israel in der Gedenkstätte Yad Vashem als »Gerechte unter den Völkern« geehrt wurden, weil sie Juden schützten, die von der Deportation in Vernichtungslager bedroht waren. Zu den »Gerechten« zählen auch die Wiener Schauspielerin Dorothea Neff, die eine jüdische Freundin unter Lebensgefahr vier Jahre lang in ihrer Wohnung versteckte, und der Komponist Gottfried von Einem, der in der NS-Zeit jüdische Musiker unterstützte.

Auch und gerade in der katholischen Kirche fand der Antisemitismus gefährliche Verbreitung. Doch war es im Jahre 1892 immerhin möglich, dass am Höhepunkt der antisemitischen Bewegung der getaufte Jude Theodor Kohn zum Fürsterzbischof von Olmütz geweiht wurde.

Wiens Kardinal Theodor Innitzer wird zu Recht vorgeworfen, im März 1938 den »Anschluss« befürwortet zu haben. Man kann ihm aber auch zugutehalten, dass er nach Hitlers Einmarsch im Erzbischöflichen Palais eine »Hilfsstelle für nichtarische Christen« einrichtete, durch die »rassisch Verfolgten« die Ausreise ermöglicht wurde. Wie unter katholischen Priestern und Ordensfrauen auch Helden zu finden sind, die – inzwischen heilig oder selig gesprochen – während des Dritten Reichs ihr Leben ließen, um Juden zu schützen.

Unter Österreichs Philosemiten sind auch aristokratische Familien zu nennen, wobei die Familie Esterházy im heutigen Burgenland eine besondere Rolle spielte. Es war Fürst Paul I.*, der im Jahr 1690 einen »Schutzbrief« ausstellte, der die Rechte und Pflichten der jüdischen Bevölkerung in Form eines Vertrags regelte, der ihnen Religions- und Handelsfreiheit ermöglichte. In den »Sieben Gemeinden« Eisenstadt, Mattersburg, Kittsee, Frauenkirchen, Kobersdorf, Lackenbach und Deutschkreutz konnte sich dadurch ein prosperierendes Zusammenleben entwickeln, das den Juden erstmals ein würdevolles Dasein und Schutz vor Übergriffen gewährte.

Ihre Rechte wurden im Lauf der Zeit weiter ausgebaut, sodass die »Hochfürstlich Esterházy'schen Schutzjuden« bald auch Häuser erwerben und ohne Einschränkungen heiraten durften. Die Schutzherrschaft der Fürsten Esterházy dauerte bis zur Abschaffung des Feudalsystems nach der Revolution des Jahres 1848, die die Sonderstellung der »Sieben Gemeinden« überflüssig machte, wobei Juden und Nichtjuden aber weiterhin gut miteinander auskamen. Dies endete 1938, als die burgenländischen Juden zu den ersten in Österreich zählten, die von den Nationalsozialisten verfolgt und ermordet wurden.

---

* Fürst Paul I. Esterházy (1635–1713), Erbauer des Esterházy'schen Schlosses in Eisenstadt.

»Juden erwünscht«

Im Burgenland wurden Juden auch durch die Fürsten Batthyány und in Wien durch die Familie Schwarzenberg geschützt. Während in der Nazizeit auf Bänken öffentlicher Grünanlagen Tafeln mit der Aufschrift »Nur für Arier« angebracht waren, beschilderte der damalige Fürst Adolph Schwarzenberg den Park seines Wiener Palais mit den Worten: »Auf diesen Bänken sind Juden erwünscht.«

Literarische Zeitensprünge

Literarische Zeitensprünge

Hat Shakespeare überhaupt gelebt?
Der Streit um ein Genie

Sie zählt zu den beliebten Fragen des Bildungsbürgertums: Hat Shakespeare tatsächlich gelebt? Die Antwort ist klar: Natürlich hat er gelebt, einige der bedeutendsten Werke der Weltliteratur – von *Othello* über *Hamlet* bis *Romeo und Julia* – können sich nicht ganz allein geschrieben haben. Berechtigt ist jedoch die Frage: War Shakespeare auch wirklich Shakespeare? Oder hat der Dichter seine wahre Identität verschleiert?

So viel ist über den bis heute weltweit meistaufgeführten Theaterklassiker bekannt: William Shakespeare wurde 1564 in der kleinen englischen Stadt Stratford-upon-Avon als Sohn eines Handschuhmachers geboren. Er heiratete mit achtzehn Jahren die um acht Jahre ältere Anne Hathaway, die ihm drei Kinder schenkte. Er zog nach London, wo er sich als Schriftsteller und Schauspieler einen Namen machte. Wie damals üblich, trat er in seinen eigenen Dramen und Komödien auf, die bis heute nichts an ihrer Bedeutung eingebüßt haben. Seine Stücke stehen – wie in keinem anderen Fall – 400 Jahre nach seinem Tod auf den Spielplänen der großen Bühnen der Welt.

Wenn man das alles weiß: Wie konnte man dann zu den immer wiederkehrenden Zweifeln an William Shakespeares Existenz gelangen?

Hat Shakespeare überhaupt gelebt?

Der Frage ging etwa der Kölner Literaturwissenschaftler Kurt Kreiler in dem Buch *Der Mann, der Shakespeare erfand* nach. Seine These: Shakespeare war zwar der bekannte Schauspieler, aber die unsterblichen Werke stammen von einem anderen. Und zwar vom 17. Earl of Oxford.

Warum aber sollte der seine tatsächliche Identität und damit sein Genie verschwiegen und seine Theaterstücke unter einem Pseudonym veröffentlicht haben?

»Warum sollte er seine Identität und damit sein Genie verschweigen?« William Shakespeare, wie man ihn kennt.

Fest steht, dass Schauspieler, aber auch Bühnendichter zu Shakespeares Zeiten zum »fahrenden Volk« zählten und nur geringes Ansehen genossen. Eine solche Rufschädigung konnte sich Edward de Vere, der 17. Earl of Oxford nicht leisten, es wäre für einen »Schreiberling« unvorstellbar gewesen, weiterhin am Hof der Königin Elizabeth I ein und aus zu gehen. Und deshalb legte er sich als Schriftsteller einen anderen Namen zu. Beweise dafür gibt es allerdings keine.

Während Kurt Kreiler dennoch »nicht den geringsten Zweifel hat, dass der Earl of Oxford in Wahrheit Shakespeare war«, lehnt sein britischer Kollege Stanley Wells diese Ansicht kategorisch ab. »Der Earl of Oxford starb 1604 und damit Jahre bevor die letzten Shakespeare-Stücke veröffentlicht wurden. Das würde bedeuten, dass dieser Mann bei seinem Tod mehrere Werke hinterlassen hätte, von denen niemand wissen durfte, dass er sie geschrieben hat. Und irgendwie hätten diese Stücke nach seinem Tod den Weg auf die Bühne gefunden. Das ist albern.«

Für den 17. Earl of Oxford spricht, dass er tatsächlich ein sprachgewandter Komödienautor und Dichter und innerhalb der Hofgesellschaft auch als Schauspieler tätig war. Bei Hof aufzutreten und Stücke zu schreiben, war auch für Aristokraten legitim – aber nur ja nicht auf einer Bühne für das gemeine Volk. Das Talent hätte der Earl of Oxford also gehabt – aber Shakespeares Genie?

Fünf Millionen Besucher pilgern alljährlich in das in der Nähe von Birmingham gelegene Städtchen Stratford-upon-Avon, das vom Shakespeare-Tourismus lebt. Für die Bewohner der Geburts- und Todesstadt des Dichters wäre es eine Katastrophe, wenn eines Tages der Beweis erbracht würde, dass Shakespeare gar nicht Shakespeare war. Und genau das wirft man dem skeptischen Shakespeare-Forscher Stanley Wells vor: dass er aus Stratford stammt und somit »Partei« ist.

»Warum zweifeln so viele Menschen an Shakespeare?«, lässt Wells sich nicht beirren. »Ich glaube, es ist Snobismus. Sie würden es bevorzugen, dass ein Aristokrat Verfasser solch großer Werke ist und nicht ein einfacher Mann, der aus bescheidenen Verhältnissen kommt.«

Das sei Unsinn, widerspricht sein Kollege Kreiler, der mit detektivischem Spürsinn die Briefe des Earl of Oxford mit Shakespeares Texten verglich. »Keine Frage«, beharrt er, »Oxford ist Shakespeare.«

Hat Shakespeare überhaupt gelebt?

Der Dichter selbst hat einiges dazu beigetragen, dass seine Existenz immer wieder infrage gestellt wird. Es ist in der Tat seltsam, dass ein Mann, der so viel geschrieben hat, keinerlei Aufzeichnungen über sein Leben hinterließ, es existieren weder Tagebücher noch Briefe, und von keinem seiner Werke ist eine Originalhandschrift auffindbar, auch über seine Kindheit und seine Jugend weiß man so gut wie nichts, und sogar die Frage, wie er zum Theater kam, bleibt Spekulation. Die Zweifler geben weiters an, dass Shakespeare über eine viel zu geringe Bildung verfügt hätte, um etwa seine Königsdramen schreiben zu können. Das einzige erhalten gebliebene Schriftstück ist sein Testament, und selbst darin gibt es keine Verfügung über die posthumen Aufführungsrechte seiner Stücke.

Erwiesen ist, dass Shakespeare viel Geld verdiente und sich damit im Jahr 1599 am angesehenen Globe Theatre in London beteiligte.

Die Diskussion, wer Shakespeare wirklich war, wird wohl so lange weiterleben, wie seine Stücke aufgeführt werden. Also ewig. Die Geschichte ist aber auch zu schön: dass ein Mann, der nach 400 Jahren lebendiger ist als irgendein anderer, nie gelebt haben soll! Die Geschichte ist so schön, dass sie von Shakespeare stammen könnte. Sie ist zu schön, um wahr zu sein. Und daher meine ich, dass Shakespeare sehr wohl Shakespeare war. Und nicht der Earl of Oxford.

Literarische Zeitensprünge

Die geheime Lovestory des Karl Kraus
Verräterische Briefe an Irma

Er war der strengste Kritiker, den Wien je gesehen hat. Egal, ob Politiker, Maler, Journalisten, Schriftsteller oder Schauspieler – er konnte sie alle mit ein paar Zeilen ruinieren, kaum jemand entging seinem unerbittlichen Urteil. Umso erstaunlicher, dass Karl Kraus in seiner Zeitschrift *Die Fackel* eine junge Schauspielerin als »ungewöhnlich begabtes Geschöpf« bezeichnet, obwohl diese sonst niemandem durch besondere künstlerische Talente aufgefallen wäre. Was steckt hinter dem unerwarteten Beifall für die Wienerin namens Irma Karczewska?

Es war natürlich eine Liebesaffäre, und sie wurde erst 87 Jahre nach seinem Tod einer breiten Öffentlichkeit bekannt.

Dass es eine intime Beziehung war, geht schon aus den Anreden hervor, die Karl Kraus in den im Jahr 2023 aufgetauchten Briefen verwendet hat. »Mein Herz«, »Mein liebes Irmerl«, »Liebstes Engerl«, »Mein liebes Kind« ... Karl Kraus stand der Schauspielerin sehr nahe, auch wenn er in der Korrespondenz nie von Liebe spricht. »Näheres nur mündlich«, zeigt sich der Sprachkünstler vorsichtiger als mancher Politiker, der sich heutzutage in verräterische Chats verstrickt.

Bedenklich erscheint, dass Irma am Beginn der Romanze erst vierzehn Jahre alt war. Die Korrespondenz setzt am 14. November 1906 ein und zeugt davon, dass es bei aller Zuneigung (»Ich denke immer an Dich«) von Anfang an problematische Situationen gab. »Mein Herz«, schreibt Kraus an Irma, »Dank für Deinen Brief! Ich nehme ihn als Ausdruck Deiner wahren Gesinnung für mich und

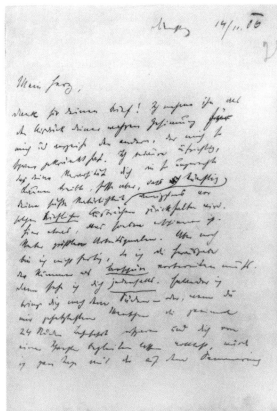

»Mein Herz«: Einer der 49 Briefe, die Karl Kraus an seine Geliebte schrieb.

verzeihe den anderen *(Brief, Anm.)*, der mich so schwer gekränkt hat. Ich bedaure aufrichtig, dass Deine Nervosität Dich in so ungerechte Launen treibt, hoffe aber, dass Deine süße Natürlichkeit Dich künftig wenigstens vor solchen brieflichen Ausbrüchen zurückhalten wird ...«

Unterschiedlicher hätte das Paar nicht sein können. Während Karl Kraus als Sohn eines reichen Papierfabrikanten in Böhmen zur Welt gekommen war, wuchs Irma als Tochter eines Wiener Hausmeisters in kleinbürgerlichem Milieu auf. Sie fiel dem Schriftsteller, Satiriker, Dramatiker und Essayisten zum ersten Mal auf, weil sie ihn an eine frühere Geliebte erinnerte, die am Theater Karriere gemacht hatte. Deshalb glaubte er wohl auch, aus Irma eine Schauspielerin erschaffen zu müssen, wie sie in ihrem Tagebuch schreibt.

Er holte die Vierzehnjährige aus ihrem Elternhaus und verhalf ihr im Trianon-Theater am Wiener Nestroyplatz zu einer kleinen Rolle in Frank Wedekinds Tragödie *Die Büchse der Pandora*, nach deren Uraufführung am 29. Mai 1905 Kraus auch die lobende Kritik des »ungewöhnlich begabten Geschöpfs« in der *Fackel* unterbrachte. An anderer Stelle schreibt er, dass Irma Karczewska »mit einem Blick ins Publikum mehr Leben in die Bude bringt als ein Dutzend ausgewachsener Chansonnièren«.

Der um sechzehn Jahre ältere Karl Kraus unterstützte Irma regelmäßig finanziell und scheute im Sommer 1909 nicht davor zurück, seine Großzügigkeit zu betonen: »Habe die ganze Zeit arbeiten müssen. Sonst gäb's kein Geld für Dich!!« Einmal freute er sich darauf, mit ihr »zwei Tage auf dem Semmering zu verbringen«, und bei seinen Versuchen, ihre schauspielerischen Ambitionen zu unterstützen, ging er so weit, mit dem damaligen Publikumsliebling Alexander Girardi »ein langes Gespräch nur über Dich« zu führen. Doch die gut gemeinten Ratschläge des Volksschauspielers (»es in der Provinz zu versuchen und bei einem Schauspiellehrer Rollen zu lernen«) halfen ebenso wenig wie die zeitweilige Verwendung des Künstlernamens Ingrid Loris: Ihre Theaterkarriere blieb aus.

Irma zeigte sich für all die Bemühungen nicht besonders »dankbar«, unterhielt sie doch auch sexuelle Beziehungen mit gleich drei Freunden von Karl Kraus, wie sie ihrem Tagebuch anvertraut. Einer dieser Geliebten, der Arzt und Psychotherapeut Fritz Wittels, hinterließ uns in seinen Memoiren, dass Irma »nur als Sex-Objekt interessant« war. Er beschreibt sie herablassend als »dümmlich und langweilig, außer in sexueller Hinsicht«. Diese Einschätzung ist jedoch nicht nur sexistisch und frauenfeindlich, sondern – wie Irmas Tagebucheintragungen belegen – auch ungerecht.

Die Beziehungen der wohlbestallten Herren mit der »kleinen Irmi«, wie Kraus sie ob ihrer geringen Körpergröße nannte, zeigt den sexuellen Machtmissbrauch, wie er zur Jahrhundertwende durchaus üblich war. Jedoch hat Karl Kraus nicht gegen das Strafgesetz verstoßen – das sexuelle Schutzalter bei Mädchen lag damals, wie auch heute noch, bei vierzehn Jahren, natürlich nur, wenn es sich um ein einvernehmliches Liebesverhältnis handelte. Und das war, wie Irmas Tagebuch belegt, eindeutig der Fall. Karl Kraus ist also aus dieser Beziehung kein strafrechtlicher Vorwurf zu machen – auch wenn aus heutiger Sicht natürlich ganz andere moralische Werte gelten.

Karl Kraus war auch sonst kein Kind von Traurigkeit, etliche Liebschaften, meist mit Schauspielerinnen, aber auch mit weiblichen Fans, die er durch Leserbriefe an die *Fackel*-Redaktion kennengelernt hatte, sind dokumentiert, von wirklicher Bedeutung war aber nur die langjährige Beziehung mit der böhmischen Baronin Sidonie von Nádherný, mit der er von 1913 bis zu seinem Tod im Jahr 1936 – mit längeren Unterbrechungen – liiert war, die er wirklich liebte und als einzige intellektuell ebenbürtige Partnerin anerkannte.

Wir wissen nicht, wann Kraus die Beziehung mit Irma Karczewska beendete, jedenfalls stellte er 1925 jeglichen Kontakt mit ihr ein. Ihr erst danach, in den Jahren 1930 bis 1932, geführtes Tagebuch dient der Erinnerung und als Anklage gegen Karl Kraus, dem sie den Verlust seiner Zuneigung und ihre Einsamkeit vorwirft – obwohl sie nach der Affäre noch drei Mal verheiratet war. Sie spricht ihn im Tagebuch mit dem Kosenamen »Hego« an, womit laut Kraus-

Literarische Zeitensprünge

Das Tagebuch der Irma Karczewska ist eine einzige Anklage gegen Karl Kraus, weil er sie verlassen hat.

Forschern das Wort »Herrgott« gemeint sein könnte. In ihrem Eintrag vom 17. Februar 1931 beklagt sie sich, dass Kraus sie nicht als seine Universalerbin eingesetzt habe (wie er es angeblich versprochen hatte).

Doch das Testament wäre ohnehin nie fällig geworden, denn Kraus überlebte Irma um drei Jahre. Sie nahm sich, nachdem ihr Tagebuch von immer schwerwiegender werdenden Depressionen zeugt, am 1. Jänner 1933 im Alter von 43 Jahren das Leben. Während sich Irmas Tagebuch schon seit den 1990er-Jahren im Besitz der Wienbibliothek im Rathaus befindet, wurden die 49 Briefe und Karten, die Karl Kraus an die Geliebte schrieb, erst im Jahr 2023 entdeckt und angekauft.

Thomas Manns Villa gerettet

Im kalifornischen Exil des Nobelpreisträgers

Im Jahr 2016 wurde am Stadtrand von Los Angeles eine elegante Villa zum Verkauf angeboten. Die Maklerin sprach nicht vom Gebäude oder gar dem berühmten Vorbesitzer, sondern nur vom prächtigen Grundstück nahe des Pazifischen Ozeans. Die Devise lautete: Abreißen und ein neues Haus hinstellen! Doch der geplante Immobiliendeal sprach sich bis nach Berlin herum, wo die Alarmglocken schrillten, weil man wusste, dass das vom Abbruch bedrohte Haus einem der bedeutendsten Schriftsteller des 20. Jahrhunderts gehört hatte. Zehn Jahre lang hat Thomas Mann hier gelebt. Sein Wohnsitz musste unbedingt gerettet werden.

Literarische Zeitensprünge

Der Literaturnobelpreisträger hatte das 6000 Quadratmeter große Grundstück am San Remo Drive in Pacific Palisades im Jahr 1940 gekauft und darauf ein Haus im Stil der kalifornischen Moderne bauen lassen. Thomas Mann, Ehefrau Katia und Tochter Erika, die in München in einer schönen alten Villa gelebt hatten, mussten sich umgewöhnen: »So wohnen wir nun in einem modernen Haus«, klagte Katia Mann. »Wir mögen es dennoch.«

Der weltberühmte Schriftsteller hatte Deutschland – ohne selbst jüdische Wurzeln zu haben – nach Hitlers Machtergreifung verlassen und war über die Schweiz in die USA emigriert. Als ihn nach seiner Ankunft ein Reporter der *New York Times* um eine Stellungnahme zur Lage in Deutschland bat, sprach er die legendären Worte: »Wo ich bin, ist Deutschland!«

Thomas Mann nahm vorerst eine Professur an der Princeton University im Bundesstaat New Jersey an, wo er über die selbst gewählten Themen *Faust,* Richard Wagner, Sigmund Freud und über seinen Roman *Der Zauberberg* sprach, ehe er nach Kalifornien zog. Hier errichtete der Architekt Julius Ralph Davidson die Seven Palms genannte Villa in Pacific Palisades, wobei der Schriftsteller selbst an der Planung mitarbeitete. Das Haus verfügte über fünf Schlafzimmer und – sein »Allerheiligstes« – ein Arbeitszimmer, in dem der Meister an einem gediegenen Schreibtisch u. a. seinen Roman *Doktor Faustus* schrieb.

Von der Inneneinrichtung ist nur das Bücherregal aus Massivholz übrig geblieben, alles andere wurde von den Manns mitgenommen oder von Nachbesitzern entsorgt. Auch die Bücher, die Thomas Mann in seiner Bibliothek hatte, sind nicht mehr da – sie wurden aber liebevoll nachgekauft, sodass heute die gleichen Bücher im Schrank des Arbeitszimmers stehen, wie Mann sie besessen und

Thomas Mann arbeitete selbst an der Planung des Hauses mit, das über fünf Schlaf- und ein Arbeitszimmer verfügte.

gelesen hat. Und natürlich finden sich hier auch Erstausgaben seiner eigenen Werke – von den *Buddenbrooks* über *Der Tod in Venedig* bis zum *Zauberberg*.

Thomas Manns Bücher waren auch in der Zeit des Exils internationale Bestseller, aber ganz sicher war er nicht, ob er sich das große Haus am Pazifik ohne Weiteres leisten könnte. Deshalb erklärte sich Agnes Meyer – eine Freundin der Familie und Mitbesitzerin der *Washington Post* – bereit, bei der Finanzierung behilflich zu sein, was dann aber doch nicht notwendig war. Thomas Mann verdiente vor allem durch Vorträge genug, um auch Emigranten finanziell unterstützen zu können. Und er war so angesehen, dass ihn Präsident Franklin D. Roosevelt im Weißen Haus empfing.

In Kalifornien zählten prominente Flüchtlinge zu seinem Freundeskreis, darunter die Schriftsteller Franz Werfel, Lion Feuchtwanger, Salka Viertel, Bert Brecht, der Philosoph Theodor W. Adorno, die Musiker Arnold Schönberg und Bruno Walter, die alle in seiner Nachbarschaft wohnten und bei ihm zu Gast waren. Mit Bruno Walter pflegte er die neuesten Grammophonplatten zu hören.

In Thomas Manns Arbeitszimmer am San Remo Drive entstanden auch die berühmten, an seine »Deutschen Hörer« gerichteten Radioreden. Er hat sie nicht nur geschrieben, sondern zum Teil auch selbst gesprochen. Während des Krieges von der BBC aufgenommen, wurden sie über Langwelle nach Deutschland gesendet. Thomas Mann ist in dieser Zeit politisch stark in Erscheinung getreten. Seine Radioreden hatten eine klare Mission: Sie benannten das Unrecht des Nationalsozialismus und appellierten an die »Verantwortung zu Menschlichkeit und Demokratie«.

Während des Krieges amerikanischer Staatsbürger geworden, übersiedelte Thomas Mann 1952 wieder in die Schweiz, wo er drei Jahre später achtzigjährig starb. Die USA hatte er verlassen, weil ihm in der McCarthy-Ära wie vielen anderen Künstlern – zu Unrecht – unterstellt wurde, Kommunist zu sein.

Zu den deutschen Politikern, die sich im Jahr 2016 für die Rettung des Thomas-Mann-Hauses einsetzten, zählt der frühere Außenminister Frank-Walter Steinmeier. Schließlich kaufte die Bundesrepublik das Anwesen um dreizehn Millionen Euro. Als die Villa als »Ort der Erinnerung an die Exilgeschichte und des kulturellen Austauschs« im Juni 2018 fertig renoviert war, ließ es sich Steinmeier in seiner neuen Funktion als Bundespräsident nicht nehmen, nach Los Angeles zu fliegen, um sie zu eröffnen.

»Wo ich bin, ist Deutschland«: Thomas Mann in Pacific Palisades.

Inzwischen ist das Haus zur Begegnungsstätte für Stipendiaten geworden: Ein Treffpunkt amerikanischer und europäischer Wissenschaftler und Studenten, die kulturelle und gesellschaftliche Themen erörtern und im Sinne Thomas Manns in die Zukunft führen.

Auch Frido Mann, ein Enkel von Thomas Mann, der seine Kindheit in dem Haus verbracht hat, kam zur Eröffnung. »Mein Großvater hat es bedauert, nach dem Krieg nach Europa zurückzukehren«, sagte er, »und er hat gehofft, sich eines Tages wieder in Kalifornien anzusiedeln. Doch das hat er leider nicht mehr erlebt.«

Andere Länder, andere Zeitensprünge

Andere Länder, andere Zeitensprünge

Die heimliche Hauptstadt der Welt
Wie aus Nieuw Amsterdam New York wurde

Ganze dreißig Familien waren es, die sich dort niederließen, wo heute die City von New York mit ihren knapp neun Millionen Einwohnern in den Himmel ragt. Zur Hauptstadt der USA hat sie es nicht gebracht, aber die heimliche Hauptstadt der Welt ist sie seit Langem schon.

Diese ersten dreißig Familien waren 1624 per Schiff aus Europa gekommen, um in der heutigen New York Bay zu landen. Da es vorwiegend Niederländer waren, nannten sie die Siedlung Nieuw Amsterdam. Die ersten Einwanderer lebten von Pelzhandel und

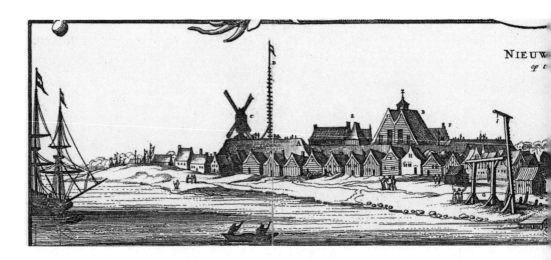

Ackerbau, wobei für die eigentliche Arbeit afrikanische Sklaven herangezogen wurden.

Doch die niederländische Ära sollte nicht lange dauern, denn bereits im Jahr 1664 eroberte der Herzog von York mit seinen Truppen die holländische Siedlung, erklärte sie für britisch und nannte sie in aller Bescheidenheit nach sich selbst: New York.

Wir sprechen von Manhattan, der Insel, die das Zentrum der Stadt bildet. Dass hier heute so viele Hochhäuser stehen, liegt daran, dass die Bevölkerung seit dem frühen 19. Jahrhundert durch Zuwanderung explosionsartig anstieg, die Fläche der Insel jedoch nicht erweitert werden kann. Da traf es sich gut, dass die City auf einer Felsschicht steht, die dem Gewicht der Kolossalbauten standhält. Allein das Empire State Building wiegt rund 330 000 Tonnen.

Genau da, wo sich heute das Zentrum des Big Apple befindet, erstreckte sich vor Jahrmillionen ein Gebirge, dessen extrem harte

Im Jahr 1624 von Niederländern als kleine Siedlung gegründet, hieß das heutige New York damals Nieuw Amsterdam.

Andere Länder, andere Zeitensprünge

Gesteinsreste das Fundament von New York bilden. Es ist wie geschaffen für die vielen Wolkenkratzer.

Das erste Hochhaus entstand 1902, als man in Wien noch vierstöckig baute. Es hat 21 Stockwerke, heißt Fuller Building, trägt jedoch den Spitznamen »Flat Iron«, weil es wie ein Bügeleisen aussieht. Ein früher Wolkenkratzer ist das 1930 im Art-déco-Stil erbaute, 77 Stock hohe Chrysler Building, das durch seinen zeitweiligen Miteigentümer René Benko auch in Europa für Aufsehen sorgte.

New York ist die Stadt der Rekorde. Alles ist höher, größer, lauter, spektakulärer und reicher. Nirgendwo sonst gibt es so viele Millionäre, aber auch so viele Obdachlose; das gleichförmige und dadurch gut überblickbare Straßennetz, das durch die City führt, misst 10 000 Kilometer, besitzt aber mit dem Central Park – einem der größten Parks der Welt – eine einzigartige grüne Lunge.

»The Big Apple« hat die besten Universitäten, Ärzte und Spitäler, aber weil man die Pandemie lange verharmlost hat, sind allein in New York City rund 40 000 Menschen am Coronavirus gestorben.

Schließlich schlief die Stadt, »die niemals schläft«, dank Covid-19 dann doch, und am Broadway musste der Spielbetrieb eingestellt werden. In der größten Theatermeile der Welt sind Hunderte Bühnen beheimatet, an denen einst Musicals wie *Anatevka* und *Chicago* uraufgeführt wurden, die von hier aus um die Welt gingen. Auch am Broadway herrschen Rekorde: *Das Phantom der Oper* erlebte in 35 Jahren 14 000 Aufführungen. Für den Film entdeckt wurden am Broadway spätere Hollywoodstars wie Groucho Marx, Katharine Hepburn, Marlon Brando, Grace Kelly und Robert Redford. Abseits des Broadways befinden sich die nicht minder bedeutende Carnegie Hall, die Radio City Music Hall und die Metropolitan Opera, kurz »Met«.

Die heimliche Hauptstadt der Welt

Am 8. Dezember 1980 kam es am Central Park zu einem Mordanschlag, der in aller Welt für Entsetzen sorgte: Ex-Beatle John Lennon wollte gegen 22.50 Uhr mit seiner Frau Yoko Ono das Dakota-Building, in dem das Ehepaar wohnte, betreten, als ein geistig verwirrter Attentäter auf ihn schoss. Lennon starb kurz danach im Roosevelt General Hospital.

The Dakota, errichtet um 1880, ist eines der exklusivsten Wohnhäuser Manhattans, aber mit sieben Stockwerken für hiesige Verhältnisse eher klein. Die meisten Wolkenkratzer entstanden ab den 1920er-Jahren, wobei jeder Neubau die Höhe des zuletzt gebauten übertrumpfen musste. 1931, bei der Eröffnung des 450 Meter hohen Empire State Buildings, dachte man, das absolute Maximum erreicht zu haben. Tatsächlich blieb der Baugigant mit 102 Stockwerken so lange der Gipfel der Skyline, bis er 1972 vom ersten Turm des World Trade Centers in den Schatten gestellt wurde. Nach 9/11 war dann wieder das »Empire« New Yorks höchstes Gebäude. Bis es 2014 neuerlich vom jetzt 541 Meter hohen One World Trade Center überflügelt wurde.

Apropos: Die Anschläge vom 11. September 2001 waren mit 3000 Toten und 6000 Verletzten die folgenschwerste Terrorkatastrophe in der Geschichte der USA. Doch die New Yorker hielten damals ihrer Stadt die Treue. Als man Woody Allen nach 9/11 fragte, ob er Manhattan jetzt verlassen würde, sagte er: »Niemals! Lieber werde ich von einer Rakete getroffen, als auf dem Land zu leben.«

New Yorks verhaltensauffälligster Bewohner ist wohl Donald Trump, dessen Trump Tower in der Fifth Avenue mit 58 Etagen der einhundertdrittgrößte Wolkenkratzer in New York ist.

Die prominenten Lagen bestimmen die Kauf- und Mietpreise in Manhattan. Das bislang teuerste Penthouse befindet sich am Cen-

Andere Länder, andere Zeitensprünge

tral Park und wechselte für 238 Millionen Dollar den Besitzer. Es ist 1600 Quadratmeter groß und liegt im 131. Stock.

Und damit zweifelsfrei in einem Wolkenkratzer. Als solche gelten Gebäude ab ca. fünfzig Stockwerken. In New York stehen 6000 Hochhäuser, von denen rund 600 Wolkenkratzer sind.

Die im Jahr 1624 in Nieuw Amsterdam einfallenden Niederländer waren übrigens nicht die Ersten, die sich hier niederließen, lebten doch bei ihrer Ankunft schon 15 000 Algonkin-Indianer in der Region. Einer Legende zufolge haben sie die Insel Manna-Hatta (= Hügelige Insel, heute Manhattan) für Glasperlen, Pelze und

Die heimliche Hauptstadt der Welt

Die Skyline von New York, der heimlichen Hauptstadt der Welt.

Gewürze im Wert von 24 Dollar an die Holländer verkauft. Streit und blutige Kämpfe mit den »wilden Indianern«, wie die Ureinwohner von den Europäern genannt wurden, standen bald an der Tagesordnung.

Mit der Unabhängigkeitserklärung vom 4. Juli 1776 entstanden die Vereinigten Staaten von Amerika, als deren Symbol die im New Yorker Hafen stehende Freiheitsstatue gilt. Sie zählt mit 93 Metern zu den höchsten Statuen der Welt.

Ausgerechnet im Jahr der Unabhängigkeit kam es in New York zum größten Brand seiner Geschichte, nachdem in der Taverne *Fighting Cocks* am 21. September 1776 ein Feuer ausbrach, das sich rapide ausbreitete. Während die Bewohner um ihr Leben liefen, brannte fast ein Viertel der Stadt ab. Seither ist New York die bestgeschützte Metropole der Welt: 11 000 Männer und Frauen der Berufsfeuerwehr stehen zum Einsatz bereit.

Kurz, von 1788 bis 1790, war New York doch noch die Hauptstadt der USA. In ihr wurde George Washington als erster Präsident vereidigt.

Doch New York ist – wie die gesamte Ostküste der Vereinigten Staaten – gefährdet, eines Tages im Atlantischen Ozean unterzugehen. Gründe sind der steigende Meeresspiegel und absinkende Landstriche. Den Straßen und Häusern von Manhattan droht im Jahr 2100 eine Überflutung bis zu eineinhalb Metern.

Als der Alkohol verboten war
Die Prohibition und der giftige Fusel

Es war ja gut gemeint, doch die Sache ging nach hinten los. In den USA wurde am Beginn der 1920er-Jahre jeglicher Alkoholkonsum verboten. Mit fatalen Folgen. Denn von da an besorgten sich die US-Amerikaner Schnaps, Whiskey und andere meist harte Getränke auf illegalem Weg, worauf der kriminelle Schwarzmarkt blühte und nicht wenige am selbst gebrannten Fusel starben.

Als der Alkohol verboten war

Die ersten Bundesstaaten hatten bereits am Beginn des 19. Jahrhunderts gefordert, dass Ausschank und Konsum von Alkohol jeglicher Art zu verbieten seien. Tatsächlich war das Schnapsproblem in den Vereinigten Staaten gewaltig. Männer versoffen in Bars und Kneipen ihr Geld, schlugen ihre Frauen und konnten am Tag danach nicht zur Arbeit gehen. Ein erwachsener US-Amerikaner trank damals neunzig Flaschen Schnaps im Jahr.

Es waren vor allem evangelikale Moralisten und christliche Frauenvereine, die mit der Gründung einer eigenen Prohibitionspartei das absolute Verbot des »Teufelszeugs« verlangten. Präsident Woodrow Wilson legte zwar ein Veto ein, wurde aber vom Kongress überstimmt, sodass am 16. Jänner 1920 der *National Prohibition Act* als Zusatz zur Verfassung in Kraft trat.

In den Monaten davor wurde in Amerika so viel getrunken wie noch nie, weil bis zum Beginn der geplanten Abstinenz Alkohol gekauft und konsumiert werden durfte.

Doch jetzt waren »Herstellung, Verkauf, Transport und Einfuhr berauschender Flüssigkeiten« untersagt – also nicht nur Hochprozentiges, sondern auch Bier und Wein. Das Gesetz war so streng angelegt, dass man etwa in den Bundesstaaten Kansas und Michigan schon nach dreimaligem Alkoholkonsum zu langjährigen Haftstrafen verurteilt werden konnte. Ausnahmen, Alkohol legal zu erwerben, gab es nur für religiöse und medizinische Zwecke.

Die Mafia war auf den Fall gut vorbereitet und hatte große Lager harter Getränke angelegt, die jetzt verbotenerweise und zu überhöhten Preisen an den Mann – und zuweilen auch an die Frau – gebracht wurden. Es gab aber auch illegale Brauereien und Destillerien, die giftigen Fusel erzeugten, durch den in den Jahren 1920 bis 1933 laut Schätzungen 10 000 Menschen gestorben sind.

Andere Länder, andere Zeitensprünge

Die Mafiabosse Lucky Luciano, Meyer Lansky und Al Capone eröffneten geheime, in Kellern oder Hinterhöfen versteckte Trinkstuben, in denen auch Prostitution und Glücksspiel blühten. Und sie verdienten auf diese Weise Millionen. Nicht wenige Polizisten und eigens ausgebildete »Prohibitionsagenten« kassierten Bestechungsgelder und verrieten dafür geplante Razzien, sodass Gäste und Alkoholika rechtzeitig aus verbotenen Lokalen verschwinden konnten. Frühere Bars und Restaurants wichen getarnten »Flüsterkneipen« (blind pigs), von denen es allein in New York mehr als 30 000 gab, die die hochprozentige Ware mithilfe von Schmugglerbanden meist aus Mexiko, Kuba und Kanada bezogen. Oder sie wurden in illegalen Schwarzbrennereien in den USA hergestellt.

Leichter als die »kleinen Leute« hatten es die Angehörigen der High Society, die ihren Durst auf diskreten Partys oder in verschwiegenen Clubs mit illegal eingeführtem Champagner löschten.

Auch unter den Profiteuren der Prohibition taucht ein berühmter Name auf: Joseph Kennedy, der Vater des späteren US-Präsidenten, baute sein Vermögen durch Alkoholschmuggel auf und legte damit die Grundlage für den immensen Reichtum des Kennedy-Clans. Der Patriarch hatte für diesen Zweck in Kanada – wo die Alkoholerzeugung legal war – eine Firma zur Herstellung alkoholischer Getränke gegründet, die er illegal in die USA exportierte.

Außerdem führte Joseph Kennedy Whiskey aus England für angeblich »medizinische Zwecke« ein und holte sich dafür mit seinen guten Kontakten in der Administration des damaligen US-Präsidenten Franklin D. Roosevelt eine Sondergenehmigung.

Je länger das Alkoholverbot andauerte, desto größer wurde der Widerstand in der Bevölkerung – auch unter harmlosen Bürgern, die hin und wieder ein Glas Wein oder Bier trinken wollten. Vor allem in den Großstädten sah man die Prohibition als Schikane an, die eher Kriminalität und Korruption förderte, als stille Zecher abstinent leben ließ. Allein in Chicago verdoppelte sich die Mordrate während der Prohibitionszeit.

Und auch die hohe Politik war plötzlich für das Ende der Prohibition, da sie erkannte, dass durch das Verbot beträchtliche Steuereinnahmen verloren gingen. Dies war besonders in den Jahren der Großen Depression und der Weltwirtschaftskrise ab 1929 spürbar.

Also beendete der Kongress am 5. Dezember 1933 nach knapp vierzehn Jahren die »trockenen Jahre«. Joseph Kennedy profitierte auch davon und machte mit dem Auslaufen der Prohibition wieder ein Vermögen, da nach der Legalisierung besonders große Mengen an Alkohol verlangt wurden, wofür er über genügend Vorräte verfügte.

Es gibt in den Südstaaten der USA heute noch vereinzelte »dry counties«, das sind Städte und Landkreise, in denen der Verkauf von Alkohol verboten ist. Zuwiderhandeln kann dort nach wie vor geahndet werden.

Robert Maxwells mysteriöser Tod
Der Medienmogul und sein rätselhaftes Sterben

Er war drauf und dran, der mächtigste Zeitungsverleger der Welt zu werden, ehe er auf mysteriöse, bis heute nicht restlos geklärte Weise ums Leben kam. Robert Maxwell hatte ganz klein, als Flüchtling ohne einen Cent in der Tasche, angefangen und es zeitweise zum reichsten Mann Großbritanniens gebracht. Allerdings, wie wir heute wissen, auf nicht immer ganz saubere Weise.

Robert Maxwell kam 1923 in einem tschechoslowakischen Bergdorf als Ján Ludvik Hoch zur Welt. Seine Eltern waren orthodoxe Juden und so arm, dass ihr Sohn erst mit sechs Jahren sein erstes Paar Schuhe bekam. Er besuchte nur drei Jahre eine Schule, beherrschte aber neun Sprachen. Seine Eltern, seine vier Geschwister und andere Familienmitglieder wurden im Holocaust ermordet. Ihm gelang als Siebzehnjährigem die Flucht ins Königreich Großbritannien, für das er nach dem Krieg als Presseoffizier der Militärregierung im besetzten Berlin arbeitete.

In dieser Position knüpfte er Kontakte zur Verlagsbranche und erwarb 1951 mit Krediten seinen ersten Verlag, der zur Basis für sein *Pergamon Press*-Imperium wurde. Mit den Gewinnen kaufte er einige der größten Boulevardzeitungen der Welt, darunter den britischen *Daily Mirror* und die *New York Daily News,* er gründete aber auch das Wochenblatt *The European,* für das er Peter Ustinov als ständigen Kolumnisten gewinnen konnte.

Neben Zeitungen erwarb Maxwell Druckereien, Fußballvereine, Fernsehsender und 1988 für 2,6 Milliarden US-Dollar einen weiteren Verlag. Nach dem Fall des Eisernen Vorhangs erreichte der Maxwell-Konzern durch Investitionen in Osteuropa mit weltweit 400 Firmen seine größte Ausdehnung. Jedoch hatte er sich dafür mit mehreren Milliarden verschuldet.

Lange führte der »linke« Robert Maxwell – er war sechs Jahre Abgeordneter der Labour Party im britischen Parlament – einen gnadenlosen Kampf gegen seinen konservativen Verlagskonkurrenten Rupert Murdoch, in dem es darum ging, wer das größte Medienimperium der Welt besitzen würde. Es war ein Kampf, den letztlich Murdoch mit Zeitungen wie *The Times, Sunday Times, The Sun, Wall Street Journal,* den Fernsehsendern *Fox News, Sky* und dem Filmstudio *20th Century Fox* gewinnen sollte. Der englische Bestsellerautor Jeffrey Archer nahm den Machtkampf der beiden Mediengiganten als Vorlage für seinen Roman *Imperium*.

Maxwell war seit 1945 mit seiner Frau Betty verheiratet, die ihr Leben der Erforschung des Holocaust widmete und mit sechzig Jahren noch ein Doktoratsstudium abschloss.

War es Mord? Suizid? Ein Unfall? Oder ein natürlicher Tod? Medienmogul Robert Maxwell starb am 5. November 1991.

Am 5. November 1991 wurde Robert Maxwell gegen halb fünf Uhr früh zum letzten Mal lebend gesehen – von einem Crewmitglied an Deck seiner fünfzehn Millionen Pfund teuren Yacht *Lady Ghislaine*, benannt nach der jüngsten Tochter unter seinen neun Kindern. Um elf Uhr wurde der 68-Jährige als abgängig gemeldet. Tatsächlich entdeckte ein Fischer am selben Tag noch den leblosen Körper des 120-Kilo-Mannes im Atlantischen Ozean, unweit von Teneriffa.

Andere Länder, andere Zeitensprünge

Die ganze Welt fragte sich damals: War es Mord? War es Suizid? War es ein Unfall? Oder ein natürlicher Tod?

Die Obduktion des Leichnams ergab, dass Robert Maxwell einem Herzinfarkt erlegen war. Doch blieb die Frage offen, ob er als Folge des Infarkts über die Reling gestürzt war oder ob das Herz durch einen Sturz ins eiskalte Wasser versagt hatte.

Bald tauchten Spekulationen um einen Suizid auf, als bekannt wurde, dass Maxwell wenige Monate vor seinem Tod beim Schweizer Bankverein einen Kredit über 56 Millionen Pfund aufgenommen hatte, und dass die von ihm angegebenen Sicherheiten nicht existierten. Die Bank setzte ihm deshalb eine Frist: Sollten die Schulden nicht bis zum 5. November 1991 beglichen sein, würde man vor Gericht gehen. Und der 5. November 1991 war der Tag, an dem Robert Maxwell starb.

Weitere Gerüchte besagten, er sei von arabischen Terroristen ermordet worden oder vom israelischen Geheimdienst Mossad, für den er angeblich gearbeitet hatte. Sämtliche Verschwörungstheorien wurden in Romanen und Biografien aufgearbeitet. Geklärt wurde sein Tod nie.

Robert Maxwells Witwe beteuerte in ihren Memoiren, dass ihr Mann nicht das »Monster« gewesen sei, als das er oft hingestellt wurde. Ja, er war ein Tyrann, er war eitel, untreu und er schikanierte seine Mitarbeiter. Aber er hatte auch eine andere Seite, lieferte dreißig Tonnen Lebensmittel an die hungernden Menschen in Äthiopien. Und half, dass 300 000 Juden die Ausreise aus der Sowjetunion ermöglicht wurde.

Endgültig ruiniert war sein Ruf jedoch, als nach seinem Tod bekannt wurde, dass Maxwell zur Begleichung von Schulden rund 460 Millionen Pfund aus dem Pensionsfonds seiner Mitarbeiter geplündert hatte, um sein vor dem Zusammenbruch stehendes Imperium zu retten. Der Staat musste einspringen, um wenigstens einen Teil der Altersvorsorgen zu gewährleisten.

Rund dreißig Jahre nach seinem Tod gelangte der Name Maxwell einmal mehr in die Schlagzeilen. Diesmal durch seine Lieblingstochter Ghislaine, die im Juni 2022 von einem New Yorker Gericht wegen schwerer Verbrechen verurteilt wurde. Man warf ihr vor, dem befreundeten Investmentbanker Jeffrey Epstein und anderen Männern minderjährige Mädchen zugespielt zu haben. Ghislaine Maxwell wurde zu zwanzig Jahren Haft verurteilt, die sie in einem Bundesgefängnis in Florida absitzt. Epstein hatte sich bereits 2019 in einer New Yorker Haftanstalt das Leben genommen.

Wer war Rasputin?
Er galt als Inbegriff des Bösen

Grigori Jefimowitsch Rasputin war ein einfacher Bauernsohn, der kaum lesen und schreiben konnte. Doch er verfügte über Talente, die ihn zu einem einflussreichen Mann im russischen Kaiserreich machten. Der bärtige Wandermönch brachte es zum Berater am Zarenhof, er schuf sich aber auch mächtige Feinde, die ihn schließlich ermordeten.

Rasputins atemberaubender Aufstieg begann, als er 1903 von Sibirien nach St. Petersburg übersiedelte, wo er sich in den Salons der feinen Gesellschaft einen Ruf als Wunderheiler erwarb. Seine Erfolge sprachen sich bis zu Alexandra, der Frau des Zaren, herum, die auf genau so jemanden gewartet hatte. Denn ihr Sohn, Zarewitsch Alexei, litt an der Bluterkrankheit, durch die in der damaligen Zeit die kleinste Wunde zum Tod führen konnte.

Im Jahr 1907 war es soweit, der dreijährige Thronfolger hatte sich beim Spielen im Park des Zarenpalasts am Bein verletzt und drohte zu verbluten. Da ließ die Zarin Rasputin kommen, worauf sich tatsächlich ein Wunder zu ereignen schien. Nachdem die Hofärzte den kleinen Alexei schon aufgegeben hatten, hörte die Wunde angeblich durch Gebete und Handauflegungen Rasputins zu bluten auf. Selbst die Ärzte konnten sich das nicht erklären.

Damit und mit verblüffenden Vorhersagen gelang es dem Bauernsohn, das Herz der Zarin zu erobern. Alexandra war dem Geistheiler verfallen, sie hielt ihn für einen Heiligen, hörte nur noch auf den Rat des Mannes, der 1869 in einem westsibirischen Dorf zur Welt gekommen und mit siebzehn Jahren als Wandermönch auf Pilgerfahrt gegangen war. Dass er ein halber Analphabet war, war nichts Außergewöhnliches, nur vier Prozent der sibirischen Bevölkerung konnten damals lesen und schreiben.

Nicht genug damit, dass er die Zarin mit mehreren Heilungen ihres stets gefährdeten Sohnes bezauberte, versorgte Rasputin den Zaren mit politischem Rat, warnte ihn vor Kriegen, nahm Einfluss auf Postenbesetzungen, darunter Minister und Bischöfe.

Das Volk konnte sich die Präsenz des ungehobelten Bauern am Hof von Zar Nikolaus II. nicht erklären – schon weil Alexeis Bluterkrankheit geheim gehalten wurde und daher niemand den Grund für Rasputins herrschaftliche Kontakte kannte. Das und sein oft seltsames Verhalten führten zu Klatsch und Tratsch über das ausschweifende Leben, insbesondere das Sexualleben des Wundertäters mit hochgestellten Damen am kaiserlichen Hof, angeblich sogar mit der Zarin. Als die Gerüchte immer heftiger wurden, wurde Rasputin von Zar Nikolaus des Hofs verwiesen, worauf er sich mit der Zarin heimlich im Haus einer Hofdame traf, was die Gerüchte weiter anfeuerte. Den Zarenpalast durfte Rasputin nur noch betreten, wenn das Leben des Thronfolgers in Gefahr war.

Die Zarin war dem Geistheiler verfallen und hielt ihn für einen Heiligen: Rasputin, der Bauernsohn aus Sibirien.

Man beschrieb den russisch-orthodoxen Mönch als einen Mann von »hoher, muskulöser Figur mit tief liegenden, fast erschreckenden Augen, einer engen Stirn, wirrem Haar und ungepflegtem Bart«. Es umgab ihn etwas Geheimnisvolles, das die einen überraschte und andere in seinen Bann zog. Man sagte Rasputin nach, Frauen missbraucht zu haben, doch vermuten Historiker mittlerweile, dass derartige Gerüchte von Bolschewiken erfunden wurden, um dem Zaren zu schaden.

Andere Länder, andere Zeitensprünge

Sein (meist überschätzter) Einfluss auf Nikolaus II. führte dazu, dass sich Rasputin mächtige Feinde schuf, darunter Hofdamen, Prediger, Ärzte und Wunderheiler, die nicht so erfolgreich waren wie er. Beim ersten Mordanschlag, der 1910 auf ihn verübt wurde, versuchte man, ihn mit einem Auto zu überfahren. Vier Jahre später wurde er bei einem Attentat in seinem Geburtsort Pokrowskoje von einer Frau niedergestochen und lebensgefährlich verletzt, wovon er sich nie ganz erholte. Rasputin trank nun Unmengen Alkohol, verkehrte mit Prostituierten, lief aber gleichzeitig – was seine Vorhersagen betraf – zur Höchstform auf. Seine spektakulären Prophezeiungen aus dem Jahr 1916 trafen alle ein:

- der Zusammenbruch des russischen Kaiserreichs,
- der Tod der Zarenfamilie
- und sein eigener Tod.

Russland hatte im zweiten Jahr des Ersten Weltkriegs Millionen Tote, Verwundete und Hungernde zu beklagen, wofür viele Rasputin die Schuld gaben, weil er mit seinem Einfluss auf den Zaren dazu beigetragen hätte. Manche behaupteten, er hätte die eigentliche Herrschaft im Zarenreich übernommen, was aber Regierung und Duma, das russische Parlament, in die Welt gesetzt hatten, um von eigenen Fehlern abzulenken.

Am 30. Dezember 1916 wurde der 47-jährige Rasputin in den St. Petersburger Palast des Fürsten Felix Jussupow gelockt und dort von Mitgliedern der Zarenfamilie Romanow und deren Komplizen getötet. Wie genau ist nicht bekannt, da eine polizeiliche Untersuchung der Tat vom Zaren untersagt wurde. Nikolaus II. hat Rasputin nicht lange überlebt, er wurde drei Monate später, im März 1917 infolge der Februarrevolution gestürzt und am 17. Juli 1918 mit seiner Familie von den Bolschewiken hingerichtet.

Rasputin galt in seiner Zeit als Inbegriff des Bösen. In zumindest einem Punkt hatte er sicherlich recht: Er riet dem Zaren immer und immer wieder davon ab, dass Russland sich am Krieg beteilige. Vergeblich.

Der Hofmaler des Schah
Professor Sadjadi im Wiener Exil

Er führte mich durch sein großes, direkt hinter dem Stephansdom gelegenes Atelier, an dessen Wänden die unterschiedlichsten Bilder hingen: Landschaftsaquarelle, ein alter iranischer Bauer, ein Stillleben. Doch die meisten seiner Werke waren Porträts des Schah von Persien: der Schah in jungen Jahren, der Schah en face, der Schah im Profil, dann ein paar Zeichnungen der Kaiserin Farah Diba, ein Bild vom kleinen Kronprinzen Reza. Aber auch Bilder prominenter Politiker aus anderen Teilen der Welt, die ihm alle Modell gesessen waren. Während er mir bei dem kleinen Rundgang durch sein Atelier die Bilder erklärte, servierte Professor Mahdi Sadjadi Pistazien und persischen Tee.

»Seine Kaiserliche Hoheit der Schah ist durch zwei Ausstellungen auf mich aufmerksam geworden und hat mich 1953 zu seinem Hofmaler ernannt«, begann Sadjadi seine Lebensgeschichte zu erzählen. Der Schah hatte aber noch mehr mit ihm vor. »Er wollte, dass ich der persischen Kultur in Europa zu Ansehen verhelfe und schickte mich als Kulturattaché nach Wien.«

Daneben blieb er Hofmaler. In Wien entstanden rund 150 Porträts des Kaisers und seiner Familie, die nach Teheran gebracht und dort in Palästen, Regierungsgebäuden und im Senat aufgehängt wurden.

Mahdi Sadjadi, 1913 als Sohn eines Dichters und Kleingrundbesitzers in der mittelpersischen Stadt Mashat zur Welt gekommen, reiste von Wien aus immer dann nach Persien, wenn der Schah Zeit fand, ihm Modell zu sitzen. »Aufgrund der langjährigen Übung konnte ich ihn auch ›auswendig‹ malen. Ich hatte seine Züge schon so im Griff, dass ich praktisch keine Vorlage mehr brauchte. Aber es war natürlich schöner, wenn ich ihn in natura vor mir hatte.«

Dass er den Beruf des Malers in seiner Heimat überhaupt erlernen konnte, sei der Familie des Schah zu verdanken, sagte Sadjadi, »denn im Islam war die Nachbildung des menschlichen Antlitzes lange verpönt gewesen, erst die Dynastie der Pahlavis hatte die Porträtkunst in Persien gefördert«.

Im Jahr 1969 entstand in seinem Wiener Atelier das größte Ölbild des Schah. Es zeigte ihn und Farah Diba in Lebensgröße. Der Transport nach Teheran kostete 6000 Schilling, dort wurde es im Kaisersalon des Senats aufgehängt.

»Der Schah war ein kunstsinniger Mann, ihm konnte man nichts vormachen. Wenn ich einen Knopf nicht ganz korrekt gezeichnet habe, hat er das sofort bemerkt.« Und der Schah sei auch ein kluger Mann gewesen, »der aber sein Volk zu wenig verstanden und auf die falschen Leute gehört hat«. Dass der selbst ernannte Kaiser den Iran mit Blut an den Händen regierte, jede Art von Opposition und Widerstand von seiner berüchtigten Geheimpolizei Savak

Konnte den Schah und dessen Familie »auswendig« malen: Reza Pahlavis Hofmaler Mahdi Sadjadi, 1974 in seinem Wiener Atelier.

brutal unterdrücken und religiöse Strömungen verfolgen ließ, kehrte Professor Sadjadi in seinen verklärten Erinnerungen ebenso unter den Teppich wie die Verhaftung, Folter und Ermordung zahlreicher Schah-Gegner.

So kam es 1979 zu Reza Pahlavis Sturz, der natürlich auch zum abrupten Ende von Sadjadis Position als Attaché und Hofmaler führte. »Im Zuge der Revolution wurden alle Porträts von den Wän-

Andere Länder, andere Zeitensprünge

den der kaiserlichen Paläste gerissen und öffentlich verbrannt. Meine Arbeit von Jahrzehnten war innerhalb weniger Stunden vernichtet.«

Nach der blutigen Machtübernahme durch die Mullahs und Ayatollahs suchte Sadjadi um die österreichische Staatsbürgerschaft an. Und da er längst auch in Wien zum »Hofmaler« der Prominenz geworden war, bekam er sie bald. Immerhin zählten hier die Bundespräsidenten Schärf, Jonas, Kirchschläger und Waldheim ebenso zu seiner »Kundschaft« wie die Kanzler Figl und Raab. In Bonn saß ihm Konrad Adenauer Modell, in London Winston Churchill, und im Weißen Haus hing Sadjadis Porträt von Ronald Reagan.

Der mit einer Österreicherin verheiratete Maler blieb nach der Islamischen Revolution in Wien, wurde Professor an der Kunstakademie und war weiterhin als gefragter Porträtmaler tätig. Solange er lebte, dachte er mit Wehmut an seine »verlorene Heimat« Persien zurück. Mahdi Sadjadi starb im Mai 2013 im Alter von hundert Jahren in Wien.

Friedhöfliche Zeitensprünge

Friedhöfliche Zeitensprünge

Letzte Ruhe am Hietzinger Friedhof
Von Grillparzer bis Heinz Conrads

Halb Wien war auf den Beinen, als die sterblichen Überreste des damals populärsten Österreichers in einer Prunkkutsche von vier Schimmeln zu seiner letzten Ruhestätte gezogen wurden. Es war Heinz Conrads, dem man am Hietzinger Friedhof die letzte Ehre erwies. Abgesehen vom Zentralfriedhof haben auf keiner anderen Grabstätte so viele Prominente ihren Frieden gefunden. Wenn man sich's aussuchen könnt', möchte man hier, in Alt-Hietzing, benachbart zum Schönbrunner Schlosspark, in einem der rund 12 000 Gräber in sanft hügeliger Landschaft begraben sein.

Die erste »schöne Leich«, wie man die prominenten Toten in Wien gerne nennt, am Hietzinger Friedhof gehört Österreichs Nationaldichter Franz Grillparzer. Der Schöpfer großer Dramen war sein Leben lang mit dem Tod konfrontiert. Während er 1817 für das Burgtheater in seiner Wohnung auf der Freyung das Drama *Sappho* schrieb, nahm sich sein jüngster Bruder Adolf im Nebenzimmer das Leben. Zwei Jahre später erhängte sich seine mit ihm im selben Haushalt lebende Mutter, die unter Depressionen litt.

Der dichtende Hofrat war nie verheiratet und blieb der lebenslange Verlobte seiner Jugendliebe Katharina »Kathi« Fröhlich. Mit ihr und ihren drei Schwestern bewohnte er zuletzt eine Wohnung in der Spiegelgasse, in der er am 21. Jänner 1872 im Alter von 81 Jahren starb. Er hinterließ den Schwestern Fröhlich seinen gesamten Besitz, darunter den literarischen Nachlass, den diese der Stadt Wien vermachten. Das Grab der Schwestern Fröhlich liegt ebenfalls am Hietzinger Friedhof, in direkter Nachbarschaft zu dem des Nationaldichters.

Im Jahr 1918 wurde nicht nur die alte Habsburgermonarchie zu Grabe getragen, es starben auch einige ihrer bedeutenden Persönlichkeiten, darunter der Politiker Victor Adler, der Volksschauspieler Alexander Girardi, der Schriftsteller Peter Rosegger, die Maler Egon Schiele, Kolo Moser und Gustav Klimt. Die beiden Letzteren sind ebenfalls in Hietzing begraben.

Fanden ihre letzte Ruhe am Hietzinger Friedhof: Grillparzer und Klimt.

Friedhöfliche Zeitensprünge

Klimts Geliebte Mizzi Zimmermann hat dem weltberühmten Maler zwei Söhne geschenkt und ihn um fast sechzig Jahre überlebt. Kurz bevor sie 1975 starb, erzählte sie auf Tonband aus ihrem Leben an der Seite von Gustav Klimt. Und sie sprach auch über den Tod des mit 55 Jahren dahingegangenen Genies: »Klimt ist am 11. Jänner 1918 in der Früh aufgestanden, will sich anziehen, fällt hin. Wie seine Schwester ins Zimmer kommt, lag er regungslos am Boden, es war ein Schlaganfall. Gestorben ist er am 6. Februar 1918 um 6 Uhr Früh im Allgemeinen Krankenhaus.«

Auch Otto Wagner, der wichtigste Architekt der Wiener Moderne, starb 1918, auch er wurde in Hietzing bestattet. Er hatte mit seiner zweiten Frau Louise die Liebe seines Lebens gefunden. Umso tragischer war es, dass die um achtzehn Jahre Jüngere vor ihm starb. Wagner lebte nach ihrem Tod zurückgezogen und schrieb ihr, wie zu ihren Lebzeiten, jeden Tag einen Brief. Er starb drei Jahre nach ihr, 76-jährig, und fand in der von ihm entworfenen Familiengruft seine letzte Ruhe. Natürlich an der Seite seiner Frau.

Je älter Katharina Schratt wurde, desto näher fühlte sie sich dem Kaiser, dem sie bis zuletzt mehrmals in der Woche in der Kapuzinergruft ihre Reverenz erwies. Die Hofschauspielerin überlebte Kaiser Franz Joseph um 23 Jahre, ehe sie am 17. April 1940 für immer ihre Augen schloss. Sie war – wie auch der Kaiser – 86 Jahre alt geworden.

Die »Gnädige Frau« lebte zuletzt in einer Epoche, die nicht mehr die ihre war. Sie gehörte ins Wien der Donaumonarchie und nicht in eine Zeit, in der ein Hitler herrschte, den sie zutiefst verachtete. Sie wurde am 22. April 1940 am Hietzinger Friedhof begraben, nur wenige Schritte von ihrer Villa in der Gloriettegasse entfernt, in der sie Franz Joseph jahrzehntelang zum Frühstück empfangen hatte.

Freundin des Kaisers und König des Publikums: Katharina Schratt, verehelichte Kiss, Heinz Conrads.

Der erste Hinweis auf die Existenz eines Gottesackers in Hietzing ist ein Friedhofskreuz aus dem Jahr 1619, später wurde der Friedhof durch Grundstücksankäufe mehrfach vergrößert, sodass er heute fast 100 000 Quadratmeter groß, aber immer noch einer der kleineren Friedhöfe Wiens ist. Durch die prachtvolle Lage und die Prominentengräber wird er gerne als Nobelfriedhof bezeichnet.

Heinz Conrads, dessen letzte Sendung *Guten Abend am Samstag* eben erst ausgestrahlt worden war, erlitt im März 1986 während der Seelenmesse für eine Bekannte einen schweren Herzinfarkt. Der Mann, der sich Woche für Woche zu seinen »Kranken und Einsamen« setzte, wurde auf die Intensivstation des AKH gebracht, wo er sich zunächst zu erholen schien.

Friedhöfliche Zeitensprünge

Doch dann verschlimmerte sich sein Zustand plötzlich, und am 9. April, kurz vor sieben Uhr früh, hörte das Herz des 72-Jährigen zu schlagen auf. Eine Stunde später meldete der ORF bereits den Tod seines berühmtesten Radio- und Fernsehmoderators.

Der ursprünglich vorgesehene Termin für das Conrads-Begräbnis wurde um einige Tage verschoben, da das britische Thronfolgerpaar Charles und Diana gerade in Wien weilte.

Tausende Wiener nahmen dann am 17. April 1986 Abschied von Heinz Conrads, dessen Sarg in einem 200 Jahre alten pferdebespannten Leichenwagen durch die Maxingstraße hinauf zum Hietzinger Friedhof gezogen wurde.

Wenige Wochen nach dem Begräbnis sprach Erika Conrads, die Witwe des Publikumslieblings, in einem Interview seinen Fans aus der Seele: »Viele einsame Menschen haben durch den Tod meines Mannes den einzigen Gesprächspartner verloren. Für sie ist er, wie für mich, unersetzlich.«

Der 78-jährige Gottfried von Einem komponierte gerade ein Streichtrio, als er auf der Terrasse seines Waldviertler Landhauses in Oberdürnbach stürzte. Da er sich geschwächt fühlte, brachte ihn seine Frau Lotte Ingrisch zu Bett, wo er in ein Koma fiel, aus dem er nicht mehr erwachte. Das war am 12. Juli 1996. Ihr Leben lang mit übersinnlichen Phänomenen beschäftigt, blieb die Schriftstellerin auch nach seinem Tod mit ihrem Mann in »Kontakt« und brachte 1997 ein Buch über *Meine Jenseitsgespräche mit Gottfried von Einem* heraus, in dem er sie wissen ließ, dass er jetzt »beides zugleich sei: lebendig und tot«.

Lotte Ingrisch starb fast auf den Tag genau 26 Jahre nach ihrem Mann, am 14. Juli 2022, ebenfalls nach einem Sturz, mit 92 Jahren in Wien. Das Ehepaar fand sich im Familiengrab am Hietzinger

Friedhof wieder, in dem auch sein Sohn aus erster Ehe, der 2021 verstorbene ehemalige Innen- und Wissenschaftsminister Caspar Einem, zur letzten Ruhe gelangt war.

In weiteren Gräbern in Hietzing verweilen die Tänzerin Fanny Elßler, der Komponist Alban Berg, der Erfinder Carl Auer von Welsbach, der Schriftsteller Alexander Lernet-Holenia, der Opernsänger Anton Dermota, die Schauspieler Rudolf Prack, Marte Harell, Hans Jaray, Peter Matić, Klaus Wildbolz, der Architekt Hans Hollein, der ORF-Anchorman Robert Hochner, die Fußballer Gerhard Hanappi und Joschi Walter, der Meeresbiologe Hans Hass …

Man befindet sich also in bester Gesellschaft, am Hietzinger Friedhof.

»A schene Leich, mit Schnops und Pomfineberer«
Kurt Sowinetz am Döblinger Friedhof

Fast ist man geneigt zu sagen: Hier lässt sich's leben, so nobel sind die marmornen Gruften und Gräber auch am Döblinger Friedhof, auf dem ebenfalls jede Menge Prominenz bestattet ist. Darunter ein ehemaliger Bundespräsident, ein Burgtheaterdirektor, berühmte Schauspieler, Ärzte, ein Maler und Theodor Herzl, der »Vater des Staates Israel«.

Doch so einfach ist die Sache nicht. Theodor Herzl ist am 3. Juli 1904 mit nur 44 Jahren in der Kuranstalt von Edlach an der Rax einem Herzschlag erlegen. Er wurde drei Tage später hier, am Döblinger Friedhof, beerdigt, fand seine letzte Ruhe aber auf dem nach ihm benannten Herzlberg in Jerusalem, wohin seine sterblichen Überreste im Jahr 1949, nach Gründung des Staates Israel, überführt wurden. Der ursprüngliche Grabstein steht jedoch nach wie vor am Döblinger Friedhof.

In der Präsidentengruft am Zentralfriedhof zu ruhen, ist den Staatsoberhäuptern der Zweiten Republik vorbehalten. Wilhelm Miklas, der erste Mann im Staat während des Dollfuß- und Schuschnigg-Regimes, fand seinen Frieden jedoch in Döbling. In den Geschichtsbüchern nimmt er eine zwiespältige Rolle ein, da er einerseits »Hitlers Marionette« Arthur Seyß-Inquart zum Bundeskanzler ernannte, sich aber andererseits weigerte, das »Anschlussgesetz« der Nationalsozialisten zu unterzeichnen. Der ehemalige Gymnasialdirektor starb 1956 mit 83 Jahren.

Der 1991 verstorbene und ebenfalls in Döbling begrabene Kurt Sowinetz bleibt als Schauspieler und Wienerliedsänger unvergessen. Mit dem Tod hat er sich früh beschäftigt, etwa als er in dem Lied *Himmel, Fegefeuer, Höll* seine Vorstellung vom Himmelreich besang:

A Wiatshaus, des die Ewigkeit net zuaspead,
A Tröpferlbad, wos Bia im Preis dazuaghead,
A fesche Kotz, des haaßt a resche Wienerin,
A Wohnung in Koteesch, nua mit Bedienerin,
A Auto, wosd an umscheibst ohne Schepperer,
A schene Leich, mit Schnops und Pomfineberer,
A Fremda, dea aufs Weana Schmähfian steht,
A Amt, wo ausnahmsweis die Heh knian geht ...

Josef Kainz galt im frühen 20. Jahrhundert als bedeutendster Schauspieler deutscher Zunge. Doch sein Leben war kurz, und der

»A schene Leich, mit Schnops und Pomfineberer«

Arzt verschwieg ihm bei seiner letzten Untersuchung, dass er dem Tode geweiht war. Der Mediziner kniff die Augen zusammen und rief ein unhörbares »Oh Gott« aus. Da war dem 52-jährigen Burgtheaterstar klar, dass sich sein Leben dem Ende zuneigte, denn einem großen Menschendarsteller wie Kainz konnte man nichts vorspielen.

Seine letzten Tage verbrachte er im September 1910 im Sanatorium Löw in der Mariannengasse. Dutzende Journalisten fanden sich dort ein und warteten förmlich auf den Tod des Hochverehrten. Der Chefredakteur der *Neuen Freien Presse* hatte dem Reporter Adalbert Felsenburg sogar mit fristloser Entlassung gedroht, sollte ein anderer Journalist die Nachricht von Kainz' Tod früher melden als er.

Schauspielgrößen aus unterschiedlichen Epochen: Josef Kainz, Kurt Sowinetz.

Friedhöfliche Zeitensprünge

Auf dem Friedhof in Döbling, dem Nobelbezirk am Stadtrand von Wien, sind auch der Maler Wolfgang Hutter und die Schauspieler Richard Eybner, Heinz Moog, Kurt Heintel und Susi Nicoletti begraben. Die Nicoletti hatte noch mit 74 Jahren Aufsehen erregt, als sie das Burgtheater aus Protest gegen die Direktion Claus Peymann verließ. Sie starb 2005 mit 86 Jahren nach einer Herzoperation im Wiener AKH.

Ihr Mann Ernst Haeusserman hatte bereits zwanzig Jahre vor ihr die letzte Ruhe gefunden. Als der für seine Schlagfertigkeit bekannte Ex-Burgtheaterdirektor 1983 am Begräbnis des Salzburger Festspielpräsidenten Josef Kaut teilnahm, rief der Priester die Trauergemeinde dazu auf, »auch für denjenigen zu beten, den Gott als Nächsten zu sich berufen werde«.

»Und bei diesen Worten«, scherzte Haeusserman, »hat mich der Pfarrer so eigenartig angeschaut.«

Es war nur eine seiner vielen Pointen, doch ein Jahr später war er tatsächlich tot, Haeusserman war »als Nächster abberufen« worden. Mittlerweile sind er und Susi Nicoletti im Döblinger Familiengrab beigesetzt.

Wenn man sich ein wenig intensiver auf die Suche begibt, findet man hier auch die Gräber des prominenten Unfallchirurgen Lorenz Böhler und des Internisten Karl Fellinger. Der als »Arzt der Könige« bekannte Fellinger zählte König Ibn Saud von Saudi-Arabien und den Schah von Persien zu seinen Patienten, denen er einen ebenso effizienten wie eigenwilligen Rat erteilte. Auf die Frage, wie man leben müsse, um alt zu werden und dabei gesund zu bleiben, sagte der Professor: »Kirchen von innen, Gasthäuser von außen, Berge von unten.«

Er selbst richtete sich offenbar danach und das mit Erfolg. Denn Fellinger ordinierte mit über neunzig Jahren noch in dem von ihm geleiteten Rudolfinerhaus. Dort ist er im November 2000, fast 97 Jahre alt, gestorben.

Ursprünglich waren auch Johann Strauss Vater und Josef Lanner, die Schöpfer des Wiener Walzers, am Döblinger Friedhof begraben. Der lag damals aber nicht an seinem heutigen Platz in der Hartäckerstraße, sondern ein paar Hundert Meter entfernt, in der Grinzinger Allee. Die erbitterten Konkurrenten Strauss und Lanner wurden nur 45 bzw. 42 Jahre alt. Ihre sterblichen Überreste wurden 1904 exhumiert und in Ehrengräbern am Zentralfriedhof bestattet.

An ihre einstigen Gräber am alten Döblinger Friedhof erinnert heute der Strauß-Lanner-Park mit Denkmälern der beiden Musikgenies.

Das versteckte Grab des Dichters
Die Stars vom Grinzinger Friedhof

Viele Berühmtheiten haben in Grinzing gelebt, dementsprechend viele sind hier gestorben – und begraben. Gleich ums Eck, in der Paul-Ehrlich-Gasse, hat Peter Alexander gewohnt. An seinem Grabstein, auf dem schlicht »Familie Neumayer« steht, würde man beinahe vorübergehen. Der Publikumsliebling ist 2011 seiner Frau und seiner Tochter in den Tod gefolgt. Das frühe Ableben seines Sohnes musste er nicht mehr erleben.

Der einst so strahlende Künstlername Peter Alexander ist klein und bescheiden in den Stein gemeißelt. Der Entertainer hat schon zu Lebzeiten jeden Trubel um seine Person gemieden.

Friedhöfliche Zeitensprünge

Ebenfalls nahe dem Friedhof, in der Himmelstraße, lebte das Ehepaar Attila Hörbiger–Paula Wessely. Als er 1987 mit 91 Jahren starb, sagte sie: »Ich hoffe im Jenseits all den Menschen, die ich geliebt habe, wieder zu begegnen.« Ihr eigenes Begräbnis im Jahr 2000 hatte sie selbst minutiös geplant: welcher Priester die Einsegnung vornehmen und welche Musik gespielt werden sollte. Und sie hat es sich verbeten, dass ihr Sarg – wie bei Ehrenmitgliedern des Burgtheaters üblich – um das Bühnenhaus getragen wird.

Am ungleich größeren Zentralfriedhof sind mit Leopold Figl, Julius Raab, Bruno Kreisky und Brigitte Bierlein gleich vier Bundeskanzler vereint. Josef Klaus wollte es anders. Er lebte in sei-

Sie wohnten in unmittelbarer Nähe des Grinzinger Friedhofs: das Ehepaar Paula Wessely–Attila Hörbiger und Peter Alexander mit Familie Neumayer.

Das versteckte Grab des Dichters

nen letzten Jahren im Seniorenwohnheim der Wiener Kaufmannschaft nahe des Grinzinger Friedhofs, in dem er 2001, nach seinem Tod mit neunzig Jahren, begraben wurde. An seinem Todestag wird von der Volkspartei immer noch jedes Jahr ein Kranz hinterlegt.

Während am Zentralfriedhof ein Ehrengrab an das andere gereiht ist, herrscht in Grinzing – wie auch in Hietzing und in Döbling – keine derartige Rangordnung, dort ruhen die Prominenten über den ganzen Friedhof verteilt und sind somit nicht ganz leicht zu finden. Ein schlichtes Metallkreuz erinnert an den 1989 verstorbenen Thomas Bernhard, auf den lange Zeit kein sichtbares Namensschild hinwies, weil das Grab für Friedhofsbesucher versteckt bleiben sollte – wie der Schriftsteller ja auch verfügt hatte, dass seine Stücke nach seinem Tod in Österreich nicht mehr aufgeführt werden dürfen. Beide Wünsche wurden nicht erfüllt: Bernhards Stücke werden bekanntlich gespielt, und da zahllose Menschen immer wieder nach seiner Ruhestätte fragten, hat die Friedhofsverwaltung am Fuße seines Grabes doch noch eine Tafel mit seinem Namen angebracht.

Was Beethoven für den Zentralfriedhof, ist Gustav Mahler für Grinzing: der große Anziehungspunkt für Besucher aus aller Welt. Als der Komponist 1911 mit fünfzig Jahren an einer Herzschwäche verstorben war, entwarf der berühmte Architekt Josef Hoffmann den Grabstein. Mahler ruht an der Seite seiner im Alter von vier Jahren verschiedenen Tochter Anna, und nur wenige Schritte entfernt von der Ruhestätte seiner Frau Alma Mahler-Werfel. Sie starb 1964 in New York und ließ ihre sterblichen Überreste nach Wien überführen. Ihr dritter und letzter Ehemann Franz Werfel wurde am Zentralfriedhof begraben.

Friedhöfliche Zeitensprünge

Gustav Mahlers Grabstein ist nur wenige Schritte entfernt von dem seiner Alma.

Die ersten Bestattungen im alten Teil des Grinzinger Friedhofs erfolgten im Pestjahr 1713, der neue Teil entstand 1829. Auch dieser Friedhof gilt als eine der schönsten Ruhestätten Wiens und beherbergt rund 5000 Gräber, davon weit mehr als hundert Prominenten- und ehrenhalber gewidmete Gräber.

Auch die Damen Christl Schönfeldt und Lotte Tobisch ruhen in Grinzing in trauter Nachbarschaft. Dabei konnten sie einander zu Lebzeiten nicht ausstehen. So sagte die Tobisch, die der Schönfeldt 1981 als Opernballorganisatorin gefolgt war, spitz: »Sie hat den Opernball in den Fünfzigerjahren glänzend organisiert, aber sie hat nicht zur Kenntnis nehmen wollen, dass die Zeiten nach einem Vierteljahrhundert andere geworden sind.« Die Damen haben bis zu Schönfeldts Tod im Jahr 2013 kein Wort mehr miteinander gewechselt.

Das versteckte Grab des Dichters

Der Grabstein, in den »Lotte Tobisch von Labotyn« eingraviert ist, erzählt die diffizile Geschichte ihres Lebens: Sie hatte sich als 22-jährige Schauspielerin in den um 37 Jahre älteren Dramaturgen Erhard Buschbeck verliebt, doch als der Direktor des Burgtheaters wurde, musste sie es verlassen: »Direktor und Schauspielerin an einem Theater, das war damals unmöglich.« Er starb 1960, womit für sie sowohl die große Liebe als auch die große Schauspielkarriere auf der Strecke geblieben sind. In ihrem gemeinsamen Grab am Grinzinger Friedhof haben sie einander wiedergefunden. Nach fast sechzig Jahren!

Ebenfalls in Grinzing sind die Architekten August Sicard von Sicardsburg (Staatsoper), Heinrich Ferstel (Votivkirche) und Gustav »Ironimus« Peichl begraben. Weiters die Journalisten Hans Dichand und Alfons Dalma, der Schriftsteller Heimito von Doderer, der Kabarettist Martin Flossmann sowie die Schauspieler Raoul Aslan, Ida Krottendorf, Ernst Meister und Helmuth Lohner.

Inmitten all der Prominenz ruht auch derjenige, der jahrzehntelang über sie berichtete: der 2015 verstorbene »Adabei« Roman Schliesser*.

---

* Roman Schliesser siehe auch die Seiten 230–237

Zeitensprünge nach Hollywood

»My Way«
Frankieboy und die Mafia

Das habe ich befürchtet: einmal ein kritisches Kapitel über eines meiner Idole schreiben zu müssen. Wenn ich schlecht gelaunt bin, werfe ich Frank Sinatra in den CD-Player, und spätestens nach *My Way* oder *Strangers in the Night* geht's mir wieder besser. Aber es hilft nichts: Die Kontakte des unerreichten Showstars zur Cosa Nostra sind evident.

Wenn man erfährt, dass die Mafia Sinatras Karriere überhaupt erst ermöglichte, fragt man sich unweigerlich: Wozu brauchte ein Mann mit dieser Stimme die Hilfe einer kriminellen Organisation? Der musste sich doch nur hinstellen und *That's Life* singen.

Freilich hat sich in seinen Anfängen niemand für den schmächtigen Burschen, der unbedingt Sänger werden wollte, interessiert. Mit einer Ausnahme: Mafiaboss Lucky Luciano, der aus demselben sizilianischen Dorf stammte wie Sinatras Vater.

Wer in den von der Mafia beherrschten Clubs in den USA auftreten wollte, der musste »dazugehören«. Und Sinatra hatte da keine Scheu.

Als sein Stern Anfang der 1940er-Jahre aufging, musste Sinatra eine Tournee mit dem Bandleader Tommy Dorsey absagen, um seine Solokarriere zu starten. Kein Problem für die Mafia: Zwei

»My Way«

Neben viel Glanz erlebte Frank Sinatra auch Tiefen. In solchen Fällen kamen die »ehrenwerten Freunde« zu Hilfe.

düstere Herren erschienen bei Dorsey und ließen ihn wissen, dass es für ihn lebensgefährlich wäre, auf Einhaltung des Vertrags zu bestehen.

Der Vertrag wurde »einvernehmlich gelöst«!

Und dann ging's richtig los. Kreischende Mädchen fielen während seiner Konzerte in Ohnmacht, und in Hollywood entstanden die ersten Sinatra-Filme. Doch neben so viel Glanz erlebte seine Karriere auch Tiefen. Wenn Konzertsäle halb leer blieben und seine Filme Flops waren.

In solchen Situationen kamen ihm die »ehrenwerten Freunde« wieder zu Hilfe. So auch 1953, als Mafiaboss John Roselli die Produzenten der Columbia »bat«, den gerade in einem Tief befindlichen Sinatra in ihrem nächsten Film zu besetzen. Er bekam die Rolle als Soldat Maggio in *Verdammt in alle Ewigkeit*. Und seinen ersten Oscar.

Frankieboy war wieder da – aber um welchen Preis! Die Mafia kontrollierte die Casinos in Las Vegas und klopfte nun bei ihm an: »Frank, du hast uns viel zu verdanken, jetzt tu etwas für uns!« Sein Job war es, Gäste in das Spielerparadies zu locken. Sinatras Auftritte, aber auch die seiner Freunde Sammy Davis Jr., Dean Martin und Peter Lawford machten die Wüstenstadt weltberühmt. Hunderttausende kamen, besuchten die Konzerte des »Rat Pack« – und verloren ihr Geld in den Casinos. Es sollte nicht zu Sinatras Schaden sein, erhielt er doch für seine Dienste eine Beteiligung am Sands Hotel, einer der größten Spielhöllen in Las Vegas.

Er hatte viel Geld, viel Erfolg und viele Frauen, als 1960 die Politik an ihn herantrat. John F. Kennedy wollte Präsident der Vereinigten Staaten werden, und Sinatra stellte die Verbindung zur Mafia her. Seine Freunde erklärten sich bereit, in ihren »Kreisen« jene Stimmen zu sammeln, die schließlich den Ausschlag für Kennedys knappen Wahlsieg gegen Richard Nixon gaben.

Kaum war JFK Präsident, sah sich die Cosa Nostra im Aufwind, dachte sie doch, dass jetzt »ihr« Mann im Weißen Haus sitzen würde. Doch die Gefälligkeiten, die sich die Clans erhofften, blieben aus. Mehr noch: Kennedy-Bruder Robert wurde Justizminister und sagte der organisierten Kriminalität den Kampf an. Ein Staatsanwalt nahm sogar Ermittlungen gegen Sinatra auf, die aber niedergeschlagen wurden. Sinatra musste seine Casinolizenz zurücklegen und Mafiaboss Sam Giancana, der in Chicago die Stimmen für Kennedy organisiert hatte, wurde von der Polizei observiert. Dass John F. und Robert Kennedy Opfer von Mordanschlägen wurden, ließ Verschwörungstheorien aufkommen, dass die Mafia dahintersteckte: Mussten die Brüder sterben, weil sie sich als undankbar erwiesen hatten?

Zwanzig Jahre nach Kennedy lenkte Frankieboy seine Gunst von den Demokraten zu den Republikanern, um Ronald Reagan zu unterstützen. Drei Wochen nach dessen Wahl zum US-Präsidenten bekam Sinatra die ihm einst entzogene Casinolizenz wieder zurück.

Anthony Quinn hat die Persönlichkeit des Mannes mit den zwei Gesichtern vielleicht auf den Punkt gebracht, als er meinte: »Ein Mann, der so singt, kann nicht wirklich schlecht sein.« Ermittlungen in den USA haben auch keine Beweise für eine persönliche Beteiligung Sinatras an kriminellen Machenschaften geliefert.

Er ist's und wird's auch immer bleiben: The Voice.

Die Schwierigkeit, erwachsen zu werden
Schicksale der Kinderstars

Shirley Temple war einer der größten Kinderstars aller Zeiten. Ihr Leben freilich verlief ganz anders als das vieler Leinwandhelden, deren Karrieren ebenfalls mit drei, vier oder zehn Jahren begannen. Denn während Shirley Temple nach Ablauf ihres Filmruhms einen geordneten Lebensweg einschlug, sind andere Kinderstars gescheitert, haben den Übergang vom süßen Fratz zum Erwachsenen nicht verkraftet. Etliche endeten durch Suizid, Drogen oder litten unter Depressionen.

Liz Taylor war wohl die Größte unter den Kleinen. Ihre Mutter – eine gescheiterte Schauspielerin – ging mit ihr stundenlang vor den Villen der Filmproduzenten in Hollywood auf und ab, um Aufmerksamkeit zu erregen. Nach mehreren Fehlschlägen gelang 1943 das

Engagement der Elfjährigen in einem *Lassie*-Film. Wie nur wenige Kinderstars setzte Elizabeth Taylor als Erwachsene ihre Karriere glänzend fort, sie erlebte aber auch die Schattenseiten: Mit fortschreitenden Jahren alkohol- und medikamentensüchtig, musste sie mehrere Entziehungskuren über sich ergehen lassen.

Einer der wenigen Kinderstars, die ihre Karriere als Erwachsene fortsetzen konnten: Liz Taylor als Elfjährige in Lassie.

Noch dramatischer verlief das Leben Judy Garlands, einer anderen ganz Großen im Kinderfach. Mit drei Jahren schon im Showbiz, wurde sie mit ihrer unvergleichlichen Stimme von Millionen geliebt. Klar, dass sie der mächtige Filmboss Louis B. Mayer nicht mehr losließ: Judy drehte täglich vierzehn Stunden, wurde morgens mit Aufputsch- und abends mit Schlafmitteln vollgepumpt. Als die Produzenten des Musicalfilms *Der Zauberer von Oz* merkten, dass die Sechzehnjährige schneller reifte, als es der Handlung guttat, verschrieb ihr der Studioarzt Amphetamine, durch die sie, solange die Dreharbeiten dauerten, ihre kindliche Figur behielt.

Der Zauberer von Oz brachte Judy Garland 1940 mit dem Lied *Over the Rainbow* einen Oscar, der ihre Nervenzusammenbrüche, Angstattacken und Suizidversuche jedoch nicht abwenden konnte. Sie starb 47-jährig an einer Überdosis Schlaftabletten. Ihre nicht minder talentierte Tochter Liza Minnelli kämpft ihr Leben lang gegen ähnliche Probleme an.

Judy Garlands Partner in *Der Zauberer von Oz* war Mickey Rooney. Er stammte aus einer Artistenfamilie und stand mit zwei Jahren auf der Bühne, mit sechs drehte er seinen ersten Film. Auch ihm gelang es, als Erwachsener die Karriere fortzusetzen.

Fallen gelassen wurde hingegen Jackie Coogan, den Charlie Chaplin 1921 als Siebenjährigen für die Hauptrolle seines Klassikers *The Kid* entdeckt hatte. Die große Karriere dauerte nur drei Jahre, in denen Coogan vier Millionen Dollar verdiente. Doch seine Mutter brachte das für ihn verwaltete Geld durch. Danach wurde das heute noch in den USA geltende »Coogan-Gesetz« erlassen, das die Einkünfte von Kindern schützt. Jackie Coogan feierte 1964 in der *Addams Family* ein bescheidenes Comeback. Der »Gag« der Fernsehserie war es, dass aus dem herzigen kleinen Buben ein hässlicher, dicker, alter Onkel geworden ist.

Gescheitert ist Macaulay Culkin, der 1990 als Zehnjähriger in *Kevin allein zu Haus* Weltruhm erlangte, zuletzt aber mehr seiner Drogenexzesse als seiner schauspielerischen Leistungen wegen in die Schlagzeilen geriet. Ein frühes Ende nahm der amerikanische Schauspieler River Phoenix, dem mit sechzehn Jahren der Durchbruch in dem Film *Stand by Me* gelungen war. Er starb 1993 im Alter von 23 Jahren durch einen Mix aus Kokain und Heroin.

Sehr unterschiedliche Lebenswege: Mickey Rooney und Judy Garland.

Besonders dramatisch ist der Lebensweg von Michael Jackson, der mit sechs Jahren als Star der Jackson-Five-Band auftrat und später mit 400 Millionen verkauften Platten und CDs zu einem der erfolgreichsten Entertainer aller Zeiten wurde. Schon als Kleinkind von seinem Vater regelrecht auf die Bühne geprügelt, hat er letztlich für die physischen und psychischen Schläge in seinen frühen Jahren mit dem Leben bezahlt.

»Diese armen Kinder werden von ihren Eltern manipuliert und ausgebeutet, sie selbst können als Fünf- oder Sechsjährige die Tragweite ihrer Handlungen nicht abschätzen«, sagt der Wiener Kinder- und Jugendpsychiater Max Friedrich. Weiters meint er:

Die Schwierigkeit, erwachsen zu werden

Natürlich genießen sie es vorerst, im Mittelpunkt zu stehen, aber dieses Leben verändert den Charakter insoweit, als ihre Handlungen nicht ihrem Lebensalter entsprechen. Wenn sie dann erwachsen sind, gieren sie immer noch danach, im Blickpunkt zu stehen, geliebt und bewundert zu werden. Aber das gibt das reale Leben einfach nicht her. Und daran verzweifeln viele.

Erfolgreich, ohne Schaden zu nehmen, konnte hingegen Jodie Foster ihre Karriere fortsetzen. Sie war mit dreizehn in Martin Scorseses *Taxi Driver* weltberühmt geworden und zählt immer noch zu den bedeutendsten Schauspielerinnen in Hollywood. Und auch Leonardo DiCaprio, der mit sechzehn in einer Fernsehserie startete, bewies mit *Titanic, Aviator* und *J. Edgar*, dass ehemalige Jugendstars durchaus oben bleiben können.

Einen ganz anderen, zweiten Berufsweg schlug wie erwähnt der einstige Kinderstar Shirley Temple ein. Sie wurde Diplomatin und reiste im Namen der amerikanischen Regierung um die Welt. Höhepunkt ihrer Karriere war der Posten als US-Botschafterin von 1989 bis 1992 in Prag.

Aber Foster, DiCaprio und Temple bleiben Ausnahmen. Ansonsten hat sich der in Studios gängige Spruch leider allzu oft bewahrheitet: »Mit vier Jahren im Werbespot, mit acht im Film und mit fünfzehn in der Entzugsanstalt.«

Billy Wilders Kultfilm
»Manche mögen's heiß«

Dass der Filmklassiker überhaupt ins Kino kam, gleicht einem Wunder. Denn die Dreharbeiten zu Manche mögen's heiß waren um nichts weniger heiß als die Filmhandlung. Der Grund waren fortwährende Streitereien zwischen Regiealtmeister Billy Wilder und seinem Star Marilyn Monroe.

»Diese Frau brachte mich zur Verzweiflung«, sagte Billy Wilder nach den Dreharbeiten. »Sie kam zu spät oder gar nicht zum Set und konnte ihren Text nicht. Ich hatte ihretwegen monatelang schwere Schlafprobleme.«

Eine Szene war Wilder in besonderer Erinnerung geblieben: »Es ging um einen einzigen Satz, Marilyn sollte nur sagen: ›Wo ist der Bourbon?‹ Aber sie schaffte es nicht, wir drehten die Szene 65-mal. Jack Lemmon und Tony Curtis mussten für diesen Satz eineinhalb Tage, als Frauen verkleidet, in hochhackigen Schuhen neben ihr stehen. Und nach jedem verpatzten Take fing sie zu weinen an und alles begann von vorn.«

So amerikanisch der Film wirkt – seine Vorgeschichte ist eine österreichische: Sie beginnt in der Zwischenkriegszeit, als der Wiener Schriftsteller Robert Thorsch das Drehbuch zu dem Film *Fanfare d'Amour* schrieb, der 1935 in Paris Premiere hatte. Es ging um einen stellungslosen Musiker, der sich in Frauenkleider zwängt, um in einer Damenkapelle Arbeit zu finden.

Thorsch emigrierte 1938 in die USA, wo er als Robert Thoeren ein erfolgreicher Filmautor wurde. Als er nach dem Krieg in Berlin ins Kino ging, glaubte er seinen Augen nicht trauen zu können, spielte doch Dieter Borsche in dem Film *Fanfaren der Liebe* einen arbeitslosen Musiker, der Frauenkleider anlegt, um in einer Damenkapelle ... – es war exakt dieselbe Handlung, die der Wiener vor dem Krieg erfunden hatte. Ein deutscher Produzent hatte sein Drehbuch, ohne ihn zu fragen, neu verfilmt. Thoeren klagte und einigte sich außergerichtlich auf Zahlung einer hohen Abfindungssumme.

Und damit findet die Story zu *Manche mögen's heiß* ihre Fortsetzung. Thoeren war mit Billy Wilder befreundet und erzählte diesem, unter welch kuriosen Umständen er vom Remake seines Films erfahren hatte. Wilder wurde neugierig, ließ sich den Film zeigen, war begeistert und kaufte Thoeren den Plot ab. Er verlegte die Handlung ins Gangstermilieu der 1920er-Jahre und nannte den Film *Some Like It Hot*. Er war 1959 ein Welterfolg und kam als *Manche mögen's heiß* in die deutschsprachigen Kinos.

Aus dem stellungslosen Musiker wurden bei Billy Wilder zwei – dargestellt von Jack Lemmon und Tony Curtis –, die Zeugen eines Mafiamordes in Chicago werden und deshalb in Frauenkleidern untertauchen. So gelangen die beiden Musiker in eine Girlband, in der die Monroe singt und das seltene Zupfinstrument Ukulele spielt. Während sich Tony Curtis »als Frau« in sie verliebt, fängt ein Millionär bei dem als Musikerin »Daphne« verkleideten Jack Lemmon Feuer.

So spritzig die Handlung ist, so dramatisch waren die Dreharbeiten. Nicht nur Billy Wilder war wütend auf die Monroe, sondern auch Tony Curtis, der auf die Frage, wie es sei, mit der Monroe eine Bettszene zu drehen, antwortete: »Sie zu küssen, ist wie Hitler zu küssen!« Später gestand er jedoch, mit ihr Jahre davor eine Affäre gehabt zu haben.

Zeitensprünge nach Hollywood

Wer schuld an den Streitereien während der Dreharbeiten war, lässt sich nicht klären. Fest steht, dass Billy Wilder ein Perfektionist war und die Monroe undiszipliniert. Als man den Regisseur später fragte, warum er die Rolle mit der Monroe besetzte, obwohl er davor schon mit ihr in *Das verflixte 7. Jahr* ähnliche Erfahrungen gemacht hatte, meinte er: »Ich hatte eine alte Tante in Wien, die arbeitete in einer Konditorei und hieß Mitzi Lachenfaber. Sie würde zu jeder Probe pünktlich kommen, ihren Text perfekt beherrschen und nie streiten. Aber wer würde wegen meiner alten Tante ins Kino gehen?«

Obwohl der Film als eine der besten Hollywoodkomödien aller Zeiten gilt, erhielt er keinen Oscar. Dazu Billy Wilder in seinem unvergleichlichen Humor: »Ich sah mir die Oscarverleihung 1959 im Fernsehen an. *Some Like It Hot* war nominiert, hatte aber keine

»*Vielleicht hätte er gewonnen, wenn er als beste Hauptdarstellerin nominiert worden wäre*«: Jack Lemmon, Billy Wilder, Tony Curtis (von links) bei den Dreharbeiten zu Manche mögen's heiß.

Chance, da *Ben Hur* konkurrenzlos war. Er bekam zehn Oscars inklusive den für Charlton Heston als besten Hauptdarsteller. Und das, obwohl auch Jack Lemmon nominiert war. Vielleicht hätte er gewonnen, wenn er als beste Hauptdarstellerin nominiert worden wäre!«

Für die Monroe hatte *Some Like It Hot* ein tragisches Nachspiel. Sie war während der Dreharbeiten schwanger geworden und verlor ihr Baby, wofür ihr damaliger Mann Arthur Miller Billy Wilder indirekt verantwortlich machte, da er mit ihr zu streng umgegangen sei.

Kurz vor ihrem Tod haben sich die Monroe und Billy Wilder versöhnt. »Ich habe niemanden getroffen, der so eklig sein konnte wie sie«, schreibt er in seinen Memoiren, »aber auch niemanden, der so wunderbar im Film war, inklusive der Garbo.«

Der Wiener Robert Thoeren hat den von ihm ausgelösten Welterfolg nicht erlebt. Er starb 1957, zwei Jahre vor der Premiere von *Some Like It Hot*, an den Folgen eines Autounfalls.

Der Tag, an dem Marilyn starb
Los Angeles, 4. August 1962

Es war ein Hochsommertag, wie wir so viele erlebten. »Schwere Gewitter in ganz Österreich«, entnehmen wir den meteorologischen Aufzeichnungen vom 6. August 1962, in der Steiermark spülte ein Sturzbach mehrere Autos von der Straße, zwei Menschen kamen dabei ums Leben. Walther Reyer spielte bei den Salzburger Festspielen den Jedermann und Paula Wessely war sein

»erschütternd unerschütterlicher Glaube«, wie der Kulturkritik zu entnehmen ist. Doch die Seite 1 gehörte einer Meldung, die die Welt in Schock versetzte: »Marilyn Monroe ist tot.«

Die Schauspielerin war am Sonntagmorgen, dem 5. August 1962, in ihrem Haus in Brentwood, einem Vorort von Los Angeles, tot aufgefunden worden. Die noch am gleichen Tag eingeleitete Obduktion ergab, dass der 36-jährige Filmstar »keines natürlichen Todes gestorben ist«.

Das Jahr 1962. Es markiert einen Höhepunkt des Kalten Krieges, die Welt steuert auf die brandgefährliche Kubakrise zu. Genau am 5. August, an dem man den Leichnam der Monroe fand, entdeckten US-Spionageflugzeuge die ersten Raketenabschussvorrichtungen, die die Sowjets auf Kuba stationiert hatten. Welche Nachricht mag Präsident John F. Kennedy an diesem Tag mehr getroffen haben: die Möglichkeit eines Krieges mit der Sowjetunion, der sich zum Weltkrieg ausweiten könnte, oder der Tod der Monroe?

Derlei Fragen wurden damals nicht gestellt, denn weder erfuhr die Öffentlichkeit, was die CIA in Kuba entdeckt hatte, noch wusste man zu diesem Zeitpunkt von Kennedys Affäre mit Marilyn Monroe. Gründe für Gewissensbisse hatte der US-Präsident nach dem Tod des Hollywoodstars zur Genüge: Waren ihre Depressionen darauf zurückzuführen, dass ihre Liebe zu ihm geheim bleiben musste? Und: Die Monroe war kurz vor ihrem Tod wegen Kennedy von ihrer Filmfirma entlassen worden. Weil sie »aus gesundheitlichen Gründen« den Dreharbeiten des Films *Something's Got to Give* fernblieb, gleichzeitig aber auf Kennedys Geburtstagsparty ihr legendäres *Happy Birthday, Mr. President* sang. Dieser Auftritt war der Grund, dass die Monroe von *20th Century Fox* gefeuert wurde. Zwei Monate bevor sie starb.

Zwei Monate vor ihrem Tod wurde Marilyn Monroe von ihrer Filmproduktion gefeuert.

Zeitensprünge nach Hollywood

Die Nachricht vom Tod der Schauspielerin überlagerte alle anderen Zeitungsmeldungen des Tages: etwa dass die Eigernordwand ihr zwanzigstes Todesopfer, einen Schweizer Bergsteiger, gefordert hatte. Dass die Wiener und die Klagenfurter Polizisten wegen nicht genehmigter Zulagen streikten. Dass Jamaika am 5. August 1962 seine Unabhängigkeit erlangte. Dass im Wiener Tabor-Kino der 250 000. Besucher des Monumentalfilms *Ben Hur* begrüßt wurde. Dass die Publikumslieblinge Karl Farkas und Heinz Conrads neue Fernsehsendungen, *Die Bilanz der Saison* und *Was sieht man Neues?*, bekommen sollten ...

Am 7. August, dem zweiten Tag nach Bekanntwerden der Todesnachricht, veröffentlichte der *Kurier* Rückmeldungen auf den vermutlichen Suizid des Stars: Sophia Loren brach in Tränen aus und zeigte sich tief erschüttert, Regisseur Billy Wilder erklärte: »Die Reaktion des Mannes auf der Straße zeigt, dass es sich hier um weit mehr als um das Erlöschen eines Hollywoodstars handelt.« Und der englische Schauspieler Sir Laurence Olivier machte »Hollywood mit seiner Sensationsgier für den Tod der Monroe verantwortlich«.

Österreichs Bundespräsident hieß 1962 Adolf Schärf, der Kanzler Alfons Gorbach und Außenminister war Bruno Kreisky. Der kam eben von einer Südtirol-Konferenz zurück, aber wen interessierte das angesichts immer neuer Details, die in den Tagen und Wochen nach dem Tod der Schauspielerin eintrafen:

Die Monroe, so meldeten die Agenturen, hatte sich am Abend des 4. August gegen 20 Uhr zu Bett begeben und sich von ihrer Haushälterin mit den Worten »Good night, honey« verabschiedet. Eunice Murray hatte »nichts Ungewöhnliches an Ms. Monroe bemerkt«. Gegen Mitternacht ging die Haushälterin zu Bett. Als sie um drei Uhr Früh aufwachte, sah sie, dass im Zimmer der Monroe Licht brannte. Beunruhigt lief sie zur Schlafzimmertür, doch die war versperrt. Vom Garten aus sah sie in das Zimmer der Monroe. »Sie lag mit dem Kopf nach unten, die Hand um den Telefonhörer geklemmt, regungslos da.«

Eunice Murray rief Marilyns Psychiater Ralph Greenson an, der Minuten später eintraf. Er zerschlug die Fensterscheibe, stieg ins Schlafzimmer und verständigte Dr. Hyman Engelberg, den behandelnden Arzt der Monroe, der nur noch ihren Tod feststellen konnte. Ursache: eine Überdosis verschiedener Barbiturate und anderer Schlafpulver.

Völlig am Boden zerstört, riefen die Ärzte, durch deren Rezepte die Diva zu all den Tabletten gekommen war, um 4.25 Uhr die Polizei an: »Marilyn Monroe ist tot!«

Zeitungen in aller Welt berichteten in großer Aufmachung vom Tod des Sexsymbols, das zu den herausragenden Persönlichkeiten des 20. Jahrhunderts zählte. Der 4. August 1962, an dem sie tatsächlich gestorben ist, wird wohl für immer ein Gedenktag bleiben, ähnlich dem 22. November 1963, an dem John F. Kennedy ermordet wurde, und dem 31. August 1997, an dem Prinzessin Diana tödlich verunglückte.

In all diesen Fällen entwickelten sich Verschwörungstheorien. Bei der Monroe gingen sie so weit, dass die Kennedy-Brüder verdächtigt wurden, ihre Ermordung durch die CIA veranlasst zu haben, um die Affäre des Präsidenten mit ihr zu vertuschen.

Niemand konnte am Tag ihres Todes ahnen, dass die Schauspielerin Marilyn Monroe zum Mythos werden und dass man sich mehr als sechzig Jahre später immer noch ihrer erinnern würde.

Zeitensprünge ins Kino

Das Ende des *Sissi*-Krieges
oder Urheberrechtsstreit um einen Film

Als die legendären *Sissi*-Filme Mitte der 1950er-Jahre ins Kino kamen, hätte niemand gedacht, dass um die Tantiemenzahlungen der Kino- und späteren Fernsehaufführungen noch ein wilder Rechtsstreit ausbrechen sollte. Es dauerte mehrere Jahrzehnte, bis der Streit um den weltweiten Kassenschlager beendet war. Mittlerweile erhielten die Erben derer, die die *Sissi*-Handlung geschaffen haben, den ihnen zustehenden Anteil.

Hätte der Film *Sissi* das Leben der Kaiserin Elisabeth so gezeigt, wie es wirklich war, wäre der Konflikt um die Tantiemen erst gar nicht ausgebrochen. Da der Stoff aber verfremdet wurde – man wollte dem Publikum eine »glückliche« Sissi zeigen – stellte sich die Frage: Wer war es, der die »heile Welt« der Kaiserin fürs Kino erdacht hatte?

Regisseur Ernst Marischka hat den ersten der drei *Sissi*-Filme mit Romy Schneider und Karlheinz Böhm 1955 gedreht. Doch die Geschichte seiner Entstehung beginnt viel früher, Anfang der 1930er-Jahre, als die Wiener Schriftsteller Robert Weil und Ernst Décsey ein Lustspiel schrieben, das Ernst Marischkas Bruder Hubert – damals Direktor des Theaters an der Wien – mit der Musik von Fritz Kreisler auf die Bühne brachte. Die Uraufführung der Operette *Sissy* fand am 23. Dezember 1932 statt und war – mit Paula

Wessely und Hans Jaray als kaiserliches Liebes- und Ehepaar – ein triumphaler Erfolg.

Fünf Jahre später flüchtete der jüdische Schriftsteller Robert Weil mit seiner Familie vor den Nationalsozialisten aus Wien in die USA. »Umso verwunderter war ich, als ich nach dem Krieg in einer Filmzeitung in New York las, dass Ernst Marischka mit dem Film *Sissi* herauskam«, schrieb Robert Weil 1957 in einer Sachverhaltsdarstellung. »In Wien teilte man mir auf Anfrage mit, dass der Film mit meinem Singspiel nichts zu tun habe, sondern nach dem Roman einer Autorin namens Marie Blank-Eismann gedreht wurde.«

Eine Überprüfung ergab jedoch, dass diese Darstellung falsch war. Laut Expertise des Theaterkritikers Ludwig Ullmann, der Operette und Filmhandlung minutiös miteinander verglich, gibt es keinen Zweifel, »dass Ernst Marischkas Drehbuch in den entscheidenden Punkten auf Robert Weils und Ernst Décseys Lustspiel zurückgreift«:

- »Da wie dort gelangt die junge Sissi ohne Wissen der Kaiserin-Mutter Sophie nach Ischl und stört so deren Plan, den Kaiser mit Elisabeths Schwester Helene zu verloben.«
- Aus dem Lustspiel von Weil und Décsey übernommen ist auch der Umstand, »dass Elisabeth den jungen Kaiser in einer Szene ›inkognito‹ trifft«.
- Der Verlauf der ersten Begegnung und der Liebesszenen stimmt in der Theaterfassung und im Film »fast wörtlich überein«.
- Ebenso wie die Erklärung des Kaisers seiner Mutter gegenüber, dass er nicht Helene, sondern Elisabeth heiraten wolle.
- Ludwig Ullmann fasste zusammen, »dass es sich bei den wesentlichen Handlungs-Wendepunkten um die dichterische Schöpfung Robert Weils und Ernst Décseys und daher um deren geistiges

Eigentum handelt, da sie zu einem guten Teil nicht dem historischen Tatbestand folgen, sondern frei erfunden sind«.

Doch Robert Weil hat sich gegen die *Sissi*-Kinofilme nicht zur Wehr gesetzt, weil er zu diesem Zeitpunkt bereits hochbetagt und krank war. Anwälte rieten ihm zur Klage, aber er hatte nicht mehr die Kraft, sich auf einen langwierigen Urheberrechtsstreit einzulassen.

Robert Weil, der vor dem Krieg in Wien ein überaus erfolgreicher Schriftsteller war, in den USA aber mangels Sprachkenntnissen zeitweise als Telegrammbote arbeiten musste, starb 1960 im Alter von achtzig Jahren verbittert und verarmt im Exil, während die auf seiner Handlung basierenden *Sissi*-Filme ein Welterfolg wurden.

Genau diese »schreiende Ungerechtigkeit« griff Weils Tochter Dorrit Molony Jahre später auf: »Marischka verdiente, ohne einen Anteil an der Idee gehabt zu haben, mit diesem Film 66 Millionen Schilling, während mein Vater keinen Cent bekam.«

Eine sachverständige Bestätigung dieses Verdachts kam von unerwarteter Seite. Der Schauspieler Franz Marischka – er war der Neffe des *Sissi*-Produzenten und Regisseurs – erklärte auf Anfrage, »dass die Handlung des Films natürlich auf Robert Weils und Ernst Décseys Lustspiel basiert, doch wurden sie von meinem Onkel nicht im Vorspann genannt. Dieser hatte vielmehr bei einem Trödler das *Sissi*-Buch von Marie Blank-Eismann gesehen und einfach behauptet, dass die Handlung auf ihrem Buch basiert. Das war natürlich ein Schwindel.«

Robert Weils Tochter Dorrit Molony und der in der Schweiz lebende Décsey-Enkel Ernst Décsey beauftragten den Wiener Film-Urheberrechtsanwalt Harald Karl, sich des Falles anzunehmen. Und diesem gelang eine außergerichtliche Einigung mit dem Wiener Thomas-Sessler-Verlag, der den (adoptierten) Rechtsnach-

Das Ende des Sissi-Krieges

Von wem stammt die Grundhandlung zu den Sissi-*Filmen mit Karlheinz Böhm und Romy Schneider?*

folger Ernst Marischkas vertritt: Die Erben nach Weil und Décsey erhalten seither je drei Prozent von den Gesamteinnahmen des ersten *Sissi*-Films. Die Tantiemen für vergangene Zeiten und für die beiden späteren Filme *Sissi – Die junge Kaiserin* und *Sissi – Schicksalsjahre einer Kaiserin* werden nicht abgegolten.

Es wird wohl nicht mehr um Millionen gehen, aber doch um stattliche Summen, da *Sissi* immer noch weltweit in Nostalgiekinos und von zahlreichen Fernsehstationen gezeigt wird. »Mir ging es weniger ums Geld«, sagte Robert Weils mittlerweile auch schon verstorbene Tochter Dorrit Molony, »als darum, dass die Namen meines Vaters und seines Co-Autors Ernst Décsey gewürdigt werden. Aber es freut mich auch, dass meine Kinder jetzt zu ihrem Recht kommen.«

»Von Kopf bis Fuß auf Liebe eingestellt«
Wie Der blaue Engel *entstand*

Hätte sie nur diesen einen Film gedreht, Marlene Dietrich wäre auch damit schon zur Legende geworden. Er zählt zu den besten Filmen aller Zeiten und ist von bleibender Gültigkeit.

Der blaue Engel war es, der den Mythos Marlene Dietrich schuf. Regisseur Josef von Sternberg hatte die unkonventionelle Idee, der damals völlig unbekannten Dietrich die Rolle der Varietésängerin Lola Lola zu geben. Sternberg war in ein kleines Berliner Theater gegangen, um den Darsteller für eine Nebenrolle auszusuchen: Der ebenfalls noch unbekannte Hans Albers sollte im *Blauen Engel* einen Artisten spielen, mit dem »die fesche Lola« den ihr hörigen Professor Unrat betrügt. Sternberg entschied sich für Albers – und nahm die im selben Stück besetzte Marlene gleich mit!

Dass sie zu diesem Zeitpunkt alles andere als ein Star war, erkennt man schon an den Gagen: Emil Jannings, der im *Blauen Engel* den Professor Unrat spielt, bekam für den Film 200 000 Mark, Marlene Dietrich nur ein Zehntel davon: 20 000.

Sternberg wusste sofort, wie er die Kamera auf die Dietrich einzustellen hatte: Mit raffinierten Lichteffekten wurde kaschiert, dass sie nicht gerade übermäßig schlank war. Und er erkannte, dass ihr Sexappeal in ihren Beinen lag, die dann gar nicht lange genug – in des Wortes doppelter Bedeutung – im Bild sein konnten. Der Regisseur ließ sie eine Frau spielen, nach der die Männer verrückt sind. Und bereit, sich für sie zu ruinieren. Und genau das vermittelt sie dann auch im berühmtesten Lied des Films: *Ich bin von Kopf bis Fuß auf Liebe eingestellt.*

»Von Kopf bis Fuß auf Liebe eingestellt«

Gegen die Besetzung der Dietrich hagelte es von Anfang an Proteste. »Wie können Sie eine unbekannte und talentlose Frau für die Hauptrolle eines zwei Millionen Mark teuren Films nehmen?«, schäumten die Produzenten der UFA und unternahmen alles, um Sternberg davon abzubringen. Doch der pochte darauf, die Darsteller allein bestimmen zu dürfen.

»*Unbekannt und talentlos*«: Marlene Dietrich wurde für die Rolle in Der blaue Engel *abgelehnt.*

Das nächste Problem: Die Dietrich konnte die vorgesehenen Drehtermine nicht einhalten, da sie bereits für eine kleine Rolle in der Wiener Femina-Bar unterschrieben hatte. Die Lösung des Problems: Sie wurde in Wien vertragsbrüchig – und begründete mit dem Vertragsbruch ihre Weltkarriere.

Doch die Probleme des *Blauen Engels* waren damit noch nicht ausgeräumt. Regisseur Josef von Sternberg hatte den UFA-Leuten vorgeschwindelt, einen Roman »des berühmten Schriftstellers Mann« verfilmen zu wollen. Womit diese annehmen mussten, dass es um ein Werk des großen Thomas Mann ging, der eben erst den Literaturnobelpreis erhalten hatte.

Das Buch stammte jedoch von dessen Bruder, dem weniger prominenten Heinrich Mann, der in der Weimarer Republik als »linker Demokrat« auf vielfache Ablehnung stieß. Als Sternbergs Schwindelei aufflog, setzte der mächtige UFA-Chef und Medienmogul Alfred Hugenberg einen Schritt, mit dem er sich vom Autor distanzierte, nicht aber von seinem Film: Hugenberg ließ in einer seiner Zeitungen berichten, dass es der UFA gelungen sei, »aus dem Schandwerk des Heinrich Mann ein Kunstwerk zu machen«. Auf dem Plakat stand dann: »Drehbuch Carl Zuckmayer nach dem Roman *Professor Unrat* von Heinrich Mann«.

Der konnte, als er 1905 die Romanvorlage für den Film geschaffen hatte, nicht ahnen, dass er ein Vierteljahrhundert später, kurz vor Beginn der Dreharbeiten, in eine ähnliche Situation geraten würde wie sein Professor Unrat. Als Heinrich Mann nämlich 1929 die Berliner Animierdame Nelly Kröger kennenlernte und sich in sie verliebte. Sie begleitete ihn 1933 in die Emigration und heiratete ihn. Heinrichs auf bürgerliche Formen erpichter Bruder Thomas Mann hat ihm das nie verziehen, er nannte seine Schwägerin immer nur »die Hur«.

Der blaue Engel eroberte nach seiner Uraufführung am 1. April 1930 im Berliner Gloria-Palast als *The Blue Angel* auch das amerikanische Kino, womit es zum ersten Mal einer deutschen Produktion gelungen war, dem übermächtigen US-Film Paroli zu bieten.

Doch statt den Star des größten deutschen Filmerfolgs an die UFA zu binden, sah man zu, wie die Dietrich von Paramount nach

Hollywood geholt wurde, wo dann ihre Weltkarriere begann. Die Deutschen ahnten nicht, wen sie da ziehen ließen.

In Berlin hatte man aber bald ganz andere Sorgen. Im *Völkischen Beobachter* war noch vor Hitlers Machtergreifung zu lesen, dass im *Blauen Engel* »jüdische Zersetzung und Beschmutzung deutschen Wesens am Werke ist. Man darf nur die Namen der Macher durchgehen; nichts als Juden mit galizischen Visagen, die als Brechmittel wirken.«

Vor diesem Hintergrund sollte der später vermehrte Exodus der führenden deutschen Filmschaffenden auf schmerzhafte Weise spürbar werden.

Einhundert und sieben
Johannes Heesters, das letzte Interview

»Wie schön, dass Sie die weite Reise auf sich genommen haben«, sagt der alte Charmeur. Johannes Heesters sitzt in seinem Wohnzimmer, sportlich-adrett gekleidet mit brauner Strickjacke, gleichfarbener Kordhose, weißem Hemd. Mir war auf dem Weg zum Starnberger See klar, dass ich nicht zu einem x-beliebigen Interview unterwegs bin, denn der Mann, den ich treffe, feierte in diesen Tagen seinen 107. Geburtstag. Den einhundert und siebenten.

»Ich kann es ja selber nicht recht glauben«, sagte er, »denn es geht mir gut, ich habe keine Schmerzen und bereite mich gerade auf meinen nächsten Auftritt vor.«

Als ich den einstigen Kinostar das erste Mal traf, war er achtzig. Ein Jüngling geradezu, der damals an der Wiener Volksoper von der Rolle seines Lebens, als Danilo in der *Lustigen Witwe*, Abschied nahm. Weitere Interviews folgten zum 90., zum 100., zum 103. und 104. Geburtstag. Und im Jahr 2009 war ich dabei, als er bei einem Wiener Heurigen den 106. feierte.

Natürlich ist er jedes Jahr ein bisschen älter geworden, aber ich hatte nie den Eindruck, dass er seine Lebensfreude und seine Neugierde verloren hatte.

Auch diesmal nicht. Der Termin war für 14 Uhr angesetzt, weil er da gerade aus dem Fitnessstudio kommen sollte, in dem er zwei Mal in der Woche trainierte. »Leider ist meine heutige Stunde ausgefallen«, erklärte er, »weil der Fahrer krank ist, der mich hinbringen sollte.«

Bei ihm gab's so was nicht. »Herr Heesters ist ganz gesund«, sagte sein von der ärztlichen Schweigepflicht entbundener Mediziner Dr. Ingo Schubert aus Starnberg. »Es gibt keine auffälligen Werte, Puls, Lunge, Herz, alles ist in Ordnung, er benötigt keine Medikamente. Man kann ihn als absolute Ausnahmeerscheinung bezeichnen.«

Natürlich ist die Zeit auch an ihm nicht spurlos vorübergegangen. »Seit zwei Jahren bin ich völlig blind, sehe nur Dunkelheit«, erklärte Heesters. »Das ist schwer für mich, bereitet mir große Schwierigkeiten, vor allem auf der Bühne, denn die Leute glauben, dass ich mich nicht bewegen kann, dabei ist es nur die Unsicherheit, weil ich nichts sehe.«

»Herr Heesters«, fragte ich, »bei unseren bisherigen Begegnungen sagten Sie jedes Mal, wie gerne Sie auftreten, da waren Sie achtzig, neunzig, hundert ... Ist das immer noch so?«

Einhundert und sieben

»Ja, natürlich«, schoss es beim ältesten aktiven Schauspieler der Welt wie aus der Pistole mit gewohnt holländischem Akzent. »Wenn es ein gutes Stück und eine gute Rolle gibt und alle Schauspieler gut sind, macht es mir immer noch unheimlich Spaß.«

»Mit 107 könnten Sie das Theaterspielen doch langsam als anstrengend empfinden?«

»Nein«, wies er die Frage mit einer weit ausholenden Handbewegung zurück, »wenn man richtig studiert ins Theater kommt, ist es nicht anstrengend.«

»Und die Stimmübungen, das Textlernen, die Proben, die langen Autofahrten?«

»Wissen Sie, das gehört zum Beruf. Ich bin seit neunzig Jahren am Theater, da habe ich mich allmählich daran gewöhnt.«

Im Sommer 2010 trat Heesters in Claus Peymanns Berliner Ensemble in dem Rolf-Hochhuth-Musical *Inselkomödie* auf. In der Kritik der *Berliner Morgenpost* als »Hochhuths bester Mann« bezeichnet, wollte der *Münchner Merkur* den damals 106-Jährigen vorerst »in die Kategorie Menschen, Tiere, Sensationen« einreihen, urteilte nach der Premiere jedoch: »Dieser Abend wäre plump, platt und provinziell, wenn hier nicht mit Heesters ein Moment von Großstadttheater, ein Anflug von Welt aufschimmern würde.«

»Sie können sich nicht vorstellen, was los ist, wenn der Vorhang aufgeht und Jopie auf der Bühne ist«, sagte seine Frau Simone Rethel, die während unseres Gesprächs neben ihm saß. »Es gibt schon lange keine Vorstellung mehr ohne Standing Ovations, der Jubel will gar nicht aufhören.«

»Jetzt übertreibst du aber, Liebling«, korrigierte er sie schmunzelnd. »Irgendwann hört er schon auf.«

Zeitensprünge ins Kino

Da trat er immer noch auf: Johannes Heesters im Alter von 107 Jahren mit Ehefrau Simone Rethel.

Simone Rethel begleitete ihren Mann zu allen seinen Auftritten. Er sie aber auch zu ihren. Als sie mit ihrem Buch *Sag nie, du bist zu alt* auf Lesereise ging, nahm Jopie in der ersten Reihe Platz. »Sie hat wunderbar gelesen, so präzise und interessant«, lobte er sie. Die Texte hatten sie gemeinsam ausgewählt, zumal sie ja von der Kernaussage des Buches beide viel verstehen: »Man darf nie aufhören, aktiv zu bleiben, muss sich schon während des Berufslebens Gedanken machen, was man danach tun will«, sagte sie. »Jopie ist vor allem deshalb in dieser Form alt geworden, weil er immer ein Ziel vor Augen hat. Das und körperlich fit zu bleiben sind das Wichtigste, denn die Demenz entsteht durch Stillstand.«

Johannes Heesters genoss sein Leben, sagte er, trank abends nach wie vor das eine oder andere Glas Whisky, rauchte zwei, drei Zigaretten am Tag, ließ aber bei seinen Auftritten das populäre *Zigarettenlied* aus der Operette *Der Orlow* aus, »weil man in der heutigen Zeit fürs Rauchen keine Reklame machen sollte«.

Einhundert und sieben

Und auch Simone Rethel ging es gut. »Er war ja schon, als wir geheiratet haben, nicht mehr ganz jung und dass sein Augenlicht nachlassen würde, war abzusehen. Wir leben so glücklich wie jedes andere Ehepaar, das sich liebt.«

In den Tagen, Wochen und Monaten nach seinem 107. Geburtstag trat Heesters noch bei jeder Menge Galas auf, legte Frack und Zylinder an, brachte seine Evergreens und ging wie seit über siebzig Jahren schon als Danilo ins Maxim.

Was er sich für die Zukunft wünschte?

»Dass ich mit Simone so glücklich bleibe wie bisher. Und schöne Rollen. Aber ich weiß, dass das schwer ist, weil die Autoren für 107-jährige Schauspieler wenig Stücke geschrieben haben.«

Johannes Heesters starb ein Jahr nach diesem, seinem wohl letzten Interview am 24. Dezember 2011 im Alter von 108 Jahren.

Zeitensprünge der Kennedys

Kennedys Wiener »Ami-Schlitten«
Ein Cadillac für den Präsidenten

Ach, wäre John F. Kennedy doch in diesem Auto durch Dallas gefahren. Auch wenn es nicht durch Stahlplatten und Spezialscheiben gepanzert ist, hätte er das Attentat mit hoher Wahrscheinlichkeit überlebt. Denn erstens hätte die schwere Karosserie die Wucht der Kugeln abgefangen und zweitens hätte der Todesschütze bei einer Limousine nicht so exakt zielen können wie bei einem offenen Wagen.

Nein, John F. Kennedy ist mit diesem Straßenkreuzer nicht durch Dallas/Texas gefahren, sondern durch Wien. Es war der Wagen, der ihm während des Gipfeltreffens mit Kremlchef Nikita Chruschtschow im Frühjahr 1961 zur Verfügung stand. Und der Cadillac vom Typ Fleetwood befindet sich heute, mehr als sechzig Jahre danach, immer noch in Österreich. Und er hat natürlich eine Geschichte.

Die 6,20 Meter lange und 2,6 Tonnen schwere, schwarze Staatslimousine mit verlängertem Chassis, elektrisch versenkbarer Trennscheibe zwischen Fahrersitz und hinterer Sitzreihe und einem 309 PS starken Motor war – als Kennedy nach Wien kam – nigelnagelneu. Der Wagen wurde aus der Fabrik in Detroit eigens für den Aufenthalt des Präsidenten eingeflogen und führte ihn und Gattin Jackie nach Schönbrunn, zum Stephansdom, in die Hietzinger

Der Cadillac Fleetwood, mit dem John F. Kennedy 1961 durch Wien fuhr, befindet sich heute noch in Österreich.

US-Residenz und in die Spanische Hofreitschule. Das amtliche Kennzeichen des damals im Besitz der amerikanischen Botschaft befindlichen Autos war W 700.

Heute gehört das Fahrzeug dem pensionierten Gymnasialprofessor Peter Ehrengruber, der mich zu einer Art Probefahrt mit seinem Prunkstück einlud. Mein erster Eindruck: Nobler geht's nicht, die Limousine steht da, als wäre sie eben erst zugelassen worden. Der siebenschichtige Nitroschutzlack und die Chromteile glänzen wie am ersten Tag, die schwarze Karosserie zeigt nicht den geringsten Kratzer und abgesehen von den eingeflogenen Weißwandreifen ist alles noch Original Made in USA, 1961.

Man fühlt sich beim Betreten des »Caddy« wie ein Präsident, die Türen sind höher geschnitten als in der Standardversion, »damit man auch mit Hut ein- und aussteigen kann«. Interessanterweise ist die vordere Sitzreihe für Chauffeur und Beifahrer mit Leder tapeziert, während die hintere Bank für das Präsidentenpaar mit hellgrauem Tuch bespannt ist – Stoff galt damals als die elegantere Variante.

Der Wagen ist für neun Personen zugelassen – je drei können auf der vorderen und auf der hinteren Bank Platz nehmen, dazwischen gibt's noch drei Klappsitze für Leibwächter.

Ich setze mich natürlich auf den »Kennedy-Sitz« (rechts hinten), Herr Ehrengruber dreht den Startschlüssel um, und der immer noch makellos funktionierende 8-Zylinder-Motor springt sprichwörtlich an »wie ein Glöckerl«. Die Reise verläuft ruhig und sanft wie auf Daunen. Peter Ehrengruber fährt gemächlich, da Rasen mit einer solchen Limousine – auch wenn der Tachometer bis 200 km/h anzeigt – nicht angesagt ist. Ich muss gestehen: Die kurze Ausfahrt war ein Erlebnis.

So prachtvoll der Wagen auch ist, hatte er nach zwei Tagen, als John F. Kennedy am 4. Juni 1961 wieder abreiste, ausgedient. Die US-amerikanische Regierung beschloss, auf den aufwendigen Rücktransport zu verzichten und das Fahrzeug in Wien zu lassen. So blieb die in geringer Stückzahl erzeugte Sonderanfertigung mit den riesigen Heckflossen sechs Jahre im Besitz der US-Botschaft.

Ab 1967 gehörte der »Ami-Schlitten« dann mehreren Privatpersonen, bei denen man das einstige Präsidentenauto mieten konnte. Das war anfangs auch beim heutigen Besitzer möglich: Der in Ebreichsdorf bei Baden lebende Peter Ehrengruber verlieh den Cadillac Fleetwood an Hochzeitsgesellschaften und Oldtimermessen, ist davon aber, »um den Wagen zu schonen«, wieder abgekommen.

Herr Ehrengruber erfüllte sich mit dem Kauf des Cadillacs, den er 1989 durch ein Inserat entdeckt hat, einen Traum, zumal John F. Kennedy für ihn eine Ikone darstellte. »Ich war zwanzig, als er nach Wien kam, und fasziniert, dass zum ersten Mal ein junger, strahlender Politiker die USA repräsentierte. Sonst gab es damals weltweit nur alte Staatsmänner. Mir imponierte auch sein Satz: ›Frage nicht, was dein Land für dich tun kann, frage lieber, was du für dein Land tun kannst!‹« An der Faszination hat sich in all den Jahrzehnten wenig geändert, »auch wenn der Glanz durch ein paar dunkle Punkte in seinem Privatleben ein wenig verblasst ist«.

In den Wintermonaten steht das Auto ausschließlich in der Garage, »jedes Jahr im Frühling melde ich es an, und dann gehört es zu meinen liebsten Hobbys, mit meiner Familie in dem schönen, alten Cadillac übers Land zu fahren«. Wie viele Kilometer das »Schlachtschiff« mit seinen 6,4 Litern Hubraum auf dem Buckel hat, weiß man nicht, da der Kilometerzähler nur fünfstellig ist – und mehr als 100 000 Kilometer wurde der Wagen seit seiner Erstzulassung sicher gefahren. Im Schnitt »frisst« er auf hundert Kilometer

»Probefahrt« in Kennedys Wiener »Ami-Schlitten«: Georg Markus und der stolze Besitzer Peter Ehrengruber.

zwischen 20 und 35 Liter. Und er musste in den 63 Jahren seiner Existenz kein einziges Mal wegen einer Reparatur in die Werkstatt.

Ob Herr Ehrengruber sein Schmuckstück je verkaufen würde, sei »eine Frage des Preises, weil Erhaltung und Pflege viel gekostet haben«. Bisher konnte er noch mit keinem Interessenten handelseins werden.

»Wenn mich jemand erschießen sollte«
Aus Jacqueline Kennedys Erinnerungen

Fast ein halbes Jahrhundert lagen die Tonbänder in einem Banksafe, jetzt wissen wir, was Jacqueline Kennedy über ihren Mann und seine Ära zu sagen hatte. Und es ist durchaus spannend und brisant, worüber sie im Plauderton berichtet.

Die Jahre im Weißen Haus waren die glücklichsten ihres Lebens, sagte Amerikas legendäre First Lady in einem der sieben mehrstündigen Interviews, die sie Arthur Schlesinger, einem engen Berater ihres Mannes, gab. John F. Kennedy sei mit Leib und Seele Präsident gewesen, doch mitunter war der Job – auch weil er ein schwer kranker Mann gewesen ist – die Hölle. Vietnam, Kubakrise, der Bau der Berliner Mauer und andere Weltprobleme hätten ihm schwer zugesetzt.

»Wien war unglaublich«, erinnerte sich Jackie Kennedy an ihren Österreichbesuch im Juni 1961, nirgendwo wurde das Ehepaar von so vielen Menschen empfangen, wobei »viele am Straßenrand vor Freude weinten«. Doch die politische Realität an der Donau sollte sich für John F. Kennedy alles andere als erfreulich erweisen: Kremlchef Nikita Chruschtschow war in den Gesprächen in Wien, bei denen es um die Teilung Berlins und um Abrüstung ging, ein beinharter Verhandler. »Jack war nach dem Wienbesuch völlig niedergeschlagen«, immerhin stand der Weltfriede auf dem Spiel, und »man saß da und dachte, dass man jetzt wirklich in den Krieg ziehen muss«. Kennedy bezeichnete Chruschtschow seiner Frau gegenüber als »Gangster, von dem man sich nicht täuschen lassen« dürfe.

Wer von Jackie Kennedys Erinnerungen erwartet, dass sie über die Liebschaften ihres Mannes schreibt, wird enttäuscht sein. Die Witwe des Präsidenten schildert ein harmonisches Familienleben im Weißen Haus, bleibt dabei aber – vor allem wenn man bedenkt, dass die Gespräche nur dreieinhalb Monate nach Kennedys Ermordung stattfanden – erstaunlich kühl, fast emotionslos. Sie zeigt ihre Bewunderung für John F. Kennedy, aber das Wort Liebe kommt kaum je vor.

Sie selbst outet sich als unpolitisch (»Meine Ansichten habe ich von meinem Mann«), schildert aber vieles sehr offen, auch was John F. Kennedy von seinen Mitarbeitern hielt. Über seinen Nachfolger Lyndon B. Johnson ist fast nur Abfälliges zu hören: »Jack musste ihn zum Vizepräsidenten machen, da der ihn sonst mit allen Mitteln boykottiert hätte.«

Johnson wollte selbst Präsident werden, hatte aber, wie Jackie andeutet, Alkoholprobleme. »Lyndon traf keine Entscheidungen, was ihm gefiel, waren Reisen« – auf denen er oft einen peinlichen Eindruck hinterließ. »Jack sagte: ›Mein Gott, kannst du dir vorstellen, was mit dem Land passiert, sollte Lyndon Präsident werden.‹ Ihm gefiel der Gedanke nicht, weil er Angst um das Land hatte.«

Ein großes Kapitel ist der sehr labilen Gesundheit ihres Mannes gewidmet. Die drei Jahre seiner Präsidentschaft waren von seinem Rückenleiden überschattet. »Zeitweise wurde Jack fast verrückt vor Schmerzen. Er sah so kläglich aus, wenn er auf seinen Krücken eine Flugzeuggangway hinunterhumpelte oder auf eine Bühne ging. Aber sobald er auf dem Podium stand, sah er einen an und man wusste, dass er alles im Griff hatte.«

Jacqueline Kennedy klagt die Ärzte an, die ihn falsch behandelt hätten, die erste Operation sei unnötig gewesen, bei der zweiten wurde er verpfuscht. Der einzige Arzt, der ihm helfen konnte, war der aus Wien stammende Orthopäde Hans Kraus.

»Kraus war entsetzt, dass der Präsident mit schweren Medikamenten behandelt wurde« und kündigte an, dass Kennedy in kürzester Zeit im Rollstuhl sitzen würde. Eine Linderung sei nur durch regelmäßige Muskelübungen zu erreichen. 1963 berichtete John F. Kennedy, dass er sich noch nie so gut gefühlt hätte wie durch die Kraus'schen Übungen und dass er erwäge, wieder mit dem Golfspiel anzufangen.

Dazu sollte es nicht mehr kommen. Kennedy wurde wenige Monate später ermordet. In einem der Gespräche mit seiner Frau hatte er sogar diese Möglichkeit erörtert. Er war einmal gefragt worden, ob Präsident Lincoln, der 1865 erschossen worden war, von der Nachwelt ebenso positiv beurteilt würde, wäre er nicht Opfer eines Attentats geworden.

Kennedy war skeptisch: »Hätte Lincoln länger gelebt, wären viele Probleme auf ihn zugekommen, und er hätte sich bei unzähligen Leuten unbeliebt gemacht.« Lincoln sei also, historisch gesehen, zum richtigen Zeitpunkt gestorben. Dazu Jackie Kennedy: »Nach der Kubakrise, als sich alles so fantastisch entwickelt hatte, sagte

»*Wenn mich jemand erschießen sollte*«

»*Wenn mich jemals jemand erschießen sollte, dann wäre heute der Tag dafür*«, sagte John F. Kennedy einmal zu seiner Frau Jackie.

Jack: ›Wenn mich jemals jemand erschießen sollte, dann wäre heute der Tag dafür.‹«

Der Tag kam etwas später. Das Ehepaar Kennedy fuhr am 22. November 1963 mit dem texanischen Gouverneur Connally und seiner Frau im offenen Wagen durch Dallas. Jackie schildert in ihrer Erinnerung John Connally als eitlen, selbstgefälligen Mann. Auf der Fahrt durch Dallas sagte der Gouverneur zu Kennedy, dass er einer neuen Umfrage zufolge in Texas beliebter sei als der Präsident.

John F. Kennedy erwiderte: »Das wundert mich nicht.« Es waren die letzten Worte, die die beiden wechselten. Und wohl auch die letzten, die John F. Kennedy sprach.

Wenn man aus Jackie Kennedys Schilderungen einen politischen Schluss ziehen kann, dann ist es der, wie verlogen Staatsmänner miteinander umgehen. Es gibt kaum ein Foto, auf dem die Kennedys nicht mit den Großen ihrer Zeit freundlich lächelnd posieren – aber was das Präsidentenpaar über ebendiese Leute zu sagen hatte, war weit weniger freundlich.

Der deutsche Bundeskanzler Konrad Adenauer war »ein verbitterter alter Mann, den man mit seinen 89 Jahren längst vom Sessel herunterzerren hätte sollen«, Frankreichs Staatspräsident Charles de Gaulle war »unaufrichtig«, Kremlchef Chruschtschow hat bei den Begegnungen in Wien dümmliche Witze erzählt. Amerikas Bürgerrechtler Martin Luther King nannte Jackie »einen furchtbaren Menschen«, der angeblich an Orgien teilgenommen hätte, und US-Außenminister Dean Rusk »war nur ein Handlanger, der keine Entscheidung treffen konnte. Jack überlegte ständig, wie er ihn loswerden könnte.« Feuern wollte er im Übrigen auch den allmächtigen FBI-Boss J. Edgar Hoover (über den heute bekannt ist, dass er Kennedy beschatten ließ und über seine Affären sehr genau Bescheid wusste).

Jackie erwähnt die Affären ihres Mannes mit keinem Wort. Wusste der sowjetische Geheimdienst diesbezüglich sogar mehr als sie? Jedenfalls flüsterte ihr Chruschtschow während einer Ballettaufführung in der Wiener Staatsoper zu, dass die Tänzerinnen »alle nur Ihren Mann im Blick haben. Sie dürfen ihn niemals allein auf Staatsbesuch gehen lassen, er ist ein so gut aussehender Mann.«

Jacqueline Kennedy geb. Bouvier war sich von Anfang an im Klaren darüber, dass sie sich ihren Ehemann mit anderen werde teilen müssen – allerdings dachte sie dabei nicht an Marilyn Monroe, Jayne Mansfield und andere Hollywoodstars: Wie er seine

Familie liebte, »so liebte er auch seine engsten Mitarbeiter, seine Umgebung. Er liebte uns alle. Und, wissen Sie, ich bin nicht eifersüchtig. Sein Leben bestand aus lauter verschiedenen Bereichen. Und wir alle liebten einander.«

Jedenfalls interessierte sich Kennedy dafür, wie andere Staatsmänner in Sachen Seitensprung verfuhren: »Als ich einmal viel über das 18. Jahrhundert las«, erzählte Jackie, »schnappte er sich das Buch, las es und wusste plötzlich noch vor mir alles über die Mätressen von Ludwig XV.«

Erstaunlich ist, wie einfach und normal der Familienalltag im Weißen Haus ablief. Papa Präsident liebte es, wenn Caroline und John Jr. ihn im Oval Office besuchten und dort mit ihm spielten. Abends saß man, wenn keine Gäste da waren, in der Küche und speiste vom Tablett.

Zu den Großen, denen die Kennedys – noch ehe er Präsident war – begegneten, zählte der frühere britische Premierminister Winston Churchill. »Jack hatte sich sehr auf dieses Treffen gefreut, da er ihn verehrte, aber da war der arme alte Mann wirklich schon arg senil und wusste nicht einmal, wer Jack war.« Stattgefunden hat das Treffen auf der Yacht des griechischen Reeders Aristoteles Onassis, den Jackie viele Jahre später heiraten sollte.

Jackie verliert über John F. Kennedy kein böses Wort. Tatsächlich wird man ihm nicht gerecht, wenn immer wieder nur seine Affären und sein tragischer Tod im Mittelpunkt stehen. Der Milliardärssohn war gebildet, belesen – und hatte ein ehrliches soziales Gewissen.

Jackie belegt das mit einer Episode: »Ich weiß noch, wie es ihn aufgeregt hat, als wir einmal mit meiner Mutter und meinem Stiefvater zu Abend aßen, und mein Stiefvater sitzt da, mit einem Toast in der Hand, dick mit Gänseleberpastete bestrichen, und beklagt sich, dass der Mindestlohn 1,25 Dollar betragen soll. Jack sagte später zu mir: ›Ist dir klar, dass Waschfrauen 60 Cent pro Stunde bekommen?‹ Er war so empört darüber, dass diese Reichen keinen Gedanken daran verschwendeten, wie man von 20 Dollar im Monat leben soll, sondern die Leute wie Sklaven behandelten.« Ihr Mann, verrät Jacqueline, wollte alles daran setzen, den Kampf gegen die Armut aufzunehmen.

John F. Kennedy sprach mit seiner Frau auch darüber, was er nach Ablauf seiner Amtszeit als Präsident tun würde. Er wäre gern Botschafter geworden, überlegte fürs Fernsehen zu arbeiten oder Herausgeber einer Zeitung zu werden. »An der Idee mit der Zeitung hatte er Gefallen gefunden. Manchmal sprach er darüber: ›Meinst du, wir können die *Washington Post* kaufen?‹ Vielleicht wäre er um die Welt gereist, hätte ein Buch geschrieben, hätte sich um die Bibliothek gekümmert.«

In der Politik wäre er nicht geblieben, vermutete Jackie. »Die drei Brüder hatten ein sehr gutes Verhältnis zueinander.« Sein jüngster Bruder Edward war bereits im Senat – und zwei Kennedys im Senat hätten für Unmut gesorgt. Er hätte also Edward zuliebe darauf verzichtet.

Sein Tod im Alter von 46 Jahren sei auch deshalb so traurig, »weil Jack seine beste Zeit noch vor sich hatte«.

Schlimme Zeitensprünge

Schlimme Zeitensprünge

Österreichs Oskar Schindler
Der Feldwebel Anton Schmid

Er war kein reicher Fabrikant wie Oskar Schindler und kein strategisch denkender Generalstabsoffizier wie Graf Stauffenberg. Er war nur ein kleiner Feldwebel aus Wien. Doch auch er bewies in der Zeit des industrialisierten Massenmords eine tiefe Menschlichkeit. Anton Schmid rettete mehr als 300 Juden vor dem sicheren Tod und bezahlte seinen Heldenmut mit dem eigenen Leben, als er von den Nationalsozialisten hingerichtet wurde.

Anton Schmid wurde am 9. Jänner 1900 als Sohn eines Bäckergehilfen in Wien geboren, er absolvierte eine Lehre als Elektroinstallateur, war Aushilfsdiener bei der Post und eröffnete 1928 auf der Klosterneuburger Straße in Wien-Brigittenau ein kleines Radiogeschäft. Schmid wurde von Zeitzeugen als heiterer und herzensguter Mann beschrieben, der in seiner Jugend angeblich in ein jüdisches Mädchen verliebt war.

Seine Menschlichkeit bewies er schon im März 1938. Als nach dem »Anschluss« die Auslagenscheibe des Geschäfts einer jüdischen Nachbarin eingeschlagen wurde, hielt er den Täter bis zum Eintreffen der Polizei fest – jedoch landete nicht der am Kommissariat, sondern Schmid. Er ließ sich nicht einschüchtern und verhalf nun etlichen Verfolgten zur Flucht ins Ausland.

Im Krieg von der Wehrmacht eingezogen, landete Schmid mit seiner Kompanie im September 1941 in der von Hitlerdeutschland besetzten litauischen Stadt Vilnius (Wilna), wo ihm nicht entging, dass in einem nahen Waldstück täglich Hunderte, oft sogar Tausende Juden erschossen wurden. Er weigerte sich, tatenlos zuzusehen und fand nun zu seiner Bestimmung.

Feldwebel Schmid leitete in Wilna eine Sammelstelle für Soldaten, die sich meist unerlaubterweise von der Truppe entfernt hatten. Er bemühte sich, diese vor der Verfolgung durch ein Kriegsgericht zu schützen und erkannte dabei, dass sein Büro mit angeschlossener Werkstätte für Zwangsarbeiter als so unbedeutend angesehen wurde, dass sich seine Vorgesetzten kaum um ihn kümmerten. So konnte er unbemerkt zum Lebensretter werden.

Der erste von ihm gerettete Jude war ein von der Liquidierung bedrohter junger Pole namens Max Sallinger, der Schmid in seiner Not um Hilfe gebeten hatte. Der Feldwebel zögerte keinen Augenblick und verschaffte Sallinger eine neue Identität: Er gab ihm das Soldbuch des gefallenen Soldaten Max Huppert, steckte ihn in eine Wehrmachtsuniform und beschäftigte Max Sallinger, der gut Deutsch konnte, in seiner Schreibstube. Sallinger fuhr nach dem Krieg zu Schmids Witwe nach Wien, um ihr vom Heldenmut ihres Mannes zu berichten und sich auch dafür einzusetzen, dass Stefanie Schmid eine finanzielle Unterstützung erhielt.

Wilna hatte beim Einmarsch der Nationalsozialisten rund 200 000 Einwohner, davon waren 60 000 Juden. Diejenigen unter ihnen, die man für »kriegswichtige Arbeit« benötigte, wurden in ein von hohen Mauern und Stacheldraht umgebenes Ghetto gesperrt, alle anderen – genannt »die Überflüssigen« – wurden erschossen. Hauptverantwortlich für die Massentötungen war der als »Schlächter von Wilna« berüchtigte, aus der Steiermark stammende SS-Mann und »Judenreferent« Franz Murer, aber auch viele Litauer beteiligten sich an den Verbrechen und plünderten die Wohnungen ihrer Opfer.

Anton Schmid stellte falsche Arbeitsbescheinigungen für Hunderte jüdische Gefangene aus, die meist nur »Arbeiter-Statisten«, ohne »kriegswichtige« Aufgaben waren, aber so dem sicheren Tod entkamen. Er transportierte auch Juden mit gefälschten Marschbefehlen aus dem Wilnaer Ghetto in das damals sichere Weißrussland und unterstützte den jüdischen Widerstand.

Eine Schilderung seiner Hilfsbereitschaft hinterließ das Ehepaar Anita und Hermann Adler. Sie war Opernsängerin aus Wien, er ein Schriftsteller aus Pressburg, der die Umstände seiner Rettung niederschrieb. Anton Schmid versteckte die Adlers im Herbst 1941 in seiner Dienstwohnung, um ihnen den Aufenthalt im Ghetto und den wahrscheinlichen Tod zu ersparen. Hermann Adler fand über Schmid die schlichten Worte: »Er war kein Held, er war ein Mensch.«

Als die Geheime Feldpolizei im Jänner 1942 dahinterkam, dass Schmid Juden mit Lastautos der Wehrmacht aus dem Ghetto befreite, klagte man ihn wegen Hochverrats an und verhängte ein Todesurteil. Der Feldwebel wurde am 13. April 1942 erschossen und sein Leichnam in einem Massengrab in Wilna verscharrt.

Tatsächlich hat Schmid sich ähnlich wie Oskar Schindler verhalten, der in seiner Emailwarenfabrik bei Krakau 1200 jüdische Zwangsarbeiter rettete, indem er deren Tätigkeit – ebenfalls unter Gefährdung des eigenen Lebens – als »kriegswichtig« bezeichnete, wodurch sie der Ermordung durch die SS entgingen. Doch während

Österreichs Oskar Schindler

Todesurteil, weil er dreihundert Menschenleben rettete: Feldwebel Anton Schmid.

Anton Schmid hingerichtet wurde, hat Schindler die Nazizeit überlebt und ist 1974 im Alter von 66 Jahren gestorben.

Schindler ist durch den mit sieben Oscars ausgezeichneten Steven-Spielberg-Film *Schindlers Liste* weltberühmt geworden, Schmid hingegen ist weitgehend vergessen.

In einem Punkt gibt es keinen Unterschied zwischen dem kleinen Feldwebel und dem großbürgerlichen Fabrikanten: Beide konnten nicht anders handeln. »Ich habe ja«, schrieb Anton Schmid im Abschiedsbrief an seine Frau, »nur Menschen gerettet.« Beide, Schindler und Schmid, wurden 1967 in der israelischen Gedenkstätte Yad Vashem als »Gerechte unter den Völkern« geehrt.

Schlimme Zeitensprünge

Ärger als auf der *Titanic*
9000 Tote auf der Wilhelm Gustloff

Man hält im Allgemeinen den Untergang der *Titanic* für die größte Schiffskatastrophe aller Zeiten. Dabei gab es ein Unglück, das weit mehr Todesopfer forderte. Kamen doch bei der folgenschwersten Tragödie in der Geschichte der Seefahrt an Bord der *Wilhelm Gustloff* rund 9000 Menschen ums Leben – sechs Mal so viel wie auf der *Titanic*.

Millionen Menschen waren gegen Ende des Zweiten Weltkriegs auf der Flucht, die meisten von ihnen in panischer Angst vor der herannahenden Roten Armee. Allein in der damals deutschen Stadt Gotenhafen – dem heute polnischen Gdynia in der Nähe von Danzig – warteten Zehntausende, um von der im Hafen vor Anker liegenden *Wilhelm Gustloff* in Richtung Westen gebracht zu werden.

Die *Wilhelm Gustloff* war am 5. Mai 1937 in Hamburg vom Stapel gelaufen. Der für 2000 Passagiere und Besatzungsmitglieder geplante Dampfer wurde nach dem von einem jüdischen Studenten ermordeten antisemitischen Hetzer und NSDAP-Funktionär Wilhelm Gustloff benannt. Hitler taufte das Schiff, das vorerst als Vergnügungsdampfer der Organisation *Kraft durch Freude* genutzt wurde. Im Krieg diente es dann als Lazarett und Schulschiff.

Als gegen Kriegsende im Rahmen des »Unternehmens Hannibal« 2,5 Millionen Menschen in das westliche Deutschland gebracht werden sollten, wurde auch die *Wilhelm Gustloff* als Flüchtlingstransporter eingesetzt.

Jeder war überglücklich, der auf dem ehemaligen Luxusdampfer Platz fand. Am 30. Jänner 1945, gegen 13 Uhr, legte das mit

10 582 Passagieren – meist Frauen und Kinder – sowie Soldaten und Besatzungsmitgliedern heillos überfüllte Schiff endlich ab. Das Leben dieser Menschen schien gerettet.

Doch am selben Abend kam die Katastrophe. Als die *Wilhelm Gustloff* um 21.08 Uhr, zwölf Seemeilen von der Küste entfernt, von drei Torpedos getroffen wurde, die Alexander Marinesko, der Kommandant des sowjetischen U-Bootes S 13 abgefeuert hatte.

Innerhalb weniger Minuten brach an Bord der *Wilhelm Gustloff* unvorstellbare Panik aus. Der Zeitzeuge Rudolf Geiß, als Steuermann an Bord, erinnerte sich: »Ich stand in diesem Moment auf der Kommandobrücke und dachte: Jetzt ist alles aus. Unser Schiff bekam riesige Schlagseite und füllte sich innerhalb kürzester Zeit mit Wasser. Im Speisesaal flogen Tische und Sessel kreuz und quer

Von drei Torpedos getroffen, kamen auf der Wilhelm Gustloff *mehr als 9000 Menschen ums Leben.*

und erschlugen viele Menschen. Andere rutschten hilflos von Deck in die eisige See.«

Wie auf der *Titanic* gab es auch auf der *Wilhelm Gustloff* viel zu wenige Rettungsboote und die vorhandenen waren bei einer Außentemperatur von minus zwanzig Grad derart vereist, dass nur ein kleiner Teil seeklar gemacht werden konnte. Steuermann Rudolf Geiß gelang es, einigen Passagieren und Kameraden zu helfen, ehe er selbst in ein Rettungsboot sprang.

Er war einer der 1239 Überlebenden der Katastrophe. 9343 von 10 582 Menschen an Bord fanden dabei den Tod.

Eine Stunde nach dem Einschlag der Torpedos musste der Steuermann in seinem winzigen Boot »aus rund fünfzig Metern Entfernung mitansehen, wie der mächtige Rumpf der *Wilhelm Gustloff* in der eiskalten See verschwand. Jetzt herrschte nur noch gespenstische Stille.«

Der Großteil der Passagiere und Soldaten war ertrunken, erfroren oder totgetreten worden.

Als fatal stellte sich heraus, dass die Mannschaft der *Wilhelm Gustloff* von vier Kapitänen angeführt wurde, die sich während der nächtlichen Fahrt auf keine einheitliche Vorgehensweise einigen konnten. Schließlich setzte man die Positionslichter der *Wilhelm Gustloff*, wodurch das Schiff für das gegnerische U-Boot erst sichtbar wurde.

Historiker und Juristen rätselten nach dem Krieg, ob der Befehl, die als ziviles Schiff gebaute *Wilhelm Gustloff* zu versenken, als Kriegsverbrechen zu werten sei. Um schließlich zu der Auffassung zu gelangen, dass der U-Boot-Kommandant Alexander Marinesko nicht völkerrechtswidrig gehandelt hätte, zumal das einstige Naziprunkstück einen Tarnanstrich hatte, mit Flakgeschützen bestückt war und an Bord der *Wilhelm Gustloff* rund 1500 Wehrmachtssoldaten stationiert waren. Angehörige empfanden es allerdings als Verhöhnung der Opfer, dass Alexander Marinesko noch im Jahre 1990 posthum zum »Helden der Sowjetunion« erklärt wurde.

Lange Zeit trafen sich die Überlebenden der *Wilhelm Gustloff* einmal im Jahr, an jedem 30. Jänner. In den Gesprächen mit Passagieren und Kameraden erfuhr der ehemalige Steuermann Rudolf Geiß, dass jeder die Katastrophe auf seine Weise verarbeitet hat. »Manche litten unter schrecklichen Albträumen, ich selbst schob alles beiseite. Schließlich weiß man als Marinesoldat, dass man untergehen kann.«

Orgien unterm Hakenkreuz
Hitlers Clan in London

Von der feinen englischen Art kann bei den Mosleys keine Rede sein. Nicht nur, dass ein Familienmitglied sich in Hitler verliebt haben soll, unternahm ein anderer Verwandter ebenso peinliche wie sinnlose Versuche, den »Führer« in Großbritannien salonfähig zu machen.

Dabei hatte der Name im britischen Empire einst einen Klang, als würde der Mosley-Clan ständig zwischen Buckingham-Palast und Windsor Castle pendeln. Im 18. Jahrhundert in den erblichen Adelsstand erhoben, gehörte die ursprünglich irische Dynastie zum Allerfeinsten an der Themse.

Dementsprechend zivilisiert begann auch die politische Karriere von Sir Oswald Mosley, ehe er sich ins totale Abseits manövrierte: Er wurde 1918 im Alter von 21 Jahren als Konservativer ins britische Unterhaus gewählt, 1924 wechselte Sir Oswald zur Labour Party, in der es der »6th Baronet of Mosley« zum Kanzler des Herzogtums Lancaster und zum Minister brachte. 1930 trat er aus Protest gegen die Wirtschaftspolitik der Regierung zurück.

Um ein Jahr später eine neue rechtsextreme Partei zu gründen, deren Vorbilder Mussolini und Hitler waren. Der deutschen SS nicht unähnlich, steckte Mosley die Anhänger seiner »British Union of Fascists« in schwarze Uniformen und organisierte rassistisch und antisemitisch ausgerichtete Schlägereien.

Dabei war er mittlerweile durch Heirat mit Lady Cynthia, der Tochter von Lord Curzon, dem ehemaligen Vizekönig von Indien, in die erste Riege der Londoner Society aufgestiegen. Curzon, der als britischer Außenminister Europas Geschichte mitgeschrieben hat, verweigerte Mosley zunächst die Hand seiner Tochter, weil er ihn für einen Erbschleicher hielt. Als sich der Verdacht bestätigte, war's zu spät – Cynthia und Oswald waren seit 1920 ein Paar.

Kein glückliches allerdings, da Mosley sen. – wie später auch sein Sohn – zu sexuellen Eskapaden neigte. Als seine Frau 1933 starb, war der Weg frei zur Heirat seiner Geliebten Diana Mitford.

Nun war man, auch politisch, unter sich. Denn die neue Mrs. Mosley war die Schwester von Unity Mitford, die sicher eine Verehrerin, möglicherweise aber auch eine Geliebte Hitlers gewesen ist. Pikanterweise waren die Mitford-Schwestern Cousinen Winston Churchills, Englands entschiedendstem Hitler-Gegner.

Oswald Mosley hätte sich keine perfektere Schwägerin wünschen können: Das Gerücht verbreitete sich hartnäckig, dass Unity in den

1930er-Jahren Hitler ein uneheliches Kind geschenkt haben soll. Fest steht, dass sie 1934 nach München reiste, um den vergötterten »Führer« persönlich kennenzulernen.

Dies gelang ihr, da sie täglich in dessen Lieblingsrestaurant *Osteria Bavaria* einkehrte und Hitler, als er nach Wochen endlich kam, tief in die Augen blickte. Dieser war begeistert von der zwanzigjährigen Schönheit, die mit einer Größe von 1,80 Metern und ihrem rotblonden Haar voll und ganz seinem »germanischen« Ideal entsprach.

Vom englischen Geheimdienst unter Beobachtung gestellt, wurde Unity in einem Bericht als »mehr Nazi als die Nazis« bezeichnet. Die Hochzeit von Faschistenführer Oswald Mosley mit Unitys Schwester Diana fand 1936 »standesgemäß« im Büro von Propagandaminister Goebbels statt, Hitler war Trauzeuge. Dem Buch *Hitlers Tischgespräche* entnimmt man, dass der »Führer« das Brautpaar nach der Zeremonie zum Abendessen in seine Münchner Wohnung am Prinzregentenplatz lud, zumal er sich von Sir Oswald »Privatkontakte zu britischen Regierungspersönlichkeiten« versprach – die allerdings nie zustande kamen. Und so blieb Oswald Mosley in des »Führers« Augen »ein Mann von viel gutem Willen, der sich aber gegenüber den Konservativen nicht durchsetzen kann«.

Auch Unity Mitfords Versuche, Hitler mit Cousin Churchill zusammenzubringen, scheiterten. Und doch waren die persönlichen Beziehungen Hitlers zu der Engländerin so ernst, dass seine Geliebte Eva Braun sich am 28. Mai 1935 das Leben zu nehmen versuchte, da Hitler sich allzu intensiv mit Unity beschäftigt hatte.

Und das blieb nicht der einzige Suizidversuch in dieser Affäre: Als England im September 1939 Hitler den Krieg erklärte, schoss sich Unity Mitford im Englischen Garten in München eine Kugel in den

Kopf. Sie überlebte, blieb aber für den Rest ihres Lebens schwerstbehindert. Ob sie wirklich intime Beziehungen mit Hitler hatte, konnte nie nachgewiesen werden.

Oswald Mosley und seine Frau setzten ihre politischen Irrwege fort, bis man sie im Frühjahr 1940 als Staatsfeinde des britischen Königreichs festnahm. Diana hatte kurz davor noch Sohn Max zur Welt gebracht. Nach dem Krieg freigelassen, brachte Sir Oswald seine rassistischen Randalierer wieder auf Trab. »Englands Hitler«, wie man ihn nannte, starb, ohne in seiner Heimat je eine politisch bedeutsame Rolle gespielt zu haben, 1980 in der Nähe von Paris.

Indes trat sein Sohn in Vaters Fußspuren: Max Mosley musste sich 1962 wegen einer Faschistenrauferei vor Gericht verantworten und versuchte eine politische Karriere bei den Konservativen, die ihn jedoch abwiesen. Als ehemaliger Rennfahrer und Motorsportmanager brachte er es bis zum Chef der Formel 1 und zum Präsidenten des Automobil-Weltverbandes FIA. Im April 2008 zeigte sich, dass das Hakenkreuz aus den Köpfen des Mosley-Clans noch immer nicht verschwunden war: Da tauchte ein fünfstündiges Video auf, das Max Mosley bei einer Orgie mit Prostituierten in (und ohne) Naziuniformen zeigt. Max Mosley starb 2021 im Alter von 81 Jahren.

Nachkriegs-Zeitensprünge

Die Vier im Jeep
Ein Besatzungssoldat erinnert sich

Als Robert T. Biddle aus Brownsville in Pennsylvania zwanzig Jahre alt war, meldete er sich freiwillig zum Auslandsdienst bei der US Air Force. Man legte ihm eine Liste europäischer Städte vor, aus denen er wählen konnte, um dort als Besatzungssoldat zu dienen. »Ich habe mich für Wien entschieden«, sagte er, »weil meine Großmutter früher oft von Vienna geschwärmt hatte.« Zwei Jahre wollte er bleiben, doch er blieb sein ganzes Leben. Mr. Biddle war im Jahr 2005, als er mir aus seinem Leben erzählte, wohl der letzte in Wien verbliebene Besatzungssoldat.

Er lebte damals in einer kleinen Wohnung in der Kaiserstraße in Wien-Neubau und hat es nicht bereut, hiergeblieben zu sein. »Wien ist eine Stadt, in der man wunderbar leben kann«, sagte er in fast akzentfreiem Deutsch.

Als Mr. Biddle am 14. Juli 1949 in Wien ankam, war von der imperialen Stadt, die seine Großmutter in ihrer Kindheit kennengelernt hatte, nicht viel übrig geblieben. Die Häuser waren ruiniert, die Menschen hungrig und zermürbt vom Krieg und von der Nazidiktatur.

Und sie waren alles andere als glücklich über die »Vier im Jeep«, durch deren Anwesenheit ihr Land wieder nicht frei war.

Die Vier im Jeep

So waren die »Vier im Jeep« nur in der Wiener Innenstadt unterwegs. In allen anderen Bezirken und in den Bundesländern gingen die alliierten Soldaten getrennt auf Patrouille.

Robert Biddle ist nie mit drei anderen Soldaten im Jeep gesessen, wie es das legendäre Foto zeigt. Die »Vier im Jeep« gab's nur in der Wiener Innenstadt, wo US-Amerikaner, Franzosen, Briten und Sowjets gemeinsam auf Patrouille gingen. Biddle war als gelernter Meteorologe im Wetterdienst des amerikanischen Flughafens Langenlebarn bei Tulln eingesetzt.

»Im Vergleich zu den Österreichern ging's uns ziemlich gut«, erzählte er. Denn während der durchschnittliche Bewohner des Landes in den Nachkriegstagen monatlich 900 Schilling verdiente, bekam ein Angehöriger der US-Army hundert Dollar, das entsprach damals rund 2500 Schilling.

Damit konnte man leben – auch zu zweit. Und das war wichtig, denn an partnerschaftsinteressierten Wienerinnen gab's keinen Mangel. Der Frauenüberschuss war enorm, da viele österreichische Männer im Krieg gefallen, von den Nazis ermordet oder immer noch in Gefangenschaft waren. Während sich Russen und Franzosen diesbezüglich frei bewegen konnten, war es den britischen und amerikanischen Soldaten anfangs verboten, eine Beziehung mit einer österreichischen Frau einzugehen.

Als die US-Regierung einsah, dass die Einhaltung dieses Verbots unmöglich war, gestattete sie nicht nur Liebesaffären, sondern auch Ehen ihrer Armeeangehörigen mit Österreicherinnen. Bald setzte ein richtiger Heiratsboom ein, so wurden 1950 allein im Standesamt Wien-Innere Stadt 67 österreichisch-amerikanische Ehen geschlossen, wobei die meisten Frauen später mit ihren Männern in die USA gingen.

Schlimmer hatten es die Frauen getroffen, die uneheliche Kinder zur Welt brachten – vor allem dann, wenn ihre Väter afroamerikanische Soldaten waren. Die meisten »Mischlinge« wurden zur Adoption freigegeben oder in einem Salzburger Waisenhaus für farbige Soldatenkinder untergebracht. Während der Betrieb vorerst klaglos funktionierte, kam es nach Abzug der US-Besatzer zu rassistischen Diskriminierungen, die dazu führten, dass man die Kinder in die USA brachte.

Mr. Biddle war nicht der Liebe wegen in Wien geblieben, »ich studierte hier Welthandel, arbeitete dann für zwei internationale Konzerne und hatte ein gutes Leben«.

Zu den wichtigsten Aufgaben der Besatzungsmächte gehörte es ab 1945, den Waffenstillstand zu garantieren, die Trennung Österreichs von Deutschland zu gewährleisten sowie den Aufbau einer

Die Vier im Jeep

Blieb nicht der Liebe wegen: Robert Biddle in seiner Zeit als in Wien stationierter US-Soldat.

österreichischen Verwaltung und freie Wahlen zu ermöglichen. Die »Vier im Jeep« mussten darauf achten, dass alles ohne Zwischenfälle ablief.

Die Sympathie für die Besatzer hielt sich auch weiterhin in Grenzen. Zwar erfreuten sich die Angehörigen der Westmächte – vor allem dank mitgebrachter Nylonstrümpfe, Longdrinks und Zigaretten – noch relativer Beliebtheit, doch die Russen hatten sich's sehr schnell mit der Bevölkerung verscherzt: In der Sowjetzone kam es immer wieder zu Plünderungen, ungerechtfertigten Verhaftungen und Vergewaltigungen durch russische Soldaten – die dafür oft nicht einmal bestraft wurden. Dafür wurde den Kommunisten gleich bei den ersten Wahlen im November 1945 die Rechnung präsentiert: Während die KPÖ mit einem Stimmenanteil von bis zu 30 Prozent gerechnet hatte, kam sie auf ganze 5,4 Prozent.

Ursprünglich waren in Österreich 700 000 alliierte Soldaten stationiert, für die die ohnehin am Boden zerstörte junge Republik die Kosten – 35 Prozent des Staatshaushaltes! – tragen musste. Wäre es dabei geblieben, hätte dies den wirtschaftlichen Aufschwung des Landes unmöglich gemacht. Also wurde im Lauf der Jahre die Truppenstärke auf 60 000 reduziert.

Robert Biddle erinnerte sich an den Jubel, als am 26. Oktober 1955 die letzten alliierten Soldaten Österreich verließen. »Die Wiener haben auf der Straße getanzt«, sagte er. »Man hat uns Amerikaner zwar freundlich behandelt, aber jetzt waren die Österreicher doch froh, wieder Herr ihres Lebens sein zu können.«

Nicht wenige Soldaten sind schweren Herzens wieder nach Hause gefahren. »Viele haben sich hier sehr wohl gefühlt«, meinte Mr. Biddle.

Und so mancher verbrachte jeden seiner Urlaube bis ans Ende seines Lebens in good old Austria.

»Kehrt heim nach Österreich!«
Willi Forst fordert Kollegen zur Rückkehr auf

Kehrt heim nach Österreich! Helft uns, die Heimat wieder hochzubringen vor aller Welt! Wir brauchen euch!« Der flammende Appell stammt vom Filmstar Willi Forst und richtete sich an seine in der Emigration lebenden Freunde und Kollegen. Der im Mai 1945 in der Zeitschrift *Film* abgedruckte offene Brief stellte den ersten Kontakt zwischen Wien und einer ganzen Reihe von im Exil lebenden früheren Publikumslieblingen her.

So sehr sich die emigrierten Künstler über Einzelaktionen wie diese freuten, so betrüblich war die Tatsache, dass das offizielle

»Kehrt heim nach Österreich!«

Österreich kaum irgendwelche Anstalten machte, die vielen vor Hitler geflüchteten Schauspieler, Sänger, Kabarettisten, Regisseure, Schriftsteller und Musiker heimzuholen. Unter denen, die Willi Forst namentlich zur Rückkehr aufforderte, waren die Schauspieler Elisabeth Bergner, Hans Jaray, Helene Thimig, Peter Lorre, Oskar Karlweis, Hedy Lamarr, Adolf Wohlbrück und Gisela Werbezirk, die Sänger Maria Jeritza, Lotte Lehmann und Richard Tauber, die Regisseure Fritz Lang, Otto Preminger, Josef von Sternberg und Billy Wilder …

… sowie Robert Stolz, der sich in den USA als Dirigent und Filmkomponist einen Namen gemacht hatte und dort ein finanziell abgesichertes Leben hätte führen können. »Mein lieber Freund Willi«, antwortete er Forst am 7. April 1946 aus New York, »ich habe in den langen Jahren oft und oft an Dich persönlich und an unsere wunderbare Zusammenarbeit gedacht. Wie groß meine Sehnsucht ist, wieder mit Dir einen schönen, herrlichen, musikalischen Film zu machen, kann ich Dir mit Worten nicht sagen.«

Ein halbes Jahr danach kam Stolz mit seiner ihm jüngst angetrauten fünften Ehefrau Yvonne, genannt »Einzi«, in Wien an. »Ich war davon überzeugt, dass mich Österreich und Deutschland in diesem Moment nötiger brauchten denn je«, sagte er bei seiner Ankunft. »Ich war überzeugt, dass meine Musik einen kleinen Beitrag zur Wiedergutmachung Österreichs und Deutschlands nach Nationalsozialismus, nach Krieg und Zerstörung würde leisten können.«

Der Anreiz zurückzukehren war nicht besonders groß. So wurde Stolz, als er von New York abflog, von Journalisten gefragt, warum er das Land, in dem Milch und Honig fließen, verlassen würde, um in das verwüstete, verhungernde, zertrümmerte Wien heimzukehren. »Ich möchte die Minoritenkirche im Schnee sehen«, antwortete

Wollte mit seiner Musik einen Beitrag zur Versöhnung leisten: Robert Stolz mit Ehefrau Einzi bei seiner Rückkehr nach Wien am 30. Oktober 1946.

er, »und das ist Grund genug, alle Opfer und Entbehrungen auf mich zu nehmen.«

Die Minoritenkirche stand für das Wort Heimweh. Andere Künstler kamen, weil sie ihre Karrieren in einer fremden Sprache nur bedingt fortsetzen konnten. Der Entschluss zur Rückkehr fiel nicht leicht, zumal die meisten von ihnen – im Gegensatz zu Robert

»Kehrt heim nach Österreich!«

Stolz, der »rassisch« nicht belastet war – vom Dritten Reich mit dem Tod bedroht worden waren und viele ihrer Angehörigen verloren hatten.

Der Schauspieler und Regisseur Fritz Kortner brauchte zwei Jahre, um für sich die Frage zu beantworten, ob er in Hollywood bleiben sollte oder nicht. Und auch dann entschloss er sich vorerst, zwar nach Europa, nicht jedoch in seine Heimatstadt Wien zu reisen. Also flog er über New York, Antwerpen und Zürich nach Berlin. »Dass einer freiwillig in diese Hungerhölle gekommen war«, erinnert er sich in seinen Memoiren, »erregte Kopfschütteln.«

Etwas später kam Kortner nach Wien, in die Stadt, in der er geboren und groß geworden war und traf keine Verwandten mehr an, sie waren »fast alle den Hitlertod gestorben«.

Der Schriftsteller Hans Weigel hingegen nahm die erste sich bietende Gelegenheit wahr, um den Weg aus dem Schweizer Exil nach Wien zu finden. Kaum angekommen, kümmerte er sich sofort um die Förderung des literarischen Nachwuchses. Eine Aufgabe, die ihm besonders wichtig erschien, war er doch nach der Rückkehr in seine – auch künstlerisch völlig ausgehöhlte – Heimat zu dem satirischen Schluss gelangt: »In Österreich gibt es nur zwei lebende Autoren. Den Lernet und den Holenia.«

Wie Willi Forst erkannte auch Weigel, dass das Wiener Kulturleben nur dann wiederaufgebaut werden könnte, wenn möglichst viele Künstler und Intellektuelle zurückkehren würden. Also nahm er einen intensiven Schriftwechsel mit noch in der Emigration befindlichen Autorenkollegen auf, die er aus der Vorkriegszeit kannte. Einer der ersten war Friedrich Torberg, der sich noch nicht schlüssig war, wo er den Rest seines Lebens verbringen sollte. »Lieber Weigel!«, schreibt er im Mai 1946 aus New York. »Ich zweifle nicht, dass Sie sich in Wien mit Recht wohl fühlen und dass Sie mit Recht Erfolg haben. Ich würde sogar glauben, dass es auch dem nächsten und dem übernächsten möglich sein wird, sich wohl zu fühlen und Erfolg zu haben. Aber ich fürchte, dass sich damit das schlechte Gewissen derer, von denen Wohlgefühl und Erfolg abhängen, beruhigt haben wird und dass wir eines Tages im besten Fall vor einer Art Numerus clausus stünden und im schlimmsten Fall vor einem zweiten Exodus. Bitte widersprechen Sie mir.«

Weigel widersprach. Und Torberg kam nach Österreich.

Ähnlich wie für Schriftsteller und Schauspieler stellte sich die Situation in der Fremde für Kabarettisten dar, die in einer anderen als ihrer Muttersprache nur schwer Fuß fassen konnten. Man weiß, dass sich der Komiker Armin Berg in New York durch den Verkauf von Bleistiften und Büromaterial durchschlagen musste. Karl Farkas erging es etwas besser, zumal er sich mit Hilfe einer Operettentournee durch amerikanische Städte – an der Seite von Jan Kiepura und Marta Eggerth in der *Lustigen Witwe* – und durch kleinere Filmrollen über Wasser halten konnte. Auch er hatte in den USA den Aufruf Willi Forsts gelesen und von dort die Antwort geschickt: »Nach fünf Jahren New York und Hollywood treibt mich die Sehnsucht nach meiner Familie und meiner Heimat nach Europa zurück, und ich hoffe, nach Beendigung einer Filmarbeit in Paris die Reise nach Wien antreten zu können. Ich schreibe Ihnen, weil ich Ihnen sagen will, dass Ihr Artikel viele von uns Auslandskollegen bewogen hat, sich zur Heimreise bereit zu machen. Ich hoffe, Ihnen bald persönlich die Hand zu drücken, übermittle Ihnen die Grüße fast aller amerikanischen Kollegen, speziell aus Hollywood und grüße Sie auf das herzlichste als Ihr Sie hochschätzender Heimkehrer Karl Farkas.«

»Kehrt heim nach Österreich!«

Als Farkas am 22. Juli 1946 in Wien ankam, konnte er in der Zeitung *Die Weltpresse* die Schlagzeile »Sei willkommen, Heimkehrer Karl Farkas« lesen. Wie ein König auf dem von Hunderten Menschen bevölkerten Wiener Eislaufverein empfangen, sagte der einst Fortgejagte in seinem ersten Interview: »Ich freue mich, dass man mich hier in den langen Jahren der Trennung nicht vergessen hat und mir einen so herzlichen, echten wienerischen Empfang bereitete. Ich bringe so viel Neues und Schönes mit, so viel guten Willen und Enthusiasmus und wünsche nichts sehnlicher, als am Aufbau unserer Stadt mitarbeiten zu dürfen.«

Umso größer war die Enttäuschung, die der ersten Wiedersehensfreude folgte. Vielen Künstlern fiel es nicht leicht, sich nach dem jahrelang erlebten American Way of Life wieder auf österreichische Verhältnisse umstellen zu müssen. Vom Broadway infiziert, verfassten Karl Farkas und Robert Stolz gemeinsam das »erste Wienerische Musical«, das im November 1946 unter dem Titel *Schicksal mit Musik* im Apollo-Theater zur Uraufführung gelangte.

Aber das Publikum blieb aus. »Farkas war mit dem Inhalt des Librettos seiner Zeit voraus«, erinnerte sich Einzi Stolz. »Die Show wurde ein Misserfolg und nach kurzer Zeit wieder abgesetzt.«

Farkas versuchte nun, die Direktion einer Wiener Bühne zu erhalten. »Leider ist es sehr schwer«, meinte er, »auch bei allen materiellen und künstlerischen Grundlagen, bei aller Wiedersehensfreude und allen geöffneten Armen, ein geöffnetes Theater zu finden. Man versichert mir, dass ich bald eines haben werde, man schüttelt mir die Hände – hoffentlich schüttelt man zu meinen Plänen nicht auch den Kopf.«

Man schüttelte auch diesen. Und gab Farkas – wie manch anderem Emigranten – keinerlei Hilfestellung. Nachdem auch die Fürsprache des um die Remigranten bemühten Wiener Kulturstadtrates Viktor Matejka nichts half, zog sich Farkas in sein ureigenstes Metier zurück – dorthin, wo er schon vor dem Krieg seine größten Triumphe gefeiert hatte, ins Kabarett.

Aber unter welchen Vorzeichen! Einige der wichtigsten Interpreten des Vorkriegskabaretts hatten die Konzentrationslager der Nazis nicht überlebt, darunter Paul Morgan, Jura Soyfer, Fritz Löhner-Beda, Peter Hammerschlag und Fritz Grünbaum.

Niemand konnte Grünbaums früheren Platz einnehmen. Und so sollte es bis in den Herbst 1950 dauern, ehe Farkas wieder im Simpl auf der Wollzeile Einzug hielt, wobei Grünbaums einstige Aufgaben jetzt »aufgeteilt« wurden: Ernst Waldbrunn war der Partner in der Doppelconférence, und ein anderer Remigrant wurde Co-Autor: Hugo Wiener – vor dem Krieg Mitarbeiter in der Kabarettbar Femina – hatte die Nazizeit, gemeinsam mit seiner Frau Cissy Kraner, in Kolumbien verbracht.

Weitere Künstler wie Hermann Leopoldi, Hans Jaray, Ernst Deutsch und Helene Thimig folgten Willi Forsts Aufruf, andere weigerten sich, je wieder dorthin zurückzukehren, wo das Verbrechensregime gewütet hatte. Unter jenen, die nicht wiederkamen, waren die Schauspieler Paul Henreid, Elisabeth Bergner, Hedy Lamarr, Peter Lorre und Gisela Werbezirk, die Regisseure Fritz Lang, Billy Wilder, Otto Preminger, Fred Zinnemann und Josef von Sternberg, die Komponisten Walter Jurmann, Frederick Loewe und Fritz Kreisler sowie die Schriftsteller Vicki Baum und Walter Reisch. Sie alle wurden zu wichtigen Säulen des Geistes- und Kulturlebens im Land der unbegrenzten Möglichkeiten.

Ein US-amerikanischer Journalist war schon 1937, angesichts der aus Deutschland emigrierten Intellektuellen, im *New Republican*

»Kehrt heim nach Österreich!«

Remigrant Karl Farkas trat ab 1950 wieder im Kabarett Simpl auf und erfreute sich großer Popularität.

Magazine so weit gegangen, Hitler für den Exodus hervorragender Persönlichkeiten ironisch zu danken: »Diese Männer und Frauen sind Wissenschaftler, schöpferische Künstler, Musiker, Philosophen. Sie stehen auf denkbar hohem Niveau … Ich bin der Ansicht, dass wir Amerikaner Hitler zutiefst dankbar sein sollten, dass er unserer Gesellschaft diese enorme Bereicherung zuteil werden ließ. Thank you, Hitler!«

Ein Intellektueller, der auch nicht heimkehrte, war der aus Wien stammende Paul Lazarsfeld, der in Amerika zu den Begründern der modernen Soziologie zählte. Er blieb in den USA, wo er das Schicksal des Emigranten pointiert in Worte fasste: »In Europa fürchten sich die Kinder vor den Eltern und in Amerika fürchten sich die Eltern vor den Kindern. Da ich das Pech gehabt habe, in Europa ein Kind und in Amerika Vater zu sein, habe ich mich eigentlich mein ganzes Leben lang gefürchtet.«

Nachkriegs-Zeitensprünge

Aus den Ruinen auferstanden
An »Burg« und Oper wird wieder gespielt

Bundespräsident, Regierung und Gäste aus aller Welt saßen im Publikum, und die beiden Bühnen ließen ihre ersten Künstler auffahren. Und das alles wurde – damals eine Sensation – vom eben gegründeten Österreichischen Fernsehen übertragen.

Rückblende: Luftangriffe zerstören am 12. März 1945 weite Teile der Wiener Innenstadt. Ein Bombentreffer lässt die Decke der Staatsoper einstürzen. Nur der Ringstraßentrakt ist heil geblieben, die übrigen drei Fronten inklusive Bühne und Zuschauerraum sind fast völlig ausgebrannt.

Anders die Situation des Burgtheaters. Obwohl es am selben Tag ebenfalls getroffen wurde, hielt sich der Schaden in Grenzen. Doch genau einen Monat später, am 12. April 1945, bricht auch hier – aus nie ganz geklärter Ursache – ein Brand aus, der auf das gesamte Gebäude übergreift. Der Untergang war besiegelt, weil es in den letzten Kriegstagen in Wien keine funktionierende Feuerwehr mehr gab.

Wie am 12. März die Sänger weinend vor dem brennenden Opernhaus standen, versammelten sich jetzt viele Schauspieler vorm Burgtheater. Anfangs, um mit untauglichen Mitteln zu löschen. Danach, um von ihrer Bühne Abschied zu nehmen.

So schnell gibt man aber in Wien nicht auf. Und so beschlossen Regierung und Besatzungsmächte trotz Hungers und Elends schon in den ersten Friedenstagen, die beiden Wahrzeichen der Stadt wiederauferstehen zu lassen.

Wo aber sollte bis dahin Theater gespielt werden?

Für die »Burg« hatte der Dramaturg Erhard Buschbeck die Idee,

Aus den Ruinen auferstanden

ein »Burgtheater im Exil« zu gründen. Und zwar im früheren Varieté Ronacher auf der Seilerstätte.

Die Schauspieler waren mit dieser Lösung anfangs gar nicht glücklich. Einer brachte die Sorgen auf den Punkt, als er zum neuen Burgtheaterdirektor Raoul Aslan sagte, dass es eine Zumutung sei, in einem ehemaligen Varieté zu spielen, in dem einst dressierte Hunde auftraten. Aslan erwiderte: »Ach was, die Burg ist dort, wo wir spielen. Nicht das Haus ist die Institution, sondern die Schauspieler sind es.«

Also hob sich bereits am 30. April 1945 der Vorhang des »Burgtheaters im Ronacher«. Und wie sich's für Wien gehört, löste die erste Aufführung gleich einen Wirbel aus: Die Eröffnungsvorstellung von Grillparzers *Sappho* wurde nach zehn Minuten abgebrochen, weil sich der sowjetische Marschall Tolbuchin verspätet hatte. Da er nichts versäumen wollte, fing man noch einmal von vorn an und das Publikum erlebte den Beginn der Vorstellung zwei Mal.

Auch die Oper musste sich zehn Jahre lang mit Ausweichquartieren – im Theater an der Wien und in der Volksoper – begnügen. Als Marcel Prawy 1946 aus der Emigration heimkehrte, fand er »das Opernhaus, in dem ich aufgewachsen war, als Ruine wieder«, erinnerte er sich später. Er besuchte eine *Tosca*-Vorstellung in der Volksoper und »begriff, dass es nichts hilft, sich etwas vorzulügen. Meine Welt gab es nicht mehr.«

Kaum ein Wiener glaubte daran, dass »Burg« und Oper je wieder in ihrer alten Pracht erstehen würden. Vor allem für das Opernhaus existierten ernsthafte Pläne, das altehrwürdige Gebäude niederzureißen und am Stadtrand ein neues, »modernes« Haus zu errichten. An seiner Stelle an der Ringstraße wäre dann ein Wohnbau im Stil der Nachkriegszeit entstanden.

Nachkriegs-Zeitensprünge

Jedoch: Das Unmögliche wurde wahr. Die Architekten wurden angewiesen, das historische Ambiente der Ringstraßenbauten detailgetreu nachzubilden und die Bühnen gleichzeitig auf den letzten Stand der Technik zu bringen. Im Burgtheater galt es auch, die einst mangelhafte Akustik zu verbessern.

Das Ganze kostete natürlich ein Vermögen, das aufzubringen der jungen Republik – trotz Hilfe von Besatzungsmächten und privaten Spendern – schwerfiel. Allein der Opernumbau verschlang 260 Millionen Schilling*.

Im Herbst 1955 war es dann so weit. Die »Burg« hatte es geschafft, noch vor der Oper aufzusperren: Bei der festlichen Eröffnung mit Grillparzers *König Ottokars Glück und Ende* am 15. Oktober spielten Ewald Balser, Attila Hörbiger und Judith Holzmeister. »Wir waren vor der Übersiedlung schrecklich aufgeregt«, erzählte Judith Holzmeister. »Bei der letzten Vorstellung im Ronacher, das ich geliebt hatte, habe ich bitterlich geweint. Und als wir dann zu den ersten Proben ins Burgtheater kamen, sind wir im ganzen Haus herumgelaufen, um auszuprobieren, ob man überall gehört wird. Ich kann mich gut erinnern, wie der große Ewald Balser bei der Premiere als Ottokar vor lauter Angst am ganzen Leib zitterte.«

Aus gutem Grund. Denn erst die zweite Premiere im neuen/alten Burgtheater wurde zum Großereignis. Während sich nämlich »der Beifall bei *König Ottokar* nur zögernd oder gar nicht einstellen wollte«, schrieb Friedrich Torberg in seiner *Kurier*-Kritik, war das Publikum ein paar Tage später, bei *Don Karlos,* überwältigt.

Jetzt erst war das Burgtheater »wirklich« wieder eröffnet.

---

* Die Summe entspricht laut Statistik Austria im Jahr 2024 einem Betrag von rund 1,8 Milliarden Euro.

Aus den Ruinen auferstanden

Es gab ernsthafte Pläne, die Ruine des Opernhauses abzureißen und stattdessen einen modernen Wohnbau zu errichten.

Bei dem am 5. November folgenden Fest in der Staatsoper dirigierte Karl Böhm Beethovens Oper *Fidelio*, die man wegen ihrer Freiheitsbotschaft gewählt hatte. Die Prominenz – vom Autokönig Henry Ford bis Curd Jürgens – saß in den Logen, während vor dem erleuchteten Gebäude 30 000 Wiener standen, um die Aufführung über Lautsprecher zu verfolgen.

Anton Dermota, der den Florestan gab, schreibt in seinen Memoiren, dass er »den Augenblick, in dem an diesem Abend der Vorhang aufging, als einen der schönsten meines Lebens« empfand.

Nachkriegs-Zeitensprünge

Das zerstörte Burgtheater im Jahr 1945. Die Nationalbühne wurde wiederaufgebaut und mit Grillparzers König Ottokars Glück und Ende *wiedereröffnet.*

Die beiden Festpremieren waren aber auch viel mehr als nur künstlerische Ereignisse. Zumal die Österreicher mit der Eröffnung ihrer Nationalbühnen ihre wiedergewonnene Freiheit feierten. Denn, wie's der Zufall wollte, zogen in diesen Tagen auch die letzten Besatzungssoldaten ab.

»Burg« und Oper erscheinen uns als ganz selbstverständliche Bauten. Dabei ist's ein kleines Wunder, dass es sie überhaupt gibt.

Zeitensprünge in die Welt der High Society

Was blieb vom Glanz der alten Zeit?
High Society einst und jetzt

Wenn Curd Jürgens mit seinen Freunden eine Party feierte.
Wenn Romy Schneider einen Filmball besuchte.
Wenn Karajan dirigierte.
Dann war was los.

Feste wurden immer schon gefeiert. Aber die Persönlichkeiten, wie es sie seinerzeit gab, die fehlen. Die Eleganz der gesellschaftlichen Ereignisse ist dahin. In unseren Tagen lauten die Kernfragen: Wer wird für den nächsten Opernball gekauft? Und wie viel kostet er?

Im Jahr 1978 zählte der spanische König Juan Carlos (heute auch nicht mehr das, was er einmal war) zu den Gästen des Staatsballs in der Oper. In den 1950er- und -60er-Jahren sah man dort Paula Wessely, Mario Adorf, Johanna Matz, Hilde Güden, Leonard Bernstein. Sie kamen freiwillig und ohne dafür bezahlt zu werden. Wie weit hat sich die High Society seither verändert?

Springen wir noch ein Stück weiter zurück, in die Zeit vor etwas mehr als einem Jahrhundert, als die Regeln noch ganz andere waren. Damals galt als »hoffähig« – kein Schmäh – wer sechzehn adelige Urgroßmütter und -väter, acht auf jeder Seite, aufzuweisen hatte. Und wer hoffähig war, wurde zu den Bällen und Déjeuners

Was blieb vom Glanz der alten Zeit?

In der Opernballloge: Curd Jürgens im Kreise schöner Frauen, ganz wie er es liebte (rechts im Bild: Susi Nicoletti).

des Kaiserhauses zugelassen. Hätte es in jenen Tagen die *Seitenblicke* schon gegeben, wären darin vor allem die Schwarzen-, Fürsten- und Auerspergs zu Wort gekommen, was auf Dauer auch ein bissel fad gewesen wäre.

Heute leben wir in der Generation mariannemendt-arnoldschwarzenegger-wolfgangambros-felixdvorak-haraldserafin-michaelniavarani-erwinsteinhauer-michaelschottenberg-heinzmarecekthomasgottschalk ... Und jeder – wirklich jeder – Partygast hofft, dass irgendwann einmal der Tag kommen möge, an dem auch sein Name in diese lange Wurst (ich meine nicht Conchita, aber die gehört natürlich auch dazu) Eingang findet und er von der Television wahrgenommen wird.

Mit dem Zusammenbruch der Monarchie wurde der Adel von Industriellen und Bankiers abgelöst, und auch Künstler standen mehr denn je im Mittelpunkt festlicher Ereignisse. Das Nonplusultra war es jetzt, im Salon der Wiener Arztgattin Bertha Zuckerkandl oder auf einer Premierenfeier von Max Reinhardt bei den Salzburger Festspielen geladen zu sein. Sein Salzburger Schloss Leopoldskron diente den Festivitäten des Meisterregisseurs als gigantische Kulisse, in die livrierte Diener, der Park und die Kerzenbeleuchtung einbezogen wurden. Zu Reinhardts erlauchten Gästen zählten Richard Strauss sowie die Dichter Hofmannsthal, Werfel und Molnár.

Letzterer hatte einmal ein Erlebnis, das ihn erkennen ließ, dass man als bekannte Persönlichkeit die Öffentlichkeit eher meiden sollte: Als er vor einer Auslage stand, beobachtete er zwei Damen, von denen die eine der anderen ins Ohr flüsterte: »Schau, das ist der berühmte Schriftsteller Franz Molnár.«

»Was, der?«, sagte die andere enttäuscht, »den seh ich doch jeden Tag.« Sie wandte sich von ihm ab und Molnár wusste nun, dass man sich rar machen muss, um prominent zu bleiben.

Heutige Promis sind vom Gegenteil überzeugt, sie werden von Managern, Agenten und PR-Leuten Tag für Tag ins Society-Getümmel gestürzt, um nur ja am Ball – wenn möglich an dem in der Oper – zu bleiben.

Die ständige Medienpräsenz führt nur allzu leicht dazu, dass man ebenso bald in Vergessenheit gerät, wie man berühmt geworden ist. Wer heute irgendetwas zu bieten hat (und das kann auch sehr wenig sein), wird sofort durch sämtliche Talkshows gezerrt, deren Regeln er oft noch nicht beherrscht – und schon ist der Lack ab.

Große Persönlichkeiten fehlen in allen Bereichen. In der Politik, in der Literatur und am Theater. Die Schauspieler trafen sich einst an den Künstlerstammtischen, dessen berühmtester der des Burg-

Was blieb vom Glanz der alten Zeit?

theaterdirektors Ernst Haeusserman war. Dorthin wurde nur zugelassen, wer über einen großen Namen, über Geist und Witz verfügte und standesgemäß zu feiern wusste. Als Haeusserman einmal mit anderen Theaterleuten zu einer feinen Gesellschaft geladen war, sagte er angesichts des dort aufgebauten reichhaltigen Buffets: »Der Gastgeber nagt am Hummertuch.«

Charismatische Erscheinungen wie Enrico Caruso, Maria Callas oder Luciano Pavarotti findet man heute kaum noch. Wozu das Fernsehen einiges beigetragen hat. Während herausragende Opern- und Theatervorstellungen einst langfristige Prominenz garantierten, müssen ein paar Auftritte auf dem Bildschirm noch lange nicht dazu führen. Kein Wunder: Während sich das Publikum für eine

Charismatische Persönlichkeiten wie Luciano Pavarotti werden heute kaum noch hervorgebracht.

Bühnenpremiere elegant kleidet, behält es die »Patschen« an, wenn Florian Silbereisen unser Wohnzimmer betritt. Durch diese Selbstverständlichkeit verliert der sogenannte Star an Glamour. Er wird fast ein Mensch wie du und ich.

Hans-Joachim Kulenkampff hielt das noch spielend aus, ebenso Harald Juhnke oder Rudi Carrell, die als erfahrene Schauspieler oder Entertainer einen ganz anderen Hintergrund hatten als heutige Eintagsfliegen.

Die paar wirklich Großen, denen die Oberflächlichkeit des Jetset-Rummels nichts anhaben kann, reichen aus einer anderen Zeit in die unsere: Domingo, Carreras und die Netrebko sind Phänomene, wie sie immer seltener anzutreffen sind.

In Wien gab es bis August 2024 einen Baumeister, der mehr als drei Jahrzehnte lang teilweise erstaunlich namhafte Gäste zum Opernball ankarrte. Fragt sich, ob der Ball der Bälle je wieder so viel Prominenz erleben wird. Mit oder ohne Bezahlung.

Die Korrespondenz der Prominenz
»Adabeis« geheime Schatzkiste

Roman Schliesser war *der* Gesellschaftsreporter Österreichs. Wo immer er auftauchte, konnte man sicher sein, dass er von sehr viel Prominenz umgeben war. Der 1931 in Wien geborene Journalist hatte Anfang der 1960er-Jahre die Kolumne »Adabei« für die Tageszeitung *Express* erfunden, ehe er mit ihr in die *Kronen Zeitung* überwechselte. Ob Clark Gable, Joan Collins oder Roger

Die Korrespondenz der Prominenz

»Lieber Roman! Ich hab's geschafft!«, stand auf einer Ansichtskarte aus Los Angeles: Senta Berger hatte ihre erste große Rolle in Hollywood bekommen.

Moore – er bat sie alle zum Interview. 2015 ist er mit 84 Jahren gestorben.

Einige Zeit danach ließ mich seine Witwe, Gabriele »Bonni« Schliesser, in Roman Schliessers privates Archiv Einblick nehmen und zeigte mir Briefe, die er als Intimfreund von der High Society erhalten hat.

»Lieber Roman! Ich hab's geschafft!« Die gerade 24-jährige Senta Berger schickt dem legendären »Adabei« eine Ansichtskarte aus Los Angeles, in der sie ihm euphorisch mitteilt, dass sie ihre erste große Rolle in Hollywood – »ich spiele die Geliebte von Charlton Heston« – bekommen hat. Am nächsten Tag steht die Story über die Karriere der Wienerin groß im Kleinformat. Exklusiv, versteht sich, denn über solche Informationen verfügte jahrzehntelang nur einer: Roman Schliesser.

Roman Schliesser beherrschte die Gesellschaftsberichterstattung als Österreichs »Adabei« mehr als vierzig Jahre lang. Neben Senta Bergers Karte aus Hollywood von 1965 befinden sich in seinem Nachlass weit mehr als hundert Briefe und Karten, die der Society-Reporter von Stars und Starlets erhalten und archiviert hat und über deren Existenz bisher nur seine Witwe Bescheid wusste.

Die Namen der Stars, die »Adabei« mit schriftlichen Informationen versorgten, sind Legion. Oskar Werner ist dabei, Curd Jürgens und Peter Alexander, Udo Jürgens, Hildegard Knef und Marisa Mell.

Auch Falco meldet sich zu Wort. In einem Brief geht's um die Erkenntnis des Popstars, dass seine geliebte Tochter Katharina laut Vaterschaftstest einen anderen Erzeuger hat. Roman Schliesser beweist, dass er bei aller Sensationslust, die sein Beruf erfordert, verschwiegen sein kann. »Keine Gelegenheit erschien mir günstiger als diese«, schreibt Hansi Hölzel alias Falco, »mich für die gentlemenhafte Behandlung meines Scheidungsthemas bei Dir zu bedanken ...«

Die Beziehung zu Curd Jürgens ist hingegen zeitweise getrübt. Als Schliesser einmal über eine »Watschenaffäre« des Weltstars berichtet, stellt der für drei Jahre jeden Kontakt ein. Danach ist man wieder best friends, wie einer Widmung an den Reporter zu entnehmen ist: »Für Roman, den fairen Kommentator vieler Ereignisse, mit Dank für Alles, was er wusste und <u>nicht</u> geschrieben hat. Curd.«

Wenn »Adabei« Geburtstag feiert, ist das nicht viel anders als bei den Feten seiner prominenten »Kundschaft«. Zum Sechziger von

Die Korrespondenz der Prominenz

»Für Alles, was er wusste und nicht geschrieben hat«: Widmung von Curd Jürgens an Roman Schliesser.

Roman Schliesser verfasst Peter Alexander im Mai 1991 handschriftlich ein ganzseitiges Gedicht, das mit den Zeilen endet:

**Ein Herz wie ein Bergwerk,
Du schreibst ganze Bände,
in nur sechs Jahrzehnten
wurdest Du zur Legende.
Wir schätzen Dich alle
und lieben Dich sehr.
Hoch soll er leben …
und das immer mehr!**

»Adabei« berichtet nicht nur aus der Showbranche, in seinem Nachlass befindet sich auch ein Brief Bruno Kreiskys, der Karl Kraus zitiert, und die Korrespondenz zu einem – allerdings unangenehmen – Vorfall um Hannes Androsch. Der damalige Finanzminister und Vizekanzler hat 1979 auf die Frage eines Journalisten, ob er Millionär sei, geantwortet: »Leider nein!« Worauf Roman Schliesser bei Wiens Prominentenschneider Knize recherchiert, dass der Vizekanzler über 118 Anzüge zu je 15 000 Schilling verfügen würde. Macht 1,8 Millionen Schilling – ein Millionär also allein in Kleidungsstücken.

Knize schickt jedoch umgehend eine Erwiderung, in der »dringendst« mitgeteilt wird, dass die angegebenen Zahlen »in keiner Weise stimmen«. »Adabei« hat das Schreiben auf noblem Knize-Briefpapier ebenso aufgehoben wie die Korrespondenz mit den Publikumslieblingen.

Noch eine Beschwerde ist in den vielen Briefen zu finden. Romy Schneiders Großmutter, die Schauspielerin Rosa Albach-Retty, schreibt am 12. November 1979, dass Herrn »Adabeis« Meldung, sie würde das Künstlerheim in Baden bei Wien verlassen, um wieder in ihre Wohnung zu ziehen, »jeder Grundlage entbehrt«. Wär' auch ein kleines Wunder gewesen. Die Briefschreiberin stand wenige Tage vor ihrem 105. Geburtstag.

Natürlich wurde mit einer Meldung bei »Adabei« Politik gemacht – oft auch Geschäftspolitik. Oskar Werner muss sich im Frühjahr 1978 mit Ernst Haeusserman, dem Direktor des Theaters in der Josefstadt, zerstritten haben, da der Plan, Goethes *Faust* zu inszenieren, abgesagt wurde. Die Kopie des folgenden Schreibens schickte Oskar Werner sicherheitshalber an Roman Schliesser, damit alle Welt davon erfährt: »Sehr geehrter Herr Direktor Haeusserman, für meine bisher geleistete Arbeit am *Faust*-Projekt beanspruche ich ein Drittel meiner vereinbarten Gage, also öS 166 666,66.«

Schliesser bewahrte auch die – abschlägige – Antwort des Theateranwalts auf.

Die Korrespondenz der Prominenz

Dass »seine« Promis auch außerhalb der Grenzen Österreichs zu Hause sind, bezeugen die Zeilen Hildegard Knefs, die sich nach einer überstandenen Operation bei Roman Schliesser für seinen »lieben Anruf bedankt ... Wir rauchen nicht mehr, was bestimmt ungesund ist ... Wir vermissen Dich. Wann kommst Du wieder nach Bayern? Sei herzlich umarmt von Deiner Hilde.«

Zu den Geheimnissen der engen Promi-Kontakte Roman Schliessers zählte wohl, dass er nicht erst Freund wurde, als die p. t. Künstler berühmt waren, sondern oft schon, als sie noch in kleinen Bars und Kellerlokalen auftraten. So findet sich in der großen Kiste, in der Gabriele Schliesser »Adabeis« Korrespondenz aufbewahrt, eine Karte von Udo Jürgens aus dem Jahr 1964, also zwei Jahre bevor er mit *Merci Chérie* den Durchbruch schaffte: »Melde mich aus Paris, mein *Warum nur, warum* ist hier ein Spitzenhit. So etwas gab es hier noch nicht in deutscher Sprache.« Noch muss Udo dem österreichischen »Adabei« seine Erfolge »verkaufen«, dafür sollte er diesem später nie vergessen, dass er schon über ihn berichtete, als noch kein Hahn nach ihm krähte.

Zu Vielschreibern, die »Adabei« regelmäßig mit Briefen eindeckten, zählten Fritz Eckhardt, Fritz Muliar, das Malerehepaar Lotte Profohs–Maître Leherb sowie Operettenaltmeister Robert Stolz, der sich für jeden einzelnen Schliesser-Artikel stets als »Dein getreuer Freund Robert« bedankte. Auch Maxi Böhm versorgte »Adabei« regelmäßig mit Storys. Erhalten geblieben ist auch das kunstvoll bemalte Kuvert, das er »Herrn Redakteur Adabei Schliesser« im Juli 1980 aus Bad Deutsch-Altenburg ins Pressehaus schickte. Nach einer mehrtägigen Kur im dortigen Kaiserbad schrieb der Komödiant ins Gästebuch des Hotels: »Bin in der vergangenen Woche um 20 000 Schilling jünger geworden.«

»Herrn Redakteur Adabei Schliesser«: Kuvert mit heiteren Informationen für die Leserschaft von Maxi Böhm.

Mehr Post als von allen anderen erhielt »Adabei« freilich von Marcel Prawy, der ihn von sämtlichen Fernsehdrehs und Opernreisen mit meist heiteren Neuigkeiten versorgte (und diese dann gern in der Zeitung las). Bevorzugt informiert Prawy über seine oft diskutierten Nylonsackerln, von denen er »bis zu zwanzig an einem Tage« mit sich führte. Einmal beschreibt er, wie ihn Otto Schenk an einer Tankstelle in Italien rettungslos allein stehen ließ, nur um ihn zu ärgern.

Im November 1986 teilt Prawy dem »liebsten Romanchen« mit, dass ihn bei der Generalprobe zu Jules Massenets Oper *Werther* an der Wiener Staatsoper ein Mann aus dem Publikum darauf aufmerksam machte, dass ihm, Prawy, die Hosennaht geplatzt sei und er beinahe so aufgetreten wäre. »Dann hätte man meinen Aller-WERTHER-sten gesehen«, ist Prawy zu Scherzen aufgelegt. Der Brief endet wie so viele von ihm mit den hoffnungsfrohen Worten: »Vielleicht findest Du etwas – Dein Marcello«.

Doch aus »Adabeis« Korrespondenz lässt sich auch Tragisches herauslesen. Falco schickt Freund Schliesser am 7. Dezember 1995 aus Puerto Plata in der Dominikanischen Republik den Reim:

Des Falken subtiler Überschmäh
endet irgendwann endgültig in Übersee!

Falcos Überschmäh endet tatsächlich genau hier, etwas mehr als zwei Jahre später, am 6. Februar 1998, in Puerto Plata, als er mit seinem Geländewagen gegen einen Bus rast.

Nach seinem Rückzug aus der *Kronen Zeitung* wechselte Schliesser zum *Kurier*, für dessen *Freizeit*-Magazin er über seine Begegnungen mit der Prominenz berichtete.

Als er am 7. Oktober 2015 in Wien starb, stand im Nachruf des *Kurier:* »Roman Schliesser war mehr als ein Berichterstatter. Er hat so lange über die High Society geschrieben, bis er selbst ein Teil von ihr war.«

Die in seinem Archiv aufgefundenen Briefe geben einmal mehr Auskunft darüber.

Zeitensprünge im Theater und im Kabarett

»Es fehlt ihnen die Provinz«
Wo man einst Theater spielen lernte

In Linz müsste man sein«, träumt Helmut Qualtinger in dem von ihm verfassten Sketch *Der Menschheit Würde ist in Eure Hand gegeben,* in dem er und Johann Sklenka zwei Kleindarsteller mimen, die vor allem von der böhmischen Schauspielprovinz schwärmen, in der sie einst Karriere gemacht hatten – oder das, was sie unter Karriere verstanden. Die Stätten ihrer in verklärter Erinnerung gebliebenen Auftritte waren Mährisch-Ostrau, Reichenberg, Aussig, Chemnitz, Leitmeritz, Troppau, Bunzlau ...

»Bunzlau«, lispelt Qualtinger verächtlich, »war immer tiefste Provinz.«

Ja, die vorwiegend in Böhmen, Mähren und Galizien gelegenen deutschsprachigen Bühnen waren tiefste Provinz, und dazu standen sie auch. Denn sie waren die beste Schule, die ein aufstrebender Schauspieler absolvieren konnte, musste man doch in der Provinz mangels Budgets und künstlerischen Personals alles spielen: Donnerstag *Wilhelm Tell,* Freitag *Vogelhändler,* Samstag *Nathan der Weise,* Sonntag *Othello* ... Nicht wenige Darsteller haben durch diese Rollenvielfalt ihr Handwerk erlernt, ehe sie auf großen Bühnen spielten oder gar Theater- und Filmstars wurden.

»Es fehlt ihnen die Provinz«

Wie Paul Hörbiger, dessen erste Station im Jahr 1919 das Stadttheater im nordböhmischen Reichenberg war. Er wollte es allerdings schon nach einer Woche wieder verlassen, weil man ihm nur kleine Rollen anvertraute. Das gehörte zum System der Provinzbühnen, erzählt Hörbiger in seinen Memoiren:

Unsere Gaststars kamen aus Prag, Berlin oder Wien, und selbst berühmte Darsteller traten gerne in dem kleinen Reichenberger Stadttheater auf, denn im Gegensatz zu der katastrophalen Wirtschaftssituation in Deutschland und Österreich war die Inflationsrate von ungefähr zehn Prozent in der Tschechoslowakei relativ gering. Und so kam es, dass Theatergötter wie Alexander Moissi, Max Pallenberg, Rudolf Tyrolt oder Paul Morgan in Reichenberg die Hauptrollen spielten, während wir vom Ensemble nur die Chance hatten, mit »Die Pferde sind gesattelt« Eindruck zu schinden. Die große Gelegenheit für unsereins kam, wenn ein Gaststar aus irgendeinem Grund ausfiel und wir einspringen mussten.

Nach ein paar solchen »Einspringern« war Hörbiger beim Reichenberger Publikum beliebt und durfte auch größere Rollen spielen.

Das sprach sich bis nach Prag herum, sodass er vom viel bedeutenderen dortigen Deutschen Theater abgeworben wurde. Die Reichenberger Direktion suchte daraufhin verzweifelt einen Nachfolger, der Paul ebenbürtig war – und fand seinen um zwei Jahre jüngeren Bruder Attila. Als Paul dann von Prag nach Berlin ging, wiederholte sich das Spiel: Attila übernahm dessen Rollen in Prag. Und ging später wie dieser nach Berlin, ehe beide nach Wien, ans Burgtheater, engagiert wurden.

Im Mittelpunkt der von Franz und Paul von Schönthan verfassten Komödie *Der Raub der Sabinerinnen* steht mit Emanuel Striese ein Theaterdirektor, wie es ihn in vielen Provinzbühnen tatsächlich gegeben hat. So ein Striese musste sich um alles, vom Bühnenbild über die Kostüme bis zur Verpflegung der Schauspieler, persönlich kümmern. Dabei waren die Budgets der städtischen Bühnen so knapp bemessen, dass es einem Wunder glich, geeignete Schauspieler, Sänger und Musiker verpflichten zu können.

Wie sagt Emanuel Striese im *Raub der Sabinerinnen* so schön? »Meine Frau kocht für das ganze Ensemble! Und die Magenbeschwerden kuriert unser Beleuchter, der früher Apotheker war!«

Direktor des Stadttheaters im böhmischen Teplitz-Schönau war 1932 der später weltberühmte Chef der Metropolitan Opera in New York, der gebürtige Wiener Sir Rudolf Bing. In Teplitz-Schönau war er weit weniger erfolgreich, weshalb der 24-jährige, ebenfalls aus Wien stammende Schauspieler Franz Stoß immer wieder Ratschläge gab, wie man es besser machen sollte. Bis ihn die Kollegen aufforderten: »Du sagst immer, wie schlecht es die anderen machen, wenn du's besser kannst, so werd doch du Direktor!«

So wurde Franz Stoß Theaterdirektor. Und blieb es 44 Jahre lang – in Teplitz-Schönau, in Troppau und Berlin, ehe er nach dem Zweiten Weltkrieg endlich in seiner Heimatstadt die Leitung des Bürgertheaters und des Theaters in der Josefstadt übernahm.

Wer als junger Schauspieler in die Provinz engagiert wurde, konnte von Glück sprechen, viel schlimmer war's, wenn man auf der Schmiere, der untersten Stufe des Theaterbetriebs, landete. Die Schmierenkomödianten traten in schmutzigen Gasthaussälen auf, wie es sie in fast jedem Dorf gab. Mitunter bekamen die jungen Künstler dafür nicht einmal Gagen, sondern ein Abendessen oder eine Schlafstätte. Namslau, Guben, Tetschen-Bodenbach, Neutitschein, Bromberg – das alles war Schmiere, und Abertausende deutschsprachige Mimen haben in ihrem ganzen Leben keine andere Bühne gesehen. Denn wer einmal auf der Schmiere spielte, hatte kaum eine Chance, ihr wieder zu entkommen, da kein Direktor oder Impresario je dorthin fuhr, um junge Talente für ein richtiges Theater zu entdecken. Die Schmierendarsteller waren es auch, bei deren Eintreffen die Bevölkerung aus Angst um ihre Kleidungsstücke ausrief: »Hängt's die Wäsch' weg, die Komödianten kommen.«

Ausnahmekünstler, die es schafften, von der Schmiere weg Karriere zu machen, waren Werner Krauß, Emil Jannings und Hans Moser. Moser hatte sein erstes Engagement im Herbst 1900 in dem mährisch-schlesischen Städtchen Friedek-Mistek angetreten. Im Vertrag des Zwanzigjährigen stand »Jugendlicher Liebhaber und Naturbursch mit Chor- und Statisterieverpflichtung«, doch zu seinen Aufgaben zählten auch Kulissenumbau und Zettelaustragen.

Die Schmiere war mehr Stegreifbühne als professionelles Theater. Es kam vor, dass ein Schauspieler über Nacht den Franz Moor einstudieren musste, weil am nächsten Abend *Die Räuber* auf dem Programm standen. Da man in so kurzer Zeit eine solche Monsterrolle nicht lernen kann, passierte es, dass der Mime, wenn er auf der Bühne nicht weiterwusste, Schiller einfach »umdichtete«.

Herrschte Darstellermangel, hieß die Kinder-Nachmittagsvorstellung *Schneewittchen und die vier Zwerge*, da die anderen drei Zwerge gerade auf Tournee, Urlaub oder im Krankenstand waren. Funktionierte wider Erwarten doch alles, so wurde das geflügelte Wort angewendet: »Es klappt heut wieder wie am Schmierchen!«

Auf der Schmiere war weniger das Talent des hoffnungsfrohen Schauspielers von Bedeutung als die Garderobe. Tatsächlich musste man sowohl in der Provinz als auch in der Schmiere über einen eigenen Frack, einen Salonrock oder Smoking, ein Bauernhemd, ein Paar Halbschuhe und Stiefel verfügen. Bei Schauspielerinnen war die Garderobenfrage noch wichtiger, denn wenn sie auftraten, schaute das Publikum zuerst immer darauf, was sie anhatten.

Die spätere Burgschauspielerin Gusti Wolf erinnerte sich, für ihre erste Theaterstation in Böhmisch-Krumau ein Kostüm gekauft zu haben, das sich sieben Mal verändern ließ: Das Grundkleid war ärmellos, schwarz, dazu ergänzend kamen diverse Krägen sowie Ärmel, Gürtel und Jacken.

Hans Moser musste vierzig Jahre alt werden, bis er von der Schmiere wegkam, weil so lange kein Theaterdirektor weit und breit sein komödiantisches Genie erkannte. Das lag wohl auch daran, dass man ihm die falschen Rollen gab, denn für die jugendlichen Liebhaber war der 1,58 Meter große Schauspieler nicht geschaffen. »Eines möchte ich sagen«, erklärte er, als er schon berühmt war, »was ich heute kann, habe ich vor zwanzig Jahren auch schon gekonnt. Um kein Haar war ich damals anders als heute.«

Werner Krauß, der später als »größter Schauspieler deutscher Zunge« Träger des Iffland-Rings war, hatte sich als Schüler eines Lehrerseminars verbotenerweise nebenbei durch Statisterie am Stadttheater Breslau ein paar Kreuzer dazuverdient. Als er dabei erwischt wurde, flog er von der Schule, worauf Krauß beschloss, Schauspieler zu werden. Er war zehn Jahre lang auf Wander- und Schmierenbühnen, in rund 500 Rollen von Shakespeare über Goethe bis zur Verkleidungskomödie *Charleys Tante* zu sehen und kam erst allmählich an größere Theater heran, als er 1913 von Max Reinhardt entdeckt wurde. Sein Geheimnis, wie er spät aber doch aus dem unsteten Spielbetrieb herauskam, verriet er in einem

Zwischen Provinz und Schmiere: der zwanzigjährige Hans Moser beim Fotografen in Czernowitz.

Interview: »Die meisten Schauspieler sind hinter den Kulissen ganz privat, sie verwandeln sich erst im Augenblick des Auftretens; ich aber – wenn ich vom Spiegel in der Garderobe wegging – konnte nicht anders.«

Ähnlich erging es Emil Jannings, einem der beliebtesten Film- und Theaterstars seiner Zeit. Auch er verließ das Gymnasium vorzeitig, um Schauspieler zu werden. Als man ihm am Theater im sächsischen Görlitz mangelndes Talent bescheinigte, schloss er sich Wanderbühnen an, mit denen er den gesamten deutschen Sprachraum bespielte. Erst mit über dreißig Jahren wurde man in Berlin auf ihn aufmerksam, wo dann seine Karriere begann. Sein größter Erfolg, nachdem er 1929 als weltweit erster männlicher Schauspieler mit dem Oscar ausgezeichnet wurde, war die Rolle des Professor Unrat in Josef von Sternbergs Film *Der blaue Engel**.

Zurück in die Provinz. Es war in jenen Tagen üblich, dass die Hauptdarsteller eine eigene Claque hatten. Wann immer sie auftraten oder abgingen, ließen sie sich von bezahlten, im Zuschauerraum unauffällig platzierten »Mitarbeitern« heftig umjubeln. Der Schauspieler Alfred Huttig zählte freilich nicht zu den Stars, die sich einen Claqueur leisten konnten. Deshalb fasste er bei einem Gastspiel im Stadttheater Aussig an der Elbe den Entschluss, sein eigener Claqueur zu werden. Huttig rannte, während sich die Hauptdarsteller am Ende der Vorstellung im Applaus sonnten, in eine Parterreloge und rief laut in Richtung Bühne: »Hoch Huttig, hoch Huttig!«

Dann kehrte er auf diese zurück, um sich huldvoll und mit tiefen Verbeugungen für die Zurufe zu bedanken.

---

* *Der blaue Engel* siehe auch die Seiten 174–177

»Es fehlt ihnen die Provinz«

Die deutschböhmischen Provinzbühnen existierten weit über die Zeit der Donaumonarchie hinaus. Als der junge Hans Holt 1932 in Reichenberg in Fritz Kreislers Operette *Sissy* als Kaiser Franz Joseph auftrat, musste der Applaus nicht bezahlt werden, er kam vielmehr von selbst. Und es war kein Applaus, es waren stürmische Ovationen, mit denen Holt begrüßt wurde. Es war der erste Auftrittsapplaus seines Lebens. Mit stolzgeschwellter Brust spielte und sang Holt nun seinen Part und ging danach hocherhobenen Hauptes von der Bühne ab.

Wo ihn die Kollegen gleich wieder auf den harten Boden der Realität stellten: »Glaub nur ja nicht«, warnten die alten Theaterhasen, »dass der Applaus dir gegolten hat. Der war für'n Kaiser!«

Die vielen städtischen Bühnenhäuser waren alle zu Kaisers Zeiten errichtet worden, wobei die Planung fast immer dem Wiener Architekturbüro Fellner und Helmer oblag, das insgesamt 48 einander ähnelnde Theaterbauten realisiert hatte, darunter in Budapest, Prag, Brünn, Karlsbad, Reichenberg, Czernowitz, Odessa, Rijeka, Sofia … Kein Wunder, dass sie meist gut besucht waren, waren in Brünn doch zwei Drittel der Bevölkerung deutschsprachig, in Iglau sogar 82 Prozent. Und viele von ihnen waren theaterbegeistert.

Auch nach dem Zerfall der Habsburgermonarchie wurde in den böhmischen Kleinstädten weiterhin erfolgreich Theater gespielt. Die kulturelle Landschaft der deutschsprachigen Bühnen wurde erst im Zweiten Weltkrieg nachhaltig zerstört.

Mindestens so wichtig wie der Applaus war für den Provinzschauspieler die regionale Presse. Ist man dem Kritiker eine Erwähnung wert, und wenn ja, wird man verrissen oder findet er doch Worte der Anerkennung?

Im Stil ähnelten einander die Bühnenhäuser in den Städten der Donaumonarchie: Stadttheater Rijeka, errichtet von den Architekten Fellner und Helmer.

Ernst Waldbrunn und Maxi Böhm lernten einander als junge Schauspieler in den 1930er-Jahren am Stadttheater des böhmischen Kurorts Franzensbad kennen. Böhm fiel auf, dass Waldbrunn in den Kritiken des Lokalblatts immer als »Glanzpunkt der Aufführung« oder als »geniale Lustspielrakete« bezeichnet wurde, während über ihn immer nur zu lesen war: »Herr Böhm hat einen trockenen Humor!«

Nach jeder Premiere standen dieselben Worte in der Zeitung: »Waldbrunn ist der Glanzpunkt der Aufführung« ... »Herr Böhm hat einen trockenen Humor.«

Jahrzehnte später, als beide bei Karl Farkas am Wiener Kabarett Simpl als Starkomiker engagiert waren, gestand Waldbrunn dem nunmehrigen Freund, dass er neben seinem Engagement am Franzensbader Theater als Kulturkritiker des Lokalblatts tätig war.

Apropos Kabarett. Der Dialog der beiden Provinzschauspieler Qualtinger und Sklenka endet mit einer Erkenntnis, die vielleicht gar nicht so falsch ist:

ZWEITER MIME *Die jungen Leute, die heute zum Theater gehen, sind arm.*
ERSTER MIME *Es fehlt ihnen die Provinz.*

Der g'schupfte Ferdl geht Tauben vergiften
Ziemlich beste Feinde: Bronner & Kreisler

Der Krieg war vorbei, und die Menschen waren süchtig danach, endlich wieder befreit lachen zu können. So wurden die 1950er-Jahre zur goldenen Zeit des Wiener Kabaretts. Und zu dessen wichtigsten Vertretern zählten Gerhard Bronner und Georg Kreisler, die die Nachkriegsjahre mit ihrer völlig neuen, durchaus bissigen Form des Humors auf mehreren Bühnen prägten.

Was geblieben ist, sind Dutzende Evergreens wie Bronners *Der g'schupfte Ferdl* oder *Der Papa wird's schon richten*. Und auch Kreisler schrieb mit *Zwei alte Tanten tanzen Tango* und *Tauben vergiften im Park* Kabarettgeschichte. Doch so viel die beiden Musik- und Sprachvirtuosen miteinander verband, so viel trennte sie auch.

Zunächst: Beide wurden 1922 in Wien geboren. Kreisler am 18. Juli als Sohn eines Rechtsanwalts, Bronner am 23. Oktober als

Sohn eines Tapezierers und einer Näherin. Kreisler besuchte das Gymnasium, Bronner absolvierte eine Lehre als Schaufensterdekorateur. Als Hitler 1938 einmarschierte, mussten beide, fünfzehn Jahre alt, wegen ihrer jüdischen Herkunft aus ihrer Heimat flüchten. Bronner allein nach Palästina, wo er die Voraussetzungen für seine spätere Karriere schuf, indem er als Barpianist und dann als Musikchef des Soldatensenders der BBC tätig war. Kreisler gelangte mit seinen Eltern nach Amerika, trat in die US-Armee ein und gestaltete Shows für in England stationierte Soldaten. Nach dem Krieg war Kreisler Musiker in New Yorker Nachtclubs.

Während Bronner bereits 1948 nach Wien zurückkehrte, wohin er »eigentlich nur zur Durchreise« gekommen war, blieb Kreisler bis 1955 in den USA. In den Jahren, die dazwischen lagen, gründete Bronner in Wien die Marietta-Bar, später das Intime Theater und das Theater am Kärntnertor, in denen er mit Helmut Qualtinger, Carl Merz, Peter Wehle und Louise Martini auftrat. Die legendären Programme hießen *Brettl vorm Kopf*, *Blattl vorm Mund* und *Glasl vorm Aug*. Die Lieder, meist aus Bronners Feder und von Qualtinger interpretiert, wurden über Nacht Gassenhauer. Gerhard Bronner hatte eigenen Angaben zufolge »Chansons für tagesaktuelle Kabarettprogramme geschrieben, und niemand konnte ahnen, dass sie mehr als ein halbes Jahrhundert später immer noch gesungen würden«.

In Wien angekommen, stieß Kreisler fast zwangsläufig auf das bereits etablierte Ensemble, wollte er doch wie Bronner ein neues, kritisches Kabarett schaffen. Kreisler besuchte als Gast die Marietta-Bar, ging auf Bronner zu und fragte, ob er bei ihm auftreten dürfte. Bronner verwies ihn ans Klavier und sagte: »Zeigen Sie, was Sie können.« Kreisler spielte und sang, das Publikum jubelte. Und er war engagiert.

Doch Kreisler fühlte sich im Kreis seiner Kollegen von Anfang an nicht wohl und finanziell benachteiligt. Dazu kam, dass er mit seinen *Schwarzen Liedern* im Wien der 1950er-Jahre aneckte: Mit *Tauben vergiften im Park* wurde er sogar der Tierquälerei bezichtigt, weshalb das Lied im Österreichischen Rundfunk nicht gespielt werden durfte. Dabei sollte der Text eigentlich auf das Töten von Menschen in Kriegen und im Holocaust hinweisen. Die *Zwei alten Tanten* wiederum waren ein Symbol dafür, dass sich auf der Welt nichts ändert: »Sie tanzen immer weiter«, egal was passiert.

Dass die Kabarettisten untereinander bald heillos zerstritten waren, erklärte Gerhard Bronner so: »Wir waren keine homogene Gruppe, im Gegenteil: Carl Merz war Antimarxist, Wehle war katholischer Monarchist, Kreisler stand den Kommunisten nahe, ich war Sozialdemokrat, Qualtinger Nihilist und Louise Martini war gar nichts. Es gab vor fast jedem neuen Programm stundenlange Diskussionen. Eine der Folgen davon war, dass Kreisler das Team verließ, weil wir ihm zu reaktionär waren.«

Kreislers Witwe Barbara Peters bestreitet, dass ihr Mann je den Kommunisten nahestand. Indes verfasste er in seiner Wiener Zeit weitere Klassiker wie *Der General*, *Der Musikkritiker* oder *Wie schön wäre Wien ohne Wiener*. Und Bronner schrieb *Der Bundesbahnblues*, *Der Wilde mit seiner Maschin'*, *A Krügerl, a Glaserl …*

Tauben vergiften im Park wurde zu Kreislers populärstem Chanson, obwohl es im Verdacht steht, dem Lied *Poisoning Pidgeons in the Park* des US-amerikanischen Songwriters Tom Lehrer nachempfunden zu sein, was Kreisler Bronner gegenüber angeblich sogar zugegeben haben soll. Dennoch steht auf dem Plattencover: »Text und Musik Georg Kreisler«.

Die Großmeister der goldenen Zeit des Wiener Kabaretts: Gerhard Bronner …

Nach vier erfolgreichen Jahren trennten sich Bronners und Kreislers Wege im Streit. Natürlich, wie es sich für Kabarettisten gehört, mit einer Pointe: Als Kreisler gefragt wurde »Was kann Gerhard Bronner besser als Sie?«, antwortete er: »Gerhard Bronner kann besser schlechte Lieder schreiben als ich!«

Der Hass Bronner–Kreisler bzw. Kreisler–Bronner ging so weit, dass Kreisler im Zuge einer Auseinandersetzung die Partei eines Mannes ergriff, der sich offen als Nazi bekannt hatte: »Die Bar«, schreibt Georg Kreisler in seinen Memoiren, »wurde der Künstlertreffpunkt von Wien, und Gerhard Bronner begrüßte alle und war sehr rührig … Er konnte aber auch recht rücksichtslos mit Leuten umgehen. Bezeichnend dafür war die Episode mit dem Filmregisseur Franz Antel.«

... und Georg Kreisler. Aus kongenialen Partnern wurden verbissene Gegner.

Dieser saß 1956 in einer Vorstellung der Marietta-Bar, als Bronner (zu einer Melodie aus *Kiss me Kate*) das Lied *Hit me Kate* sang, in dem es um die berühmte Ohrfeige ging, die die Schauspielerin Käthe Dorsch dem Kritikerpapst Hans Weigel verabreicht hatte, weil dieser sie in einem Stück am Burgtheater »verrissen« hatte.

»Als Bronner das Lied vortrug«, schreibt Kreisler, »sagte Franz Antel, der im Publikum saß, laut und vernehmlich: ›Dem Weigel geschieht recht, er ist nix als ein mieser Jidd.‹ Bronner antwortete: ›Ihnen, Herr Antel, sagt ja auch niemand, dass Sie ein alter Nazi sind.‹ Worauf Antel erwiderte: ›Jawohl, ich bin ein alter Nazi, und ich bin stolz darauf.‹«

Georg Kreisler schreibt weiter in seinen Memoiren: »Das war der Anfang einer Fehde zwischen Bronner und Antel, die Bronner haushoch gewann. Sie endete damit, dass eine Kinokette sich weigerte, Antel-Filme zu spielen, und Antel musste sich schließlich öffentlich entschuldigen. Wie Bronner das zuwege brachte, weiß ich nicht, aber ich merkte, dass es nicht ratsam war, sich seinen Zorn zuzuziehen.«

Diese Buchpassage besagt nichts anderes, als dass der jüdische Kabarettist Georg Kreisler sich in seinen Lebenserinnerungen nach einer mehr als peinlichen Entgleisung eines Unbelehrbaren nicht auf die Seite des jüdischen Kabarettisten Gerhard Bronner stellte, sondern auf die des Unbelehrbaren. Eigentlich unglaublich, dass Kreisler Bronner in diesem Zusammenhang als »rücksichtslos« bezeichnet und nicht Antel. Jedenfalls hinterlässt die Geschichte den Leser der Kreisler-Memoiren fassungslos.

Anzumerken wäre noch, dass Franz Antel letztlich vielleicht doch noch geläutert war, was er Jahrzehnte später durch seinen gewiss nazikritischen ersten *Bockerer*-Film unter Beweis stellte. Aber an dem Vorfall in der Marietta-Bar ändert das nichts.

Bronner war in seinen späten Jahren Stammgast in der Broadway Bar des Pianisten Béla Korény am Wiener Bauernmarkt, wo er sich gerne ans Klavier setzte und seine Evergreens spielte. Die Gäste riefen ihm *Der g'schupfte Ferdl* oder *Bundesbahnblues* zu und Bronner bereitete es ein Vergnügen, die gewünschten Lieder zu spielen. Einmal jedoch rief ihm ein Herr »Tauben vergiften« zu. Bronner schaute den Mann an und sagte: »*Tauben vergiften* ist nicht einmal von Kreisler.«

Bronners Sohn Oscar Bronner, der Herausgeber der Tageszeitung *Der Standard*, findet es heute noch …

Der g'schupfte Ferdl geht Tauben vergiften

... ewig schade, dass die Zusammenarbeit Bronner–Kreisler auseinanderfiel. Ich bin ein Fan von beiden, es war einmalig, was zwei Menschen, die sich in ihren Talenten als Klavierentertainer ergänzten, an Kabarettkunst hervorbrachten. Tatsache ist, dass aus Freundschaft Gegnerschaft wurde. Nicht auszudenken, was noch alles hätte entstehen können, wenn die beiden ein Team geblieben wären.

Ihre Nummern sind heute noch viel gefragt, werden aber auch von jungen Musikgruppen neu interpretiert. So schafft Béla Korény eine Verbindung der beiden, indem er Abende mit dem Titel *Der g'schupfte Ferdl geht Tauben vergiften im Park* veranstaltet.

Gerhard Bronner betätigte sich zuletzt als Musiker und Schriftsteller und trat mit seinen Kabarettklassikern auf, Georg Kreisler setzte seine Karriere in Deutschland fort, unternahm Tourneen, schrieb Opern und Theaterstücke. Zuletzt lebte er mit seiner Frau Barbara Peters in Salzburg.

Bronner starb am 19. Jänner 2007 im Alter von 84 Jahren, Kreisler knapp fünf Jahre später, am 22. November 2011 mit 89 Jahren. Zu einem Wiedersehen oder gar einer Versöhnung der kongenialen Kabarettlegenden ist es nie gekommen.

Zeitensprünge in Staatspaläste

Warum das Weiße Haus weiß ist
Die Wohn- und Arbeitsstätte der US-Präsidenten

Der Präsident und seine Familie residieren im Weißen Haus. Was heißt Haus – der Amts- und Wohnsitz des ersten Mannes oder der ersten Frau der USA ist ein riesiger Gebäudekomplex. Auf Fotos und Fernsehbildern sehen wir immer nur den Mittelteil des Weißen Hauses, unsichtbar bleiben Ost- und Westflügel sowie weitere Nebengebäude, die alles in allem 132 Zimmer beherbergen. Dazu kommen Swimmingpool, Fitnessraum und ein Kinosaal, die sich auf mehr als 5000 Quadratmetern erstrecken und von prächtigen Gärten, einem Tennis-, einem Golfplatz und einem Basketballfeld umgeben sind.

George Washington, der erste Präsident der Vereinigten Staaten, begann 1792 mit dem Bau der Hauptstadt und legte im selben Jahr den Grundstein für das Weiße Haus. Es war ihm nicht mehr vergönnt, das vom Architekten James Hoban geplante Gebäude zu bewohnen, erst sein Nachfolger John Adams bezog es im November 1800 mit seiner Frau Abigail, die von ihrer neuen Adresse in der Pennsylvania Avenue 1600 gar nicht begeistert war. »Du musst es für Dich behalten«, schrieb sie ihrer Schwester, »wenn Dich jemand fragt, sage, das Haus ist wunderbar. In Wahrheit ist es furchtbar ungemütlich.«

John Adams (1735–1826) war der erste Präsident der USA, der das Weiße Haus bewohnte.

Die Residenz war freilich mit der heutigen nicht zu vergleichen, sie verfügte, da der Kongress für den Bau nicht mehr Geld zur Verfügung stellte, über ganze sechs Zimmer. Das Haus gab's auch nicht lange, es war noch nicht fertig eingerichtet, als es 1814 im Britisch-Amerikanischen Krieg von englischen Truppen durch einen Brandanschlag zerstört wurde. Erst der schon etwas größere Neubau erhielt einen strahlend weißen Anstrich, sodass er im Volksmund White House genannt wurde. Offiziell erhielt er diesen Namen 1901 durch Präsident Theodore Roosevelt, der seinen Wohnsitz um den heutigen Westflügel erweitern ließ, doch erst sein Nachfolger William Taft baute das legendäre Oval Office. Endlich waren Privat- und Arbeitsräume getrennt. Zwischen Schlafzimmer und Büro des Präsidenten liegen genau hundert Meter.

Und doch war das Weiße Haus immer noch eine relativ kleine, im klassizistischen Stil errichtete Villa, als man 1939 den Empfang des englischen Königspaares vorbereitete. Der Staatsbesuch wurde zum Anlass, das Gebäude weiter auszubauen. Jetzt erst entstand ein repräsentativer Palast, dessen erster Stock der Präsidentenfamilie

Zeitensprünge in Staatspaläste

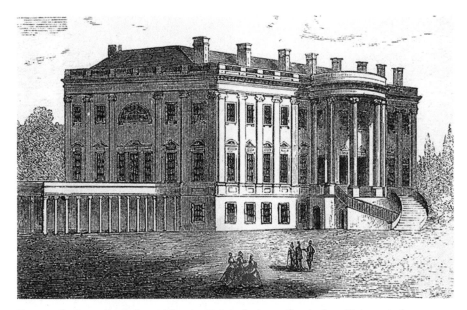

Das nach einem Brandanschlag im Britisch-Amerikanischen Krieg wieder aufgebaute Weiße Haus war bereits etwas größer als das Original. Holzschnitt aus dem Jahr 1880.

als Wohnung mit zwanzig Zimmern dient. Seit dieser Umgestaltung sagt man über den US-Präsidenten: »Er hat den härtesten Job der Welt, übt ihn aber in der angenehmsten Umgebung aus.«

Im Oval Office wurden weltpolitische Entscheidungen getroffen, doch nie stand der Raum so in den Schlagzeilen wie 1998, als bekannt wurde, was Präsident Bill Clinton hier mit seiner Praktikantin Monica Lewinsky getrieben hatte. Erst später erfuhr man, dass es bei John F. Kennedys White-House-Partys mindestens ebenso hoch herging. Im Oval Office hielt Richard Nixon 1974 infolge des Watergate-Skandals auch seine Abschiedsrede an die Nation.

Prunkvoller als das Oval Office ist der East Room, der als offizieller Empfangssaal für Staatsbesuche dient und in dem auch alle im Amt verstorbenen Präsidenten aufgebahrt wurden. Frühere First

Ladies missbrauchten den oft leerstehenden East Room gerne zum Wäscheaufhängen, und Jimmy Carters kleine Tochter Amy entdeckte ihn fürs Rollschuhlaufen.

Die Österreicherin Helene von Damm, von 1980 bis 1983 Ronald Reagans persönliche Assistentin und Personalchefin im Weißen Haus, erzählt, dass ...

... nur der Mitteltrakt wirklich prunkvoll ist, die angrenzenden Büros der Mitarbeiter sind klein, niedrig und bescheiden. Das Haupthaus beherbergt im Untergeschoß die repräsentativen Empfangsräume und im ersten Stock die Privaträume des Präsidenten. In einem der Seitentrakte ist sein Büro, das Oval Office, im anderen das der First Lady. Die besondere Aura des Weißen Hauses liegt an der Macht, die von hier ausgeht, denn die Entscheidungen, die dort fallen, betreffen die ganze Welt.

An keinem anderen Ort der Welt herrschen derartige Sicherheitsvorkehrungen wie im Weißen Haus. Das gesamte Anwesen wird von Scharfschützen, Beamten des Secret Service und Kameras bewacht. Unter dem Westflügel befinden sich zwei Kellergeschoße, die dem Präsidenten und seinem Stab in Notfällen zur Verfügung stehen. Ein solcher Fall trat bisher nur einmal ein: Während der 9/11-Terroranschläge wurde das Weiße Haus evakuiert und Vizepräsident Dick Cheney samt Gefolge – Präsident George W. Bush war in Florida – im bombensicheren Bunkertrakt untergebracht. Tatsächlich war am 11. September 2001 geplant, nach World Trade Center und Pentagon auch das Weiße Haus zu zerstören. Der Absturz der entführten Boeing 757, die auf den Präsidentensitz zustrebte, verhinderte die Katastrophe im letzten Moment.

Die größten Veränderungen in der Geschichte des Weißen Hauses führte Jacqueline Kennedy durch, als sie »aus einer Rumpelkammer die beste Kunstsammlung Amerikas« machte und das Anwesen zum ersten Mal behaglich gestaltete.

Abgesehen von mehreren hundert Mitarbeitern, die in den Büros der Nebengebäude arbeiten, ist der mächtigste Mann der Welt auch sonst nie einsam: Das Weiße Haus wird im Jahr von 45 000 offiziellen Gästen und (in Führungen) von Zehntausenden Schaulustigen besucht.

Mythos Downing Street 10
Die berühmteste Tür der Welt

Manchmal möchte man ein kleines Mäuschen sein, um mithören zu können, was hinter der schwarzen Tür des Hauses Downing Street Nummer 10 verhandelt wird. Mindestens einmal in der Woche stellt sich der Premierminister oder die Premierministerin vor den dunklen Backsteinbau, um die versammelte Presse über neue Entwicklungen im United Kingdom zu informieren. Staats- und Regierungschefs aus aller Welt gingen hier ein und aus, und Winston Churchill, Margaret Thatcher und Tony Blair zählten zu den berühmtesten Bewohnern.

Also, das mit der Maus überlege ich mir noch, da es die Hauptaufgabe des auf Nummer 10 wohnhaften Katers ist, am Sitz der britischen Premiers auf Mäusejagd zu gehen. Das Mäuseproblem gab es vermutlich schon, als der Diplomat Sir George Downing im

17. Jahrhundert die nach ihm benannte Straße anlegen ließ, nachdem ihm König Charles II den in Parlamentsnähe gelegenen Prachtgrund für seine Verdienste um das Königreich geschenkt hatte.

Wurden die Häuser der Downing Street anfangs von Privaten bewohnt, so baute man sie im 18. Jahrhundert zum Zentrum des Regierungsviertels um. Auf Number 10 arbeitet seit 1735 der Regierungschef, seit 1902 ist es auch sein Wohnsitz.

Das auf den ersten Blick wenig prunkvoll wirkende grauschwarze Gebäude mit dem schwarzen Eingangstor entspricht ganz dem britischen Understatement. Wenn der Premier seinen Amtssitz verlässt, sieht man als TV-Konsument ein zwar elegantes, aber eher kleines Haus. Doch hinter der bescheidenen Fassade verbirgt sich ein palaisartiges Anwesen. Downing Street 10 besteht nämlich, nachdem die Nummern 9, 11 und 12 dazugekauft wurden, aus vier Häusern, und hinter dem großen Garten befindet sich ein weiterer Anbau – sie alle sind durch Mauerdurchbrüche miteinander verbunden.

Lange wurde »Number 10« von zwei einfachen »Bobbys« bewacht, doch seit dem 7. Februar 1991 ist alles anders. An diesem Tag feuerten IRA-Terroristen aus einem weißen Kleinbus von der nahen Whitehall drei Granaten gegen den Regierungssitz, eine zündete und richtete großen Schaden an, doch Premierminister John Major und die anderen im Haus befindlichen Personen blieben unverletzt.

Die Sicherheitsmaßnahmen wurden bereits unter Majors Vorgängerin Margaret Thatcher verschärft. 1986 wurden hohe schwarze Stahlgitter errichtet, sodass Touristen und Schaulustige nicht mehr in die Downing Street vordringen können. Heute gleicht die Straße einem Hochsicherheitsbereich, Kameras sind rund um die Uhr auf das Gebäude und seine Umgebung gerichtet, nur akkreditierte Besucher dürfen sich der berühmten Tür nähern.

Gleicht einem Hochsicherheitsbereich: der Eingang zu Downing Street 10, dem Sitz des britischen Premierministers.

Die kleine, dunkle Gasse in der City of London war immer schon ein Sicherheitsrisiko. 1842 plante ein Mann, den Premierminister Robert Peel zu erschießen. Er verwechselte ihn mit dessen Sekretär Edward Drummond, der gerade auf dem Weg zu Nr. 10 war, und tötete diesen.

Nach dem IRA-Attentat des Jahres 1991 wurde die schwarze Holztür mit der signifikanten Nr. 10 durch ein Stahl-Sicherheitstor ersetzt, doch das Portal ist mehr Kulisse als Tür: Auf einem Messingschild steht nicht der Name des jeweiligen Bewohners, sondern der Titel »First Lord of the Treasury« (Schatzmeister), das ist der britische Premierminister nämlich auch. Der Briefschlitz an der Tür ist ebenso eine Attrappe wie die Klingel. Und es gibt weder Türschnalle noch Schlüsselloch. Die Tür, hinter der der jeweilige Regierungschef wohnt, kann nur von innen geöffnet werden.

Besucher der Downing Street 10 berichten, dass das Haus gediegen und klassisch, aber ohne aufdringlichen Pomp eingerichtet ist. Das spiegelt auch die politische Tradition Großbritanniens wider. Das Stiegenhaus mit den Porträts aller ehemaligen Premierminister ist zweifellos das Herzstück des Gebäudes.

Winston Churchill, der hier von 1940 bis 1945 und von 1951 bis 1955 residierte, schreibt in seinen Memoiren, dass die Downing Street »der Profitgier des 17. Jahrhunderts entsprechend liederlich gebaut« wurde. Das und Bombenschäden des Zweiten Weltkriegs waren die Gründe, dass in den 1950er-Jahren erwogen wurde, die Häuser 10, 11 und 12 abzureißen und durch moderne Bauten zu ersetzen. Das konnte glücklicherweise verhindert werden, stattdessen wurden die Häuser so grundlegend renoviert, dass sie Neubauten gleichkommen, ohne die Architektur und den Mythos zu zerstören.

Tony Blair war der bisher einzige Premier, der auf 11 statt auf Nr. 10 wohnte. Der Grund: Dem vierfachen Vater wurde der Regierungssitz zu klein, und das Nachbarhaus ist deutlich größer (es dient im Normalfall dem »Zweiten Schatzmeister«).

Hinter der schwarzen Tür Nr. 10, die zur Residenz des Premierministers führt, wurde das British Empire errichtet und wieder begraben, hier fielen Entscheidungen, die zwei Weltkriege betrafen, hier wurden Regierungskrisen abgewickelt. Und nicht zuletzt der Brexit durchgewunken.

Die Downing Street hat schon schlimmere Zeiten gesehen. Aber auch schon bessere.

Im Schatten des Buckingham Palace
Ein Besuch im Kensington-Palast

Wer heutzutage London besucht, kommt am Kensington-Palast nicht vorbei, erinnert er doch an seine populärste Bewohnerin, Prinzessin Diana, die hier die letzten Jahre ihres Lebens verbrachte. Das geheimnisvolle Schloss ist aber aus mehreren Gründen interessant: Hier ist Queen Victoria zur Welt gekommen und aufgewachsen, andere Könige residierten im Kensington-Palast, Prinzessin Margaret feierte hier mit ihrem Ehemann Lord Snowdon wilde Partys, und auch die Ehepaare William und Kate bzw. Harry und Meghan haben hier eine Zeit lang gewohnt. Heute ist ein Teil des Palastes für die Öffentlichkeit zugänglich.

Das schwere Eisentor, der riesige Schlosspark, die holzvertäfelten Gemächer sind eine einzige Pracht. Und doch, dachte ich mir, als ich über die dunkle Holztreppe in den ersten Stock des Palasts gelangte, dass die Habsburger prunkvoller gelebt haben. Die Geschichte des englischen Königshauses ist ohne den Kensington-Palast dennoch undenkbar.

Er ist um ein paar Jahre älter als der Buckingham Palace, steht aber immer in dessen Schatten, weil der offizielle Sitz bis zum Tod von Elizabeth II die Pracht der britischen Krone repräsentierte. Im Kensington-Palast erfährt man jedoch viel mehr Privates von den Royals, die hier meist abseits des höfischen Trubels lebten.

Der Adelssitz wurde vor mehr als 300 Jahren von der Stuart-Königin Mary II erworben und zu einem herrschaftlichen Schloss ausgebaut, weil die Feuchtigkeit im damaligen Königspalast White-

Im Schatten des Buckingham Palace

Die Habsburger hatten's prunkvoller: der Kensington-Palast in London. Charles III hat Clarence House als sein Zuhause gewählt.

hall in den Wintermonaten unerträglich war. Aber Kensington sollte der königlichen Familie kein Glück bringen. Da die Ehe Queen Marys – die wegen ihres modischen Auftretens von Royal-Experten als »Diana des 17. Jahrhunderts« bezeichnet wird – kinderlos blieb, verließ sie sich ganz auf die Gebärfreudigkeit ihrer Schwester Anne, die tatsächlich achtzehn Kinder zur Welt brachte. Aber alle starben jung, weshalb die Thronfolge an einen entfernten Verwandten aus dem Haus Hannover überging.

Diesem entstammte die spätere Königin Victoria, die am 24. Mai 1819 im Kensington-Palast geboren wurde und dort auch aufgewachsen ist. Ihre Erziehung war so streng, dass sie nicht einmal mit anderen Kindern spielen durfte. Die Einsamkeit und die drakonischen Maßnahmen waren es – davon sind Historiker überzeugt –, die Victoria zu der zielstrebigen Figur werden ließen, die sie in der Geschichtsschreibung darstellt.

Hier, im Kensington-Palast, traf Victoria mit siebzehn Jahren zum ersten Mal ihren geliebten künftigen Ehemann Prinz Albert. Und ein Jahr später, am Morgen des 20. Juni 1837, wurde sie in ihrem Schlafgemach mit der Mitteilung geweckt, dass ihr Onkel, König William IV, gestorben und sie die neue Regentin sei.

Wenn man als Österreicher heute Victorias Wohn- und Arbeitsräume im Kensington-Palast besichtigt, fällt auf, dass einige ihrer Porträts, die an den Wänden hängen, von Franz Xaver Winterhalter stammen – der auch das berühmte Bildnis schuf, das Kaiserin Elisabeth mit den Sternen im Haar zeigt.

Das liegt daran, dass der aus Deutschland stammende Winterhalter im 19. Jahrhundert neben zahlreichen Aristokraten auch führende Mitglieder europäischer Herrschaftshäuser porträtierte – neben dem britischen und dem österreichischen war er auch am französischen und am spanischen Hof ein viel gefragter Maler.

Nach Queen Victoria lebten im Kensington-Palast mehrere ihrer Töchter und Enkel, die letzte Enkelin, Prinzessin Alice, ist hier erst 1981 gestorben.

Diese musste sich den Palast zuletzt mit Prinzessin Margaret, der Schwester Queen Elizabeths II, teilen, die nach der Hochzeit mit dem Fotografen Lord Snowdon 1960 den Südflügel bezogen hat – was insofern kein Problem darstellen sollte, als Kensington groß genug ist, um mehrere Familien standesgemäß unterzubringen. Freilich feierten Margaret und Snowdon hier ihre berühmt-berüchtigt lauten Partys, die die anderen Bewohner not amused haben.

Ein Bildnis der Queen Victoria, gemalt von Franz Xaver Winterhalter, der durch sein Porträt der Kaiserin Elisabeth mit den Sternen berühmt wurde.

Margaret hatte einen ganzen »Hofstaat« von Entertainern in den Palast gebracht, und zu ihren Partygästen zählten Mick Jagger, Liz Taylor und Peter Sellers.

Doch Kensington brachte auch Margaret kein Glück, sie und ihr Mann hatten außereheliche Affären, die Ehe scheiterte, 1978 kam es zur Scheidung.

Noch glamouröser, aber um nichts glücklicher verliefen die Jahre ab 1982, als Diana und Charles den Nordflügel des Palasts bewohnten. Hier kam es zur Ehekrise, hier gab Diana das aufsehenerregende BBC-Interview, in dem sie die aufrechte Beziehung ihres Mannes zu Camilla Parker Bowles ansprach. Es folgte die Scheidung, nach der die »Königin der Herzen« mit ihren Söhnen im Palast bleiben durfte.

William und Harry haben den Großteil ihrer Kindheit in Kensington verbracht.

Nach Prinzessin Dianas Unfalltod am 31. August 1997 strömten Zehntausende Menschen sowohl zum Buckingham- als auch zum Kensington-Palast, um an den Eingangstoren Blumen und Briefe als Zeichen der Trauer zu hinterlegen. Später kehrten William mit Kate sowie Harry mit Meghan an die Stätte ihrer Kindheit zurück. Sollte ein Mitglied des Königshauses den Royal Palace of Kensington gerade bewohnen, würde man es als normaler Besucher natürlich nicht zu Gesicht bekommen – die in einem ganz anderen Trakt gelegenen Gemächer sind von den öffentlich zugänglichen Bereichen hermetisch abgeschirmt.

Liebe im Schloss des Präsidenten
Hinter den Mauern des Élysée-Palasts

Wenn Paris die Stadt der Liebe ist – und wer würde daran zweifeln –, darf man sich nicht wundern, dass auch die an der Seine ansässigen Präsidenten und Monarchen ihr Privatleben entsprechend gestalten. Madame Pompadour, die berühmteste aller Mätressen, empfing im Élysée-Palast ihren königlichen Liebhaber. Napoleon unterzeichnete hier seine Abdankung, und seit 1873 ist das Schloss im Herzen der französischen Metropole der offizielle Amtssitz des Staatspräsidenten. Politiker wie Charles de Gaulle, François Mitterrand und Jacques Chirac schrieben im Élysée Geschichte, doch die dicken Mauern des Palasts erzählen auch von Tragödien, Skandalen und amourösen Verwicklungen.

Es war das teuerste unter den vielen teuren Geschenken, die Ludwig XV. seiner Mätresse machte, und es diente wohl auch seinem Komfort, wenn die Geliebte ab 1753 über ein luxuriöses Heim für intime Stunden verfügte. Die Pariser hingegen verfluchten den Pomp der Pompadour und kritzelten auf den Zaun des Palasts: »Wohnsitz der Hure des Königs«.

Pomp für die Pompadour: König Ludwig XV. schenkte seiner Mätresse den Élysée-Palast.

Das Palais de l'Élysée hieß in den Tagen, als die Pompadour hier zum Tête-à-Tête empfing, nach seinem Vorbesitzer noch Hôtel d'Evreux, war aber nie ein Hotel, vielmehr nannte man so die Stadthäuser des Adels. Nach dem Tod der Pompadour 1764 ging der Palast mit seinem rechteckigen Ehrenhof und dem riesigen Park in das

Eigentum des Königs über, wurde von verschiedenen Aristokraten bewohnt und erhielt gegen Ende des 18. Jahrhunderts den Namen Élysée – nach dem nahen Prachtboulevard, den Champs-Élysées.

Während der Palast in den Jahren der Französischen Revolution zum Lager, Eissalon und zur Spielhölle verkam, entdeckte Napoleon das Luxusdomizil für sich und erklärte es, seinem Geltungsdrang entsprechend, zum Palais de l'Élysée-Napoléon. Hier erlebte er den Höhepunkt seiner Macht, aber auch den Niedergang: 1809 sah sich der Korse in dem Palais als Herr über Europa, drei Jahre später brach er von hier aus zum Russlandfeldzug auf, der den Anfang vom Ende einläuten sollte.

Dazwischen verstieß er Gemahlin Joséphine aus dem Élysée, um den Einzug seiner zweiten Frau, der Österreicherin Marie-Louise, zu ermöglichen. Sie schenkte ihm den ersehnten Thronfolger, der freilich nie an die Macht kam. Schließlich unterschrieb Napoleon 1814 im Élysée-Palast seine Abdankung als Kaiser; der Tisch aus Florentiner Marmor, an dem er sie unterzeichnete, steht heute noch im Élysée-Palast.

Für Napoleons Neffen, Napoleon III., war das Schloss wieder nichts anderes als eine verschwiegene Absteige für amouröse Treffen, ehe es 1873 zum offiziellen Amts- und Wohnsitz der französischen Präsidenten erklärt wurde. Und dabei Lust- und Liebestempel blieb: Félix Faure war einer der ersten republikanischen Staatschefs, die in den Genuss des feudalen Ambientes mit prunkvoller Möblage, vergoldeten Spiegeln, Samtvorhängen und dicken Teppichen gelangten. Als am 16. Februar 1899 aus seinen Gemächern der Schreckensschrei einer jungen Dame drang, stürmte sein Sekretär in den Salon und traf den 58-jährigen Präsidenten sterbend in den Armen seiner Geliebten Marguerite Steinheil an. Während der her-

Liebe im Schloss des Präsidenten

Im Élysée-Palast unterzeichnete Napoleon 1814 seine Abdankung als Kaiser, ehe er ins Exil ging.

beieilende Arzt dem Staatschef nicht mehr helfen konnte, verließ Mademoiselle Marguerite – kaum bekleidet und ihr Korsett vergessend – fluchtartig den Palast. In den Pariser Journalen las man, der Präsident sei in den Armen seiner Frau gestorben.

Ähnlich diskret wurden die prominenten Bewohner des Élysée-Palasts noch ein Jahrhundert lang behandelt. Bis *Paris Match* am 3. November 1994 aufdeckte, dass François Mitterrand seit zwanzig Jahren über eine Zweitfamilie verfügte. Der Präsident führte ein Doppelleben, verbrachte die Sonntage bei Ehefrau Danielle im Élysée-Palast, die Abende unter der Woche jedoch bei der Geliebten Anne Pingeot mit gemeinsamer Tochter Mazarine. »Die Bevölkerung«, schrieb Mazarine später in ihren Memoiren, »fand das romantisch«, die Franzosen waren ihrem Präsidenten nicht gram. Als Mitterrand 1996 starb, standen seine zwei Frauen und die Kinder aus beiden Verbindungen nebeneinander an seinem Grab.

Mit dem »Fall Mitterrand« war das Tabu gebrochen, und so ist's kein Wunder, dass auch das Intimleben seines Nachfolgers Jacques Chirac durchleuchtet wurde. Während sich Chirac als treu sorgender Ehemann gab, enthüllte die Presse, dass Monsieur le Président das Leben eines Casanovas führte.

Wirklich peinlich wurde jener Seitensprung Chiracs in der Nacht zum 31. August 1997, als man ihn in sämtlichen Flügeln des Élysée vergeblich suchte. Denn eben war Prinzessin Diana in Paris tödlich verunglückt, und es wäre Chiracs Aufgabe gewesen, dem britischen Botschafter Bescheid zu geben und ihm sein Beileid auszudrücken. Da er nicht im Präsidentenpalast, sondern unerreichbar bei einer Geliebten weilte, blieb Chiracs Frau Bernadette nichts anderes übrig, als »im Namen des Präsidenten« zu kondolieren.

Nicolas Sarkozy nützte sein umtriebiges Privatleben ganz bewusst für persönliche Propaganda. Er wusste, dass seine Landsleute Liebesaffären eher bewundern als verurteilen, und so führte er mit seiner Geliebten Carla Bruni – bis zu ihrer Heirat im Februar 2008 – die erste wilde Präsidentenehe im Élysée-Palast.

Auch François Hollande büßte seine Popularität eher durch politisches Ungeschick als durch sein verwirrendes Liebesleben ein. Er beendete nach zweijähriger Amtszeit seine Beziehung mit der Journalistin Valérie Trierweiler und mietete an ihrer Stelle die Schauspielerin Julie Gayet im Élysée ein. Hollandes Nachfolger Emmanuel Macron ist der erste Präsident seit Langem, der ein skandalfreies Privatleben zu führen scheint. Er ist seit 2007 mit seiner um fast 25 Jahre älteren ehemaligen Französischlehrerin Brigitte Trogneux verheiratet. Einmal von Macron abgesehen, stehen die Präsidenten der Grande Nation den einstigen Königen in Sachen l'amour also um nichts nach.

Im Élysée ereigneten sich aber auch echte Tragödien. So erschoss sich 1994, in der Amtszeit Mitterrands, einer seiner engsten Berater, François de Grossouvre, in seinem Büro im Präsidentenplast. Der Mitarbeiter hatte sich zuletzt von Mitterrand übergangen gefühlt und »an einem sicheren Platz« ein Enthüllungsdossier deponiert, das auch veröffentlicht wurde.

Vor allem aber wurde im Élysée Geschichte geschrieben. Am 22. Jänner 1963 unterzeichneten Staatspräsident Charles de Gaulle und Bundeskanzler Konrad Adenauer hier den »Élysée-Vertrag«, der nach jahrhundertelangen Kriegen die Aussöhnung zwischen den Völkern Frankreichs und Deutschlands besiegelte und zum Meilenstein auf dem Weg zu einem vereinten Europa wurde.

»Schön haben Sie's da, Herr Bundespräsident!«
Der Leopoldinische Trakt der Hofburg

Die Bundespräsidenten der Ersten Republik residierten am Ballhausplatz, aber nicht in der Hofburg, sondern gegenüber, im Kanzleramt. Doch Karl Renner, der erste Staatschef der Zweiten Republik, wollte bewusst eine räumliche Trennung zur Regierung schaffen und entschied sich 1946 für den Leopoldinischen Trakt der Hofburg mit der Adresse Wien I., Ballhausplatz 1. Seither sind die ehemaligen Wohn- und Arbeitsräume Maria Theresias und Kaiser Josephs II. der Amtssitz des Bundespräsidenten.

Zeitensprünge in Staatspaläste

Als Karl Renners Mitarbeiter zum ersten Mal ihre Büros besichtigten, glaubten sie ihren Augen nicht trauen zu können, denn in der künftigen Präsidentschaftskanzlei gab es weder Toiletten noch Badezimmer. Für Maria Theresia musste einst der Leibstuhl ebenso herangeschleppt werden wie eine Wasserkanne und eine transportable Holzbadewanne, und späteren Monarchen erging es nicht anders. Auch Kaiser Franz Joseph verfügte in dem von ihm bewohnten Reichskanzleitrakt der Hofburg, wohl aus Gründen der Sparsamkeit, über keinerlei Fließwassereinrichtung (obwohl es eine solche damals längst schon gegeben hätte).

Glücklicherweise hatte der italienische Architekt Philiberto Lucchese in den 1660er-Jahren im Leopoldinischen Trakt einen »Heizgang« eingeplant, von dem aus die kaiserlichen Hofofenheizer die prunkvollen Baröcköfen mit Holz anfüllen konnten, ohne die Salons des Monarchen betreten zu müssen. In dem schmalen Gang wurden nach dem Zweiten Weltkrieg nebst Installierung einer Zentralheizung auch die Sanitäranlagen für den Bundespräsidenten und seine Mitarbeiter eingerichtet.

Der Leopoldinische Trakt – er ist einer von achtzehn Trakten in der Hofburg – wurde im Auftrag von Maria Theresias Großvater, Kaiser Leopold I., errichtet. Von da an bis zu den Tagen Kaiser Franz Josephs entwickelten die Habsburger die Tradition, wenn möglich nicht in das Appartement des Vorgängers einzuziehen, sondern innerhalb der Hofburg eine andere Wohnung zu benützen oder am besten gleich bauen zu lassen, womit die Regenten ihre Eigenständigkeit zum Ausdruck bringen wollten.

Kaiser Leopolds Glück in dem nach ihm benannten Trakt währte nicht lange, denn nur zwei Jahre nachdem er die Räumlichkeiten mit seiner ersten Gemahlin Margarita Teresa von Spanien feierlich

»Schön haben Sie's da, Herr Bundespräsident!«

bezogen hatte, brannte der neue Palast 1668 bis auf die Grundmauern ab, wobei sich die kaiserliche Familie nur mit knapper Not in Sicherheit bringen konnte. Am schwersten traf das Unglück Wiens Juden, die – einmal mehr der Brandstiftung bezichtigt – aus der Residenzstadt vertrieben wurden.

Leopolds Enkelin Maria Theresia bezog nach ihrer Thronbesteigung im Jahr 1740 den inzwischen wiederaufgebauten Trakt. Nur wenige Schritte vom jetzigen Arbeitszimmer des Bundespräsidenten entfernt und durch die legendäre, vergleichsweise bescheidene »rote Tapetentür« getrennt, liegt das Maria-Theresien-Zimmer, heute der offizielle Empfangsraum des Staatsoberhauptes, in dem auch Regierungen angelobt und Gäste empfangen werden. Es fehlt nur das Prunkbett der Monarchin, sonst hat sich hier seit mehr als 200 Jahren kaum etwas verändert, da der Leopoldinische Trakt der Hofburg als eines der wenigen Palais der Wiener Innenstadt von Bombenschäden verschont blieb.

Das Maria-Theresien-Zimmer war das Arbeitszimmer der Monarchin und nach dem Tod ihres Mannes Franz Stephan I. auch ihr Schlafgemach: Sie hat hier – aufrecht im Bett sitzend, aber komplett bekleidet – ihre Minister und engsten Mitarbeiter empfangen. Ein besonderes Kuriosum erinnert immer noch an die eigenwillige Persönlichkeit der Kaiserin. Es ist eine wertvolle große Standuhr, deren Ziffernblatt seitenverkehrt beschriftet ist und deren Zeiger sich gegen den Uhrzeigersinn bewegen. Der Grund: Maria Theresia pflegte von ihrem »Amtsbett« aus auf den gegenüberliegenden Spiegel zu schauen, der ihr wiederum die Sicht auf die Uhr ermöglichte.

Kaiser Joseph II. nahm nur eine geringfügige Umgestaltung des Leopoldinischen Trakts vor, blieb dem Amtssitz seiner Mutter aber treu. Während man heute durch die hohen Fenster des von ihm bezogenen »Grünen Salons« auf den weit auslaufenden Heldenplatz sieht, erblickte der Reformkaiser noch die Gräben und Bastionen der alten Stadtbefestigung.

Zum benachbarten »Blauen Salon« führte die »Bettlerstiege«, über die der volkstümliche Monarch in den »Kontrollgang« gelangte, wo ihm an bestimmten Tagen jedermann sein Anliegen vortragen oder eine Bittschrift überreichen durfte.

Das heute mit dunkelrotem Seidendamast tapezierte Maria-Theresien-Zimmer, in dem seine Mutter verstorben war, ließ Kaiser Joseph II. zunächst leer stehen, erst als Papst Pius VI. im März 1782 nach Wien kam, wurde dieser Raum für den Aufenthalt des Pontifex adaptiert. Doch nachdem der Kaiser dem Papst einen

Der Trakt, in dem einst Maria Theresia gewohnt und gearbeitet hat, ist heute der Sitz des Bundespräsidenten.

überaus frostigen Empfang bereitet hatte, weigerte sich dieser, die Hofburg zu betreten.

Kaiser Joseph II. brach am 20. Februar 1790, nur 48 Jahre alt, über seinen Akten an seinem Schreibtisch im heutigen Büro des Bundespräsidenten sitzend, tot zusammen.

Deutlich hat der Sohn des letzten Kaisers die Atmosphäre der Hofburg als Arbeitsplatz des Bundespräsidenten zum Ausdruck gebracht. Bundespräsident Heinz Fischer, der ihn zu seinem neunzigsten Geburtstag in die Hofburg eingeladen hatte, erinnert sich daran: »Otto Habsburg hat damals meines Wissens zum ersten Mal als Erwachsener das Maria-Theresien-Zimmer betreten. Er schaute sich sorgfältig um und sagte dann zu mir: ›Schön haben Sie's da, Herr Bundespräsident!‹«

Lieber als in der Hofburg
Die Kaiservilla in Bad Ischl

Kaiser Franz Joseph hat 82 der 86 Sommer seines Lebens in Ischl verbracht. Von seinem Arbeitszimmer in der Kaiservilla aus wurde zwei Monate im Jahr die Monarchie regiert, hier hat er gekrönte Häupter empfangen und im Sommer 1898 zum letzten Mal seine Frau Elisabeth gesehen. Hier war es auch, wo er am 28. Juli 1914 die Kriegserklärung an Serbien unterzeichnete, die zum Ersten Weltkrieg und zum Untergang Österreich-Ungarns führte.

Auf die Monate Juli/August in Ischl freute sich der Monarch während des ganzen Jahres, hier war er lieber als in der Hofburg,

Zeitensprünge in Staatspaläste

Von hier aus wurde in den Sommermonaten die Monarchie regiert: die Kaiservilla in Bad Ischl.

weil er sich im Sommer viel freier, fernab des strengen Wiener Protokolls, bewegen konnte. In den ersten Ehejahren erlebte er in Ischl glückliche Stunden mit seiner Sisi und später traf er in dem Städtchen im Zentrum des Salzkammerguts tagtäglich mit seiner »Seelenfreundin« Katharina Schratt zusammen. Für die Schauspielerin wurde eigens die benachbarte Villa Felicitas angemietet.

In Ischl ist man überzeugt davon, dass der Kaiser dem mondänen Kurort sein Leben verdankte. Tatsächlich war seine Mutter Sophie in den ersten sechs Jahren ihrer Ehe mit Erzherzog Franz Karl kinderlos geblieben und man befürchtete, dass das Haus Habsburg

Lieber als in der Hofburg

aussterben könnte. Sophie wandte sich an den Wiener Hofarzt Franz Wirer, der ihr »Ischler Salzkuren« verschrieb – und siehe da, schon im nächsten Sommer, genau am 18. August 1830, wurde ihr ein Sohn geboren, der den Namen Franz Joseph erhielt.

Die Eltern kurten von nun an jedes Jahr in Ischl – und die Erzherzogin setzte drei weitere Söhne und eine Tochter in die Welt, die infolge der scheinbar wundertätigen Wirkung der Solekuren in der Bevölkerung »Salzprinzen« genannt wurden.

Ischl spielte eine zentrale Rolle im Leben Franz Josephs. Hier hat er 1853 mit Sisi Verlobung gefeiert, und im Jahr darauf schenkte ihm seine Mutter zur Hochzeit die heutige Kaiservilla, die ursprünglich aus vierzehn Zimmern bestand. Später kaufte der Kaiser mehrere Nachbargrundstücke dazu und ließ aufwendige Vergrößerungs-

und Umbauarbeiten durchführen. Insgesamt kostete das Anwesen 175 000 Gulden*.

Da Erzherzogin Sophie die Villa aus dem Familienfonds gekauft und Kaiser Franz Joseph alle Umbauten aus seiner Privatschatulle bezahlt hatte, blieb die Kaiservilla nach dem Ende der Monarchie im Besitz der Familie Habsburg – und sie ist es heute noch: ein Ururenkel Franz Josephs und Elisabeths führt die Kaiservilla als wichtigsten Tourismusbetrieb der Region.

Da Kaiser Franz Joseph fast jeden Sommer seines Lebens auf seinem Landsitz verbrachte, wurde Ischl in dieser Zeit zur heimlichen Metropole der Monarchie. Wer Rang und Namen hatte, kam hierher, weil es schick war, sich als Nachbar des Regenten bezeichnen zu können. Dabei war man anfangs von Wien nach Ischl mit der Kutsche mehrere Tage unterwegs. Erst 1877 wurde der Bahnverkehr in den lieblichen Kurort an der Traun ermöglicht.

Als Sisi immer ausgedehntere Reisen zu unternehmen begann, fühlte sich der Kaiser auch in Ischl einsam. Oft schrieb er ihr Briefe, sie möge »heim nach Ischl« kommen, doch sie wollte ihr eigenes Leben leben. Er tröstete sich mit der Schauspielerin Katharina Schratt, die wie er jeden Sommer in Ischl zubrachte. Franz Joseph ließ die beiden aneinandergrenzenden Grundstücke durch eine Gartentüre verbinden, sodass er die Schratt »mit Ihrer Erlaubnis viel öfter besuchen« konnte, wie er ihr brieflich mitteilte. »Ach«, schrieb er weiter, »wäre es schon Sommer und wären wir schon im lieblichen Ischl!«

---

* Die Summe entspricht laut Statistik Austria im Jahr 2024 einem Betrag von rund 2,6 Millionen Euro.

Lieber als in der Hofburg

Bilder in der Kaiservilla erinnern an den prominentesten Bewohner: Franz Joseph am Balkon seines Sommersitzes in Bad Ischl.

Am 15. Juli 1898 spazierte der Kaiser zum letzten Mal mit seiner Sisi durch den weitläufigen Park der Kaiservilla, der Abschied soll sehr wehmütig gewesen sein. Von Ischl aus fuhr sie zu Verwandten nach Bayern und dann nach Genf, wo sie am 10. September vom Anarchisten Luigi Lucheni ermordet wurde.

Zwei Tage nachdem der Kaiser im Juli 1914 in seiner Ischler Villa die fatale Kriegserklärung an Serbien unterzeichnet hatte, fuhr er mit einem Sonderzug nach Wien. Sein geliebtes Bad Ischl hat er nie wieder gesehen, da er die Hauptstadt in den Kriegsjahren nicht verlassen wollte.

Er starb am 21. November 1916 in Schönbrunn. Eine Kopie der Kriegserklärung liegt heute noch auf seinem Schreibtisch in der Ischler Kaiservilla, wie die Räumlichkeiten nach seiner letzten Abreise überhaupt kaum verändert wurden.

Die Bevölkerung von Bad Ischl feierte an jedem 18. August samt zahlreichen Touristen bei traditionellem »Kaiserwetter« mit vollem Zeremoniell »Kaisers Geburtstag«, bei dem sich Seine Majestät huldvoll zeigte.

Die Geburtstagsfeierlichkeiten wurden und werden auch nach dem Tod des Monarchen mit einem Volksfest, mit Trachten- und Musikkapellen sowie einer Gedenkmesse fortgeführt. Zu Ehren des alten Kaisers, als wäre er immer noch da.

Des Kaisers letztes Schloss
Der Abgesang des Hauses Habsburg

Ein Barockschloss im niederösterreichischen Marchfeld, das wie kein anderes den Untergang der alten Donaumonarchie symbolisiert. Denn hier in Eckartsau hat Kaiser Karl I. die letzte Verzichtserklärung unterschrieben und damit das Ende der Herrschaft des Hauses Habsburg besiegelt.

Kaum hatte Kaiser Karl am 11. November 1918 in Schönbrunn den Verzicht »auf jeden Anteil an den Staatsgeschäften« unterzeichnet, verließ er Wien mit Familie und seinen letzten Getreuen. Der aus sieben Automobilen bestehende Konvoi fuhr nach Eckartsau, wo Karl über ein Jagdschloss verfügte, das sich wie die Ischler Kaiservilla im Privatbesitz der Habsburger befand – im Gegensatz zu anderen Palästen, die bereits der jungen Republik zugefallen waren.

Besonders sicher konnte sich Karl während des viermonatigen Aufenthalts in Eckartsau nicht fühlen. Zwar hatte der Wiener Polizeipräsident Johann Schober zehn Beamte zur Bewachung des Schlosses abgestellt, aber auch die hätten einem ernsthaften Angriff kaum standhalten können. Tatsächlich gab es Drohungen plündernder Banden und der kommunistischen Roten Garde, die den Ex-Kaiser töten wollten – wie das Monate davor mit dem russischen Zaren und seiner Familie geschehen war. Letztlich kam es aber für die Angehörigen des ehemaligen Erzhauses zu keiner bedrohlichen Situation.

Bedrohlich war allerdings der Gesundheitszustand des Kaisers und seiner fünf Kinder, die in Eckartsau alle an der Spanischen Grippe erkrankten. Kaiserin Zita blieb als einziges Familienmitglied von der Infektion, die damals Millionen Todesopfer forderte, verschont. »Mein jüngster Sohn Karl Ludwig, der acht Monate alt war«, schreibt Zita in ihren Memoiren, »wäre beinahe gestorben.« Erst nach Weihnachten 1918 waren Ex-Kaiser Karl, seine Tochter Adelheid und die vier Söhne außer Lebensgefahr.

Der neuen, aus Christlichsozialen und Sozialdemokraten gebildeten Regierung in Wien war es gar nicht recht, dass sich Karl nach wie vor in Österreich aufhielt. Denn der ehemalige Kaiser hatte den Kampf um die Herrschaft noch nicht aufgegeben. So korrespondierte er von Eckartsau aus mit den Königen von Spanien und Großbritannien – mit dem Ziel, die Krone wiederzuerlangen. In verzweifelten Briefen an König George V bat der abgesetzte Regent um die Entsendung von 10 000 Soldaten, um die Monarchie wiederherzustellen. Doch Karls Appelle wurden meist nicht einmal beantwortet.

Zeitensprünge in Staatspaläste

In ihrer letzten österreichischen Residenz erkrankte fast die ganze kaiserliche Familie an der Spanischen Grippe: Schloss Eckartsau im Marchfeld.

Der Kaiser gab die Hoffnung, auf den Thron zurückkehren zu können, auch deshalb nicht auf, weil er mit seiner Unterschrift in Schönbrunn nur auf die Mitwirkung an den Regierungsgeschäften in der österreichischen Reichshälfte verzichtet hatte. Doch in Eckartsau trifft eine ungarische Delegation ein, die seinen Rücktritt auch als König von Ungarn erzwingt. Obwohl Karl die formelle Abdankung in beiden Fällen verweigert, ist das Ende der Habsburgerherrschaft nicht mehr aufzuhalten.

Fern jeder Realität, sieht sich Karl immer noch als Kaiser, wie diese Episode zeigt: Im Jänner 1919 erscheint Staatskanzler Karl Renner in Eckartsau, um mit Karl über seinen künftigen Status zu verhandeln. Doch der fühlt sich nach wie vor dem Spanischen Hofzeremoniell verpflichtet, das es der Apostolischen Majestät nicht erlaubt, eine Person unangemeldet in Audienz zu empfangen. Da man andererseits nicht unhöflich sein will, wird Renner im Erdgeschoß des Schlosses ein Mittagessen serviert, während Karl und Zita im ersten Stock verweilen. Ex-Kaiser und Staatskanzler haben einander bei dieser »Begegnung« nicht gesehen, geschweige denn miteinander gesprochen. Und so reist Renner nach dem Mittagessen unverrichteter Dinge zurück nach Wien.

Dort löst man das Problem auf andere Weise. Mitte März 1919 werden Karl drei Möglichkeiten unterbreitet:

- Würde er auf alle Rechte als Monarch verzichten, also auch formell abdanken, könnte er mit seiner Familie als einfacher Bürger weiterhin in Österreich leben.
- Sollte er die Abdankung verweigern, müsste er augenblicklich das Land verlassen.
- Wäre er zu keinem dieser beiden Schritte bereit, hätte er mit seiner Inhaftierung zu rechnen.

Karl entscheidet sich für Variante zwei: Er geht, ohne abzudanken, ins Exil – wobei sich Zeitzeugen erinnerten, dass die Entscheidungen in seinen schwersten Stunden nicht vom Kaiser selbst, sondern von seiner viel stärkeren Frau Zita getroffen wurden.

Am 23. März 1919 ist es so weit, in der Schlosskapelle von Eckartsau wird eine Messe gelesen, bei der Karls ältester Sohn, der sechsjährige Kronprinz Otto, als Ministrant assistiert. Während des Gottesdienstes fährt der ehemalige k. u. k. Hofzug in den nahen Bahnhof Kopfstetten ein. Die Regierung in Wien hat Karls Bedingung akzeptiert, ihn »wie einen Kaiser und nicht wie einen Dieb« ausreisen zu lassen. Karl und seine Familie besteigen den Salonwagen, der sie in die Schweiz führt, von wo sie später nach Madeira, der letzten Station seines Lebens, fahren. Der Abgesang des 600 Jahre alten Habsburgerreichs ist vollzogen.

Quellenverzeichnis

Bücher

Gusti Adler, *... aber vergessen Sie nicht die chinesischen Nachtigallen, Erinnerungen an Max Reinhardt,* München–Wien 1980.

Alles tanzt, Kosmos Wiener Tanzmoderne, Theatermuseum, Wien 2019.

Gyles Brandreth, *Elizabeth, An Intimate Portrait,* London 2022.

Gabriele Brandstetter und Gunhild Oberzaucher-Schüller, *Mundart der Wiener Moderne, Der Tanz der Grete Wiesenthal,* München 2009.

Gerhard Bronner, *Spiegel vorm Gesicht, Erinnerungen,* München 2004.

Egon Caesar Conte Corti, *Elisabeth, Die seltsame Frau,* Salzburg 1934.

Anton Dermota, *Tausendundein Abend, Mein Sängerleben,* Wien 1978.

Erich Feigl, *Kaiserin Zita, Von Österreich nach Österreich,* Wien–München 1982.

Edda Fuhrich und Gisela Prossnitz, *Max Reinhardt, Ein Theater, das den Menschen wieder Freude gibt,* München–Wien 1987.

Wolff A. Greinert, *Werner Krauß, Schauspieler in seiner Zeit, 1884–1959,* Wien 2009.

Christoph Großpietsch, *Mozart-Bilder Bilder Mozarts, Ein Porträt zwischen Wunsch und Wirklichkeit,* Internationale Stiftung Mozarteum (Hrsg.), Salzburg 2013.

Gernot Gruber, *Schubert. Schubert? Leben und Musik,* Kassel 2010.

Malte Hemmerich, *100 Jahre Salzburger Festspiele,* mit einem Vorwort von Helga Rabl-Stadler, Salzburg 2019.

Paul Hörbiger, *Ich hab für euch gespielt, Erinnerungen,* aufgezeichnet von Georg Markus, München 1979.

Lotte Ingrisch, *Meine Jenseitsgespräche mit Gottfried von Einem,* Wien 1997.

Hellmuth Karasek, *Billy Wilder, Eine Nahaufnahme,* Hamburg 2006.

Quellenverzeichnis

Jacqueline Kennedy, *Gespräche über ein Leben mit John F. Kennedy, Interviews mit Arthur M. Schlesinger Jr., 1964*, Hamburg 2011.
Fritz Kortner, *Aller Tage Abend, Autobiographie*, München 1996.
Maria Kramer, *Die Wiener Staatsoper, Zerstörung und Wiederaufbau*, Wien 2005.
Kurt Kreiler, *Der Mann, der Shakespeare erfand, Edward de Vere, Earl of Oxford*, Frankfurt am Main 2009.
Georg Kreisler, *Doch gefunden hat man mich nicht*, hrsg. von Nikolaus Topic-Matutin, Zürich 2014.
Johannes Kunz, *Frank Sinatra und seine Zeit*, München 2015.
Friedrich Langer, *Grete Wiesenthal*, in: *Neue österreichische Biographie*, Wien–München 1977.
Bernard Lechevalier, Bernard Mercier, Fausto Viader, *Le Cerveau de Ravel, Vie et mort d'un génie*, Paris 2023.
Georg Markus, *Kehrt heim nach Österreich!*, in: Heinz Kienzl und Susanne Kirchner (Hrsg.), *Ein neuer Frühling wird in der Heimat blühen, Erinnerungen und Spurensuche*, Wien 2002.
Hans Moser, *Ich trag im Herzen drin ein Stück vom alten Wien*, aufgezeichnet von Georg Markus mit einem Vorwort von Paul Hörbiger, München 1980.
Anton Neumayr, *Musik & Medizin am Beispiel der Wiener Klassik*, Wien 1992.
Ernst Pichler, *Beethoven, Mythos und Wirklichkeit*, Wien–München 1994.
Katharina Prager (Hrsgin.), *Geist versus Zeitgeist: Karl Kraus in der Ersten Republik*, Wienbibliothek im Rathaus, Wien 2018.
Brigitte Sinhuber (Hrsgin.), *Qualtingers beste Satiren, Vom Travnicek zum Herrn Karl*, München–Wien 1977.
Daniela Strigl, *»Frauenverehrer«, »Liebessklave«, »Gott und Teufel« – zu Karl Kraus' erotischer Biographie*, in: Katharina Prager (Hrsgin.), *Geist versus Zeitgeist: Karl Kraus in der Ersten Republik*, Wienbibliothek im Rathaus, Wien 2018.
Irene Suchy, Allan Janik, Georg Predota (Hrsg.), *Empty Sleeve, Der Musiker und Mäzen Paul Wittgenstein*, Wien 2006.

Edward Timms, *Das Tagebuch der Irma Karczewska*, in: Katharina Prager (Hrsgin.), *Geist versus Zeitgeist: Karl Kraus in der Ersten Republik*, Wienbibliothek im Rathaus, Wien 2018.

Friedrich Torberg, *Die Tante Jolesch oder der Untergang des Abendlandes in Anekdoten*, München 1975.

Wolfram Wette, *Feldwebel Anton Schmid, Ein Held der Humanität,* Frankfurt am Main 2013.

Gusti Wolf erzählt aus ihrem Leben, hrsg. von Dagmar Saval, Wien–Köln–Weimar 2001.

TV-Dokumentationen

Daniel Anker, *Hollywood und der Holocaust,* USA 2005.

Christopher Olgiati, *Das Doppelleben des Frank Sinatra, Zwischen Bühne und Cosa Nostra*, Frankreich/Deutschland/Großbritannien 2005.

Zeitungen und Zeitschriften

Andrea Amort, Peter Stuiber, *Neue Wege zu Grete Wiesenthal,* Wienmuseum Magazin, Wien 2023.

Viola Heilman, »*Hochfürstlich Esterházy Schutzjuden*«, in: *Wina, Das jüdische Stadtmagazin*, Wien 2022.

Werner Sabitzer, *Reißende Bestie, Der Wiener Malergehilfe Johann Trnka*, Öffentliche Sicherheit, Wien 2020.

Katharina Wessely, *Bühnentote zum Lachen bringen, Die Presse,* Wien 2016.

Bildnachweis

D'Ora-Benda, Atelier/ÖNB-Bildarchiv/picturedesk.com (25), Photo Researchers/Photo Researchers/picturedesk.com (31/1), mauritius images/Oprea Nicolae/Alamy/Alamy Stock Photos (31/2), Archiv Amalthea Verlag (31/3, 31/4, 85, 91, 99, 103 rechts, 114/115, 153, 233, 236, 259, 273), mauritius images/Super Stock/Fine Art Images (31/5), Österreichisches Theatermuseum/brandstaetter images/picturedesk.com (37), mauritius images/CBW/Alamy/Alamy Stock Photos (42), World History Archive/TopFoto/picturedesk.com (47), Austrian Archives (S)/brandstaetter images/picturedesk.com (50), ullstein bild/Ullstein Bild/picturedesk.com (60), mauritius images/Keystone Press/Alamy/Alamy Stock Photos (64), Archiv Gerald Piffl/brandstaetter images/picturedesk.com (71), Jane Barlow/PA/picturedesk.com (77), Petra Rainer (88), Friedrich/Interfoto/picturedesk.com (92), Wienbibliothek im Rathaus (103 links, 106 oben, 106 unten), Archiv Amalthea Verlag/Georg Markus (109, 248, 269), ETH-Bibliothek Zürich, Thomas-Mann-Archiv/Fotograf: Unbekannt/TMA_5371 (111), Wikimedia Commons/Acediscovery/CC BY 4.0 (118/119), Oliver Multhaup/dpa/picturedesk.com (125), mauritius images/World History Archive/Alamy/Alamy Stock Photos (129), Kurier/Fred Riedmann (133), Archiv Amalthea Verlag/Marlen Bernleitner (137 links, 137 rechts, 139 links, 139 rechts, 143 links, 143 rechts, 146 links, 146 rechts, 148), SZ Photo/SZ-Photo/picturedesk.com (156), Everett Collection/picturedesk.com (158), GREG VOJTKO/AP/picturedesk.com (162), Eve Arnold/Magnum Photos/picturedesk.com (165), mauritius images/Screen Prod (173), ullstein – ullstein bild/Ullstein Bild/picturedesk.com (175), Walter Schweinöster (180), Kurier/Jeff Mangione (185, 187), mauritius images/Gibson Moss/Alamy/Alamy Stock Photos (191), Pollak/Ullstein Bild/picturedesk.com (199), Wikimedia Commons/Bundesarchiv, Bild183-H27992/Hans Sönnke/CC-

Bildnachweis

BY-SA 3.0 (201), ÖNB-Bildarchiv/picturedesk.com (209, 223), Votava/brandstaetter images/picturedesk.com (214), Oscar Horowitz/picturedesk.com (219), Scherl/SZ-Photo/picturedesk.com (224), Kurier/Fritz Klinsky (227), mauritius images/Suzan Moore/Alamy/Alamy Stock Photos (229), Harald Hofmeister (231), Dorotheum Wien, Auktionskatalog 30.11.2020 (245), Margit Münster (252), ullstein – P/Ullstein Bild/picturedesk.com (253), mauritius images/BAO/imageBROKER (260), Wikimedia Commons/Sergeant Tom Robinson RLC/MOD/OGL v1.0OGL v1.0 (264), mauritius images/Rik Hamilton/Alamy/Alamy Stock Photos (267), mauritius images/The Picture Art Collection/Alamy/Alamy Stock Photos (271), Wikimedia Commons/C. Stadler/Bwag/CC-BY-SA-4.0 (278, 286), Wikimedia Commons/Henry Keller/CC BY-SA 4.0 (280/281), Schuster, Joseph/ÖNB-Bildarchiv/picturedesk.com (283)

Bild S. 211 aus: Hubert Prigl (Hrsg.), »off limits«, Amerikanische Besatzungssoldaten in Wien 1945–1955, Wien 2005.

Der Verlag hat alle Rechte abgeklärt. Konnten in einzelnen Fällen die Rechteinhaber der reproduzierten Bilder nicht ausfindig gemacht werden, bitten wir, dem Verlag bestehende Ansprüche zu melden.

Namenregister

Adams, Abigail 258
Adams, John 258f.
Adelheid, Erzherzogin 285
Adenauer, Konrad 134, 192, 275
Adler, Anita 198
Adler, Gusti 39
Adler, Hermann 198
Adler, Victor 82, 92, 137
Adorf, Mario 226
Adorno, Theodor W. 110
Albach-Retty, Rosa 234
Albers, Hans 174
Albert, Prinz von Sachsen-Coburg und Gotha 268
Albrecht V., Herzog von Österreich 90
Alexander, Peter 17, 145f., 232f.
Alexandra, Zarin von Russland 127–129
Alexei Nikolajewitsch, Zarewitsch 128
Alice, Prinzessin, Countess of Athlone 268
Altenberg, Peter 36

Ambros, Wolfgang 227
Androsch, Hannes 233
Antel, Franz 252–254
Archer, Jeffrey 125
Armstrong-Jones, Antony, Earl of Snowdon 266, 268
Aslan, Raoul 38, 149, 221
Auer von Welsbach, Carl 141

Bach, Johann Sebastian 24
Balser, Ewald 222
Barlow, Jane 76
Bauer, Otto 82, 92
Baum, Vicki 218
Beethoven, Ludwig van 14, 24, 32, 41, 43–48, 147, 223
Benko, René 116
Berg, Alban 141
Berg, Armin 216
Berger, Senta 17, 231f.
Bergner, Elisabeth 213, 218
Bernhard, Thomas 15, 27, 147
Bernleitner, Marlen 18
Bernstein, Leonard 226

Berté, Heinrich 42
Biddle, Robert T. 18, 208–212
Bierlein, Brigitte 146
Biggs, Ronald 62–64
Bing, Sir Rudolf 242
Birkmeyer, Michael 38
Birkmeyer, Toni 38, 49
Blair, Tony 262, 265
Blank-Eismann, Marie 171f.
Bohlen und Halbach, Harald von 58, 60f.
Böhler, Lorenz 144
Böhm, Karl 223
Böhm, Karlheinz 170, 173
Böhm, Maxi 17, 235f., 248
Borsche, Dieter 161
Brahms, Johannes 23
Brandenburg, Hans 37
Brando, Marlon 116
Braun, Eva 205
Brandreth, Gyles 74, 77
Brecht, Bertolt 110
Britten, Benjamin 24
Bronner, Gerhard 17, 249–255
Bronner, Oscar 18, 254
Bruni, Carla 274

Namenregister

Brücke, Thomas 18
Burjan, Hildegard 92
Burton, Richard 226
Buschbeck, Erhard 149, 220
Bush, George W. 261

Calderon-Spitz, Lily 40
Callas, Maria 229
Camilla, Königin des Vereinigten Königreiches 76, 269
Capone, Alphonse »Al« 122
Carmontelle, Louis Carrogis de 29
Carrell, Rudi 230
Carreras, José 230
Carter, Amy 261
Carter, Jimmy 261
Caruso, Enrico 229
Castro, Raimunda de 63
Chaplin, Charlie 158
Charles II, König des Vereinigten Königreiches 263
Charles III, König des Vereinigten Königreiches 76, 140, 267, 269
Cheney, Dick 261
Chirac, Bernadette 274
Chirac, Jacques 270, 274
Chopin, Frédéric 21, 24
Chruschtschow, Nikita 184, 189, 192

Churchill, Winston 134, 193, 204f., 262, 265
Clinton, Bill 260
Collins, Joan 230
Connally, John 191
Conrads, Erika 140
Conrads, Heinz 15, 136, 139f., 166
Coogan, Jackie 157
Corti, Egon Caesar Conte 69, 73
Cox, Clive 75
Culkin, Macaulay 157
Curtis, Tony 160–162
Curzon, Lord George 204

Dalma, Alfons 149
Damm, Helene von 18, 261
Davidson, Julius Ralph 108
Davis, Sammy Jr. 154
Décsey, Ernst 170-173
Décsey, Ernst (Enkel) 172
De Gaulle, Charles 192, 270, 275
Dermota, Anton 141, 223
Deutsch, Ernst 218
Deutsch, Otto Erich 32
Diana, Prinzessin von Wales 140, 167, 204–206, 266, 269f., 274
DiCaprio, Leonardo 159
Dichand, Hans 149

Dietrich, Marlene 174–176
Doderer, Heimito von 149
Dollfuß, Engelbert 142
Domingo, Plácido 230
Dorsch, Käthe 253
Dorsey, Tommy 152f.
Downing, Sir George 262
Drapal, Julia 14, 48–52
Dreher, Anton 34
Drummond, Edward 264
Duncan, Isadora 35
Dvorak, Felix 227

Eckhardt, Fritz 235
Edwards, Huw 76
Egger, Alexandra 18
Eggerth, Marta 216
Ehrengruber, Peter 18, 185–188
Einem, Caspar 141
Einem, Gottfried von 15, 93, 140
Eisen, Cliff 30
Elisabeth, Kaiserin von Österreich (»Sisi«) 14, 68–73, 92, 170f., 268f., 279, 282
Elizabeth I, Königin von England 99
Elizabeth II, Königin von England 14, 74–77, 266, 268
Elßler, Fanny 49, 141
Engelberg, Hyman 167

Epstein, Jeffrey 127
Esterházy, Fürst Paul I. 94
Eybner, Richard 144

Falco (auch Johann Hölzel) 17, 232, 237
Farkas, Karl 51, 166, 216–219, 248
Faure, Félix 272
Feifalik, Fanny 68
Fellinger, Karl 144
Felsenburg, Adalbert 143
Ferenczy, Ida von 68f., 72f.
Ferstel, Heinrich 149
Feuchtwanger, Lion 110
Fiegl, Ingeborg 18
Figdor, Fanny 21
Figl, Leopold 134, 146
Fischer, Heinz 279
Flossmann, Martin 149
Ford, Henry 223
Forst, Willi 17, 212f., 215f., 218
Foster, Jodie 159
Franz I. Stephan, Kaiser des Heiligen Römischen Reiches 277
Franz Joseph I., Kaiser von Österreich 56, 91f., 138, 247, 276, 279, 281–283
Franz Karl, Erzherzog von Österreich 280
Fränzl, Willy 49

Freud, Sigmund 108
Friedrich, Max 18, 158
Fröhlich, Katharina »Kathi« 136

Gable, Clark 230
Garbo, Greta 163
Garland, Judy 156–158
Gautsch, Paul Freiherr von 82
Gayet, Julie 274
Geiß, Rudolf 201–203
George V, König des Vereinigten Königreiches 285
Gerngross, Alfred 84
Giancana, Sam 154
Girardi, Alexander 104, 137
Goebbels, Joseph 59, 205
Goethe, Johann Wolfgang von 234
Goldoni, Carlo 40
Gorbach, Alfons 166
Gottschalk, Thomas 227
Greenshields, Iain 74
Greenson, Ralph 167
Grillparzer, Adolf 136
Grillparzer, Franz 15, 43, 136f., 221f.
Grob, Therese 42
Grossouvre, François de 275
Großpietsch, Christoph 18, 28f., 32
Gruber, Gernot 18, 41

Grünbaum, Fritz 218
Güden, Hilde 226
Guillotin, Joseph 56
Gustloff, Wilhelm 200

Haas, Philipp 83
Habsburg, Otto von, 279, 287
Haeusserman, Ernst 144, 229, 234
Hammerschlag, Peter 218
Hanappi, Gerhard 141
Harand, Irene 93
Harell, Marte 141
Harry, Prinz, Duke of Sussex 266, 270
Hass, Hans 141
Hathaway, Anne 98
Haydn, Joseph 24, 32
Heesters, Johannes 16, 18, 177–181
Heine, Heinrich 70, 92
Heintel, Kurt 144
Helene, Herzogin in Bayern 171
Henreid, Paul 218
Hepburn, Katharine 116
Herzl, Theodor 141
Herzmansky, August 84f.
Heston, Charlton 163, 231
Hickel, Joseph 30, 32
Hindemith, Paul 24
Hitler, Adolf 39, 93, 108,

Namenregister

138, 142, 161, 177, 200, 203–206, 213, 219, 250
Hoban, James 258
Hochhuth, Rolf 179
Hochner, Robert 141
Hoffmann, Josef 147
Hofmannsthal, Hugo von 37, 40, 228
Hollande, François 274
Hollein, Hans 141
Holt, Hans 247
Höltschl, Rainer 18
Holzmeister, Judith 18, 222
Hoover, J. Edgar 192
Hörbiger, Attila 146, 222
Hörbiger, Paul 17, 241
Hudec, Rosa 18, 86, 88
Hugenberg, Alfred 176
Hugo, Victor 57
Huppert, Max 197
Hutter, Wolfgang 144
Huttig, Alfred 246

Ibn Saud, König von Saudi-Arabien 144
Ingrisch, Lotte 140
Innitzer, Theodor 93

Jackson, Michael 158
Jagger, Mick 269
Jannings, Emil 17, 174, 243, 246
Jaray, Hans 141 ,171, 213, 218
Jeritza, Maria 213

Johnson, Boris 75
Johnson, Lyndon B. 189
Jonas, Franz 134
Joseph II., Kaiser des Heiligen Römischen Reiches 56, 90f., 277–279
Joséphine, Kaiserin der Franzosen 272
Juan Carlos, König von Spanien 226
Juhnke, Harald 230
Jürgens, Curd 17, 223, 227, 232–233
Jürgens, Udo 17, 232, 235
Jurmann, Walter 218
Jussupow, Felix, Fürst 130

Kainz, Josef 142f.
Kamenicek, Elisabeth 18
Karajan, Herbert von 226
Karczewska, Irma (auch Ingrid Loris) 102, 104–106
Karl I., Kaiser von Österreich 284, 286
Karl, Harald 18, 172
Karl Ludwig, Erzherzog von Österreich 285
Karlweis, Oskar 39, 213
Kate, Prinzessin von Wales 266, 270
Kaut, Josef 144
Kay, Richard 75

Kelly, Grace 116
Kennedy, Caroline 193
Kennedy, Edward 194
Kennedy, Jacqueline »Jackie« 16, 184, 188–194, 262
Kennedy, John F. 16, 154f., 164, 167, 184–194, 260
Kennedy, John Jr. 193
Kennedy, Joseph 122f.
Kennedy, Robert 154
Kiepura, Jan 216
King, Martin Luther 192
Kirchschläger, Rudolf 134
Klaus, Josef 146
Klimt, Gustav 15, 23, 36, 137f.
Knef, Hildegard 17, 232, 235
Kohn, Theodor 93
Konradi, Inge 38
Korény, Béla 254f.
Korngold, Erich Wolfgang 24, 39
Korngold, Julius 21
Kortner, Fritz 215
Krafft, Barbara 32
Kraner, Cissy 218
Kraus, Hans 190
Kraus, Karl 15, 102–107, 233
Krauß, Werner 17, 243f.
Kreiler, Kurt 99f.
Kreisky, Bruno 92, 146, 166, 233

Namenregister

Kreisler, Fritz 170, 218, 247
Kreisler, Georg 17, 249–255
Kröger, Nelly 176
Krottendorf, Ida 149
Kulenkampff, Hans-Joachim 230
Kupelwieser, Leopold 42

Labor, Josef 22
Lachenfaber, Mitzi 162
Lamarr, Hedy 213, 218
Lang, Erwin 37f.
Lang, Fritz 213, 218
Lang, Josef 56
Lange, Joseph 30f.
Lange, Maria Aloisia 30
Lanner, Josef 145
Lansky, Meyer 122
Lawford, Peter 154
Lazarsfeld, Paul 219
Leherb, Helmut 235
Lehmann, Lotte 213
Lehrer, Tom 251
Lemmon, Jack 160–163
Lennon, John 117
Leopold I., Kaiser des Heiligen Römischen Reiches 90, 276
Leopold II., Kaiser des Heiligen Römischen Reiches 90
Lernet-Holenia, Alexander 141, 215
Lewinsky, Monica 260
Libényi, Janos 56

Lincoln, Abraham 190
Liszt, Franz 24
Loewe, Frederick 218
Löhner-Beda, Fritz 218
Lohner, Helmuth 149
Loren, Sophia 166
Lorre, Peter 213, 218
Lucchese, Philiberto 276
Lucheni, Luigi 283
Luciano, Charles »Lucky« 122, 152
Ludwig XV., König von Frankreich 193, 271
Lueger, Karl 21, 88, 91
Luger, Franz 15, 18
Lutecka, Katarzyna 18

Macron, Emmanuel 274
Mahler-Werfel, Alma 147f.
Mahler, Anna 147
Mahler, Gustav 15, 23, 35, 147f.
Major, John 263
Mann, Erika 108
Mann, Frido 111
Mann, Heinrich 176
Mann, Katia 108
Mann, Thomas 15, 107–111, 176
Mansfield, Jayne 192
Marecek, Heinz 227
Margaret, Prinzessin, Countess of Snowdon 266, 268f.

Margarita Teresa, römisch-deutsche Kaiserin 276
Maria Theresia, Erzherzogin von Österreich, Königin von Ungarn 90, 275–278
Marie Valerie, Erzherzogin von Österreich 73
Marie-Louise, Kaiserin der Franzosen 272
Marinesko, Alexander 201–203
Marischka, Ernst 170–173
Marischka, Franz 172
Marischka, Hubert 170
Martin, Dean 154
Martini, Louise 250f.
Marx, Groucho 116
Mary II, Königin von England 266f.
Massenet, Jules 236
Matejka, Viktor 218
Matić, Peter 141
Matz, Johanna 226
Maximilian I., Kaiser im Heiligen Römischen Reich 90
Maxwell, Betty 125
Maxwell, Ghislaine 125, 127
Maxwell, Robert (auch Ján Ludvik Hoch) 15, 123–127

Namenregister

Mayer, Louis B. 156
McCarthy Joseph 110
Meghan, Duchess of Sussex 266, 270
Meister, Ernst 149
Mell, Marisa 232
Mendt, Marianne 227
Merz, Carl 250f.
Meyer, Agnes 109
Miklas, Wilhelm 142
Miller, Arthur 163
Minnelli, Liza 157
Mitford, Diana 204
Mitford, Unity 204f.
Mitterrand, Danielle 273
Mitterrand, François 270, 273, 275
Moissi, Alexander 241
Molnár, Franz 228
Molony, Dorrit 18, 172f.
Monet, Claude 23
Monroe, Marilyn 16, 160–167, 192
Moog, Heinz 144
Moore, Roger 230f.
Morgan, Paul 218, 241
Moser, Hans 17, 39, 88f., 243–245
Moser, Kolo 36, 137
Mosley, Lady Cynthia Blanche 204
Mosley, Max 206
Mosley, Sir Oswald 204–206

Mozart, Constanze 29f.
Mozart, Leopold 29, 31
Mozart, Maria Anna (»Nannerl«) 29–31
Mozart, Wolfgang Amadeus 13, 24, 27–33, 40, 45
Muliar, Fritz 235
Murdoch, Rupert 124f.
Murer, Franz 198
Murray, Eunice 166f.
Musil, Karl 51
Musil, Ludwig 18, 51
Mussolini, Benito 204

Nádherný, Sidonie von, Baronin 105
Napoleon I., Kaiser der Franzosen 270, 272f.
Napoleon III., Kaiser der Franzosen 272
Neff, Dorothea 93
Netrebko, Anna 230
Neumayer, Josef 81
Neumayr, Anton 41
Neuwirth, Josef 92
Niavarani, Michael 227
Nicoletti, Susi 15, 144, 227
Niemetschek, Franz Xaver 28
Niessen, Georg Nikolaus 29
Nikolaus II., Zar von Russland 128–131, 285

Nitribitt, Rosemarie 58–61
Nixon, Richard 154, 260

Oberzaucher, Alfred 18, 34
Olivier, Sir Laurence 166
Onassis, Aristoteles 193
Ono, Yoko 117

Pacher von Theinburg, Fritz 69f., 72f.
Pahlavi, Farah, Kaiserin von Persien 131f.
Pahlavi, Mohammad Reza, Schah von Persien 15, 131–133, 144
Pahlavi, Reza, Kronprinz von Persien 131
Pallenberg, Max 241
Pavarotti, Luciano 229
Peel, Robert 264
Peichl, Gustav 149
Peters, Barbara 251, 255
Peymann, Claus 144, 179
Phoenix, River 157
Pingeot, Anne 273
Pingeot, Mazarine 273
Pius VI., Papst 278
Poisson, Jeanne-Antoinette (»Madame de Pompadour«) 270f.
Prack, Rudolf 141
Prager, Katharina 18
Prawy, Marcel 221, 236f.
Preminger, Otto 213, 218

Namenregister

Profohs, Lotte 235
Prokofjew, Sergej 24
Puccini, Giacomo 24

Qualtinger, Helmut 240, 249–251
Quandt, Harald 58–60
Quinn, Anthony 155

Raab, Julius 134, 146
Raimund, Carl jun. 50
Raimund, Ferdinand 37
Rainer, Petra 18
Rasputin, Grigori Jefimowitsch 15, 127–131
Rathner, Minna 34
Ravel, Maurice 24
Reagan, Ronald 134, 155, 261
Redford, Robert 116
Reinhardt, Max 39, 228, 244
Reisch, Walter 218
Renner, Karl 55, 82, 275f., 286f.
Rethel, Simone 18, 179–181
Reyer, Walther 163
Reynolds, Bruce 65
Ripley, Johanna »Joan« (geb. Wittgenstein) 18, 25
Rooney, Mickey 157f.
Roosevelt, Franklin D. 109, 122

Roosevelt, Theodore 259
Rosegger, Peter 137
Roselli, John 153
Rudolf, Kronprinz von Österreich-Ungarn 92
Rusk, Dean 192

Sachs, Ernst 58
Sachs, Gunter 58f.
Sadjadi, Ingeborg 18
Sadjadi, Mahdi 18, 131–134
Salieri, Antonio 41
Sallinger, Max 197
Salmhofer, Franz 38
Salzer, Dorothea 18
Salzer, Katharina 18
Sarkozy, Nicolas 274
Sasso, Giovanni Antonio 31f.
Schania, Hilde (verh. Wittgenstein) 25, 27
Schärf, Adolf 134, 166
Schenk, Otto 227, 236
Schiele, Egon 137
Schiller, Friedrich 44, 243
Schindler, Oskar 16, 196, 198f.
Schlesinger, Arthur 188
Schliesser, Gabriele »Bonni« 18, 231
Schliesser, Roman (»Adabei«) 17, 149, 230–237

Schmid, Anton 16, 196–199
Schmid, Stefanie 197
Schmidl, Gabriele 68
Schmidt, Franz 24
Schmitz, Dietmar 18
Schmitz, Lisa 18
Schneider, Romy 170, 173, 226, 234
Schober, Franz von 42
Schober, Johann 285
Schönberg, Arnold 23, 110
Schönerer, Georg von 22
Schönfeldt, Christl 148
Schönthan, Franz von 242
Schönthan, Paul von 242
Schottenberg, Michael 227
Schratt, Katharina 15, 138f., 280, 282
Schubert, Ferdinand 43
Schubert, Franz 14, 24, 40–43
Schubert, Ingo 18, 178
Schulenburg, Ulrich 18
Schumann, Clara 23
Schuschnigg, Kurt 142
Schwarzenberg, Adolph Fürst zu 95
Schwarzenegger, Arnold 227
Schwind, Moritz von 42
Scorsese, Martin 159
Sellers, Peter 269

Namenregister

Serafin, Harald 227
Seyß-Inquart, Arthur 142
Shakespeare, William 15, 98–101, 244
Sicard von Sicardsburg, August 149
Silbereisen, Florian 230
Silfverskiöld, Nils 38
Sinatra, Frank 152–155
Sklenka, Johann 240, 249
Spielberg, Steven 199
Sophie, Erzherzogin von Österreich 171, 280–282
Sowinetz, Kurt 15, 141–143
Soyfer, Jura 218
Stauffenberg, Claus Schenk Graf von 196
Steinhauer, Erwin 227
Steinheil, Marguerite 272
Steinmeier, Frank-Walter 110
Sternberg, Josef von 174–176, 213, 218, 246
Stock, Dorothea 30f.
Stolz, Robert 213–215, 217, 235
Stolz, Yvonne (»Einzi«) 213f., 217
Stoß, Franz 242
Strauss, Johann 24, 39, 51
Strauss, Johann (Vater) 145

Strauss, Richard 24, 228
Stuart, Anne 267
Suttner, Bertha von 93
Szeps, Moriz 92

Tappert, Horst 63, 65
Tauber, Richard 213
Taylor, Elizabeth 155f., 269
Temple, Shirley 155, 159
Thatcher, Margaret 262f.
Thimig, Helene 213, 218
Thimig, Hermann 39
Thorsch, Robert (auch Robert Thoeren) 160f., 163
Tiller, Nadja 61
Tobisch, Lotte 148f.
Tolbuchin, Fjodor Iwanowitsch 221
Torberg, Friedrich 215f., 222
Trierweiler, Valérie 274
Trnka, Johann 54f., 57
Trogneux, Brigitte 274
Trump, Donald 117
Truss, Liz 75f.
Tyrolt, Rudolf 241

Ullmann, Ludwig 171
Ustinov, Peter 124

Vere, Edward de, Earl of Oxford 99

Victoria, Königin von England 266–269
Viertel, Salka 110
Vitkovic, Katharina Bianca 232

Wagner, Louise 138
Wagner, Otto 15, 138
Wagner, Richard 24, 108
Waldbrunn, Ernst 17, 218, 248
Waldheim, Kurt 134
Waldmüller, Ferdinand Georg 30
Walter, Bruno 110
Walter, Joschi 141
Washington, George 120, 258
Wedekind, Frank 104
Wehle, Peter 250f.
Weigel, Hans 215f., 253
Weigl, Johann 34
Weil, Robert 170–173
Wells, Stanley 100
Werbezirk, Gisela 213, 218
Werfel, Franz 110, 147, 228
Werner, Oskar 17, 232, 234
Wessely, Paula 15, 146, 163, 170f., 226
Wieland, Leonard 73
Wiener, Hugo 218
Wiesenthal, Berta 33–37, 40

Wiesenthal, Elsa 33–37, 40
Wiesenthal, Franz 34
Wiesenthal, Franz jun. 34
Wiesenthal, Gertrud 33f., 36, 40
Wiesenthal, Grete 13, 33–40
Wiesenthal, Hilda 33f., 36, 40
Wiesenthal, Marta 33f., 36, 40
Wiesenthal, Rosa 34
Wiesenthal, Simon 39
Wildbolz, Klaus 141
Wilder, Billy 160–163, 166, 213, 218

William IV, König von England 268
William, Prinz von Wales 76, 266, 270
Wilson, Woodrow 121
Winterhalter, Franz Xaver 268f.
Wirer, Franz 281
Wittels, Fritz 104
Wittgenstein, Hermann Christian 21
Wittgenstein, Karl 21–23
Wittgenstein, Leopoldine 21, 23
Wittgenstein, Ludwig 22–24, 27
Wittgenstein, Paul 13, 20–25, 27

Wittgenstein, Paul (Philosoph) 27
Wohlbrück, Adolf 213
Wolf, Gusti 244
Wotruba, Fritz 38
Wurst, Conchita (auch Thomas Neuwirth) 227

Zauner, Maximilian 18
Zichy, Geza Graf 24
Zimmermann, Gustav 18
Zimmermann, Maria »Mizzi« 138
Zinnemann, Fred 218
Zita, Kaiserin von Österreich 285, 287
Zuckerkandl, Bertha 228
Zuckmayer, Carl 176

Affären, Schicksale, Glücksmomente …

… sind es, bei denen die Menschheit den Atem anhält. Bestsellerautor Georg Markus hat für sein Buch in den Spiegel der Geschichte geblickt und zahlreiche spannende wie bewegende Entdeckungen gemacht. So erzählt er von einer bisher unbekannten Lovestory des reifen Franz Lehár, von Kaiserin Elisabeths geheimen Tagebüchern und von jenem Erzherzog, der aufbrach, um in Hollywood Karriere zu machen. Diese und zahlreiche andere Miniaturen aus Österreich und der Welt bieten ein charmantes, rundum gelungenes Lesevergnügen.

Aus dem Inhalt:
Habsburgs König der Ukraine
Das Testament des Walzerkönigs Johann Strauss
Hofmannsthals Verwandtschaft mit dem englischen Königshaus
Als Charlie Chaplin nicht in die USA einreisen durfte
Eine Baronin überlebt den Ringtheaterbrand
Der chinesische Minister aus Wöllersdorf
Anna Demels doppelte Hochzeit
Der Frauenmörder von Paris
Eine Begegnung mit König Charles
und viele andere

Georg Markus

Im Spiegel der Geschichte

Was berühmte Menschen erlebten

304 Seiten, mit zahlreichen Abbildungen
ISBN 978-3-99050-234-1
eISBN 978-3-903441-02-6

Amalthea   amalthea.at

Was einmal war

Die Vergangenheit ist in kaum einem Land so gegenwärtig wie in Österreich – nicht zuletzt dank Georg Markus, der stets neue und ungewöhnliche, dramatische wie kuriose Geschichten zutage fördert. Er hat das Testament Kaiser Franz Josephs ausgegraben und veröffentlicht zum ersten Mal die Briefkorrespondenz der ersten Frau Helmut Qualtingers, die darin spannende Details aus dem Leben des genialen Kabarettisten preisgibt. Weiters erzählt der Bestsellerautor von Zeitzeugen wie Kurt Schuschnigg jun., Filmstar Liane Haid oder Gustav Klimts Schwiegertochter.
In seinem neuesten Wurf vereint Georg Markus Ur-Österreichisches mit Themen und Menschen, die die Welt bewegten – zwischen den Zeiten ebenso wie heute.

Aus dem Inhalt:
Das Testament des Kaisers
Keine zweite Frau für Franz Joseph
Die Erzherzogin, die ihre Schwägerin liebte
Mord im Wiener Konzerthaus
Seine Majestät, der Hauswart
Wie die Deutschen zu Piefkes wurden
Die Könige vom Traunsee
Die größte Witzesammlung der Welt
Das Geheimnis der Stradivari
Wohnen in Lehárs Schlössl
Qualtinger intim
und viele andere

Georg Markus

Zwischen den Zeiten

Momente, die Geschichte schrieben

304 Seiten, mit zahlreichen Abbildungen
ISBN 978-3-99050-211-2
eISBN 978-3-903217-80-5

Amalthea   amalthea.at